MUJERES DE ENTRE MARES

Entrevistas

Virgen Gutiérrez

MUJERES DE ENTRE MARES

Entrevistas

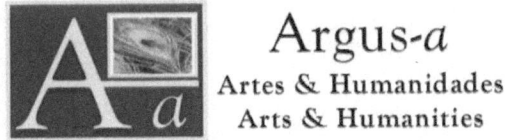

Buenos Aires, Argentina - Los Ángeles, USA
2018

MUJERES DE ENTRE MARES. Entrevistas

ISBN 978-1-944508-18-0

Ilustración de tapa: Lucia Urrea
Diseño de tapa: Argus-*a*.

© 2018 Virgen Gutiérrez

All rights reserved. This book or any portion thereof may not be reproduced or used in any manner whatsoever without the express written permission of the publisher except for the use of brief quotations in a book review or scholarly journal.

Editorial Argus-*a*
16944 Colchester Way,
Hacienda Heights, California 91745
U.S.A.

Calle 77 No. 1976 – Dto. C
1650 San Martín – Buenos Aires
ARGENTINA
argus.a.org@gmail.com

A la memoria de Orlando

A mi hija

A mi hermana

A la memoria de Ruth

A mis buenas amigas, las que están
y las que no.

En 1563 el Concilio de Trento
decreta que las mujeres TIENEN ALMA.

Que hay en almas femeninas,
Para lo hermoso entusiasmo,
Para lo bueno justicia.

Gertrudis Gómez de Avellaneda
(Poeta, novelista y dramaturga cubana)

Soy mujer y escribo. Soy plebeya y sé leer
Nací sierva y soy libre. He visto en mi vida
Cosas maravillosas. He hecho en mi vida
Cosas maravillosas.

Rosa Montero
(Periodista y narradora española)

INDICE

Palabras al lector	1
1- Conversando con Ruth de la Torriente Brau	5
2- Lesbia Ven Dumois. *La única mujer fundadora de la UNEAC*	15
3- Georgina Herrera. *De doméstica a escritora*	29
4- Aitana Alberti León. *Conversando en dos tiempos*	37
5- Luisa Campuzano. *Entre lo clásico y lo femenino*	53
6- Trinidad Pérez Valdés. *Siento que Fernando Ortiz me acompaña*	61
7- Nancy Morejón. *Mi relación con la literatura es un acto de liberación*	73
8- Lina de Feria. *Yo soy alguien que ha venido a contracorriente*	91
9- Diana Balboa. *Cazadora de paisajes musicales*	99
10- Irma Emiliozzi. *El idioma español es nuestra gran patria*	109
11- Sandra González. *Creo que he vivido muchas vidas*	117
12- Isabel Bustos. *El cuerpo se cansa pero la cabeza no descansa*	129
13- Mayda Pérez Gallego. *Una leo trasnochada*	137
14- Josefina de Diego. *Para sobrevivir a la fragilidad de la memoria*	145
15- Maricela Messeguer. *Promotora de excelencias*	157
16- Mariángeles Mora. *Andaluza de pura cepa*	163
17- Lourdes González. *Yo no tengo ocio*	169
18- Marta Vecino Ulloa. *Todavía no he logrado mi mejor foto*	179
19- Maricel Godoy. *Una danzarina de corazón abierto*	193

20- Concepción Casal. *Por los caminos de la lírica* — 207
21- Belkis Méndez. *Una criatura de fe* — 217
22- Ángela López Ruiz. *Artista y curadora del audiovisual* — 227
23- Tatiana Zúñiga. *Orgullosa de su quehacer* — 235
24- Karla Suárez. *Pronto me di cuenta de que era narradora* — 249
25- Magdalena Trillo. *Preservar nuestra cultura* — 257
26- Milena Rodríguez Gutiérrez. *Me considero una persona afortunada* — 267
27- Michelle Chase. *Una norteamericana en La Habana* — 279
28- Patricia Yépez. *La poesía siempre está latente* — 287
29- Marta González Prieto. *La primera jinete granaína* — 297

PALABRAS AL LECTOR

En abril de 2004 comencé a escribir y codirigir el programa VOCES en la emisora Habana Radio, la voz del patrimonio cubano. Su objetivo es llevar a los oyentes las palabras de personas dedicadas al mundo cultural. Un programa que me ha valido satisfacciones por cuanto, desde su inicio y hasta la actualidad, he publicado las grabaciones realizadas por el destacado periodista cubano Orlando Castellanos (1930-1998) a hombres y mujeres, tanto de Cuba como de otros ámbitos geográficos.

No estudié periodismo, pero haber compartido seis años (los últimos de su vida) con Orlando me permitió aprender algo del oficio, sobre todo a respetar y querer ese medio que, para él, era el más completo, al que dedicó prácticamente toda su vida. De modo que en 2010 comencé tímidamente a realizar alguna entrevista, muy ocasionalmente, para ir renovando ese archivo de voces legadas por Orlando. En el transcurso de estos años muchos de aquellos entrevistados han muerto, algunas de las grabaciones ya muestran el desgaste por el paso del tiempo, y me vi en la necesidad de renovar ese archivo y comencé a hacer el mío, por supuesto, sin dejar de acudir al archivo original de voces castellanas.

En 2013 pude comprar una pequeña grabadora y desde ese año me tomé en serio la tarea de entrevistar a personas del mundo de la cultura, que es la línea que lleva VOCES.

En el archivo de Orlando las mujeres son minoría, de ahí que, sin marginar a los del llamado sexo fuerte, haya privilegiado, en mi quehacer como entrevistadora, a las mujeres.

No soy una, digamos, militante feminista, pero me gusta resaltar la labor que hacen, que hacemos las mujeres y constatar cómo en cualquier oficio ellas pueden destacarse tanto como sus colegas del sexo opuesto. Así, un buen día, al ver la cantidad de escritoras, investigadoras, poetas, no solo de Cuba sino de otros países, que tenía entrevistadas, decidiera reunirlas en un mismo volumen, no ya hablado sino escrito, para darlas a conocer y que no se pierda esa labor, pues la radio, ya se sabe, tiene vida efímera, quiero decir, los programas que se publican por su ondas viven en el aire el tiempo que dura el programa, en este caso sólo 15 minutos, el tiempo que las ondas hertzianas le regalan a VOCES.

He titulado el libro *Mujeres de entre mares*, por la variedad de países a los que pertenecen mis entrevistadas. Naturalmente, prevalecen las cubanas, no solo las habaneras, las hay de otras provincias así como tres que viven en otras tantas regiones geográficas: Portugal, Italia y España. Y de las extranjeras hay representantes de Argentina, Uruguay, Chile, Ecuador, España y Estados Unidos. Mares de varias latitudes amparan esos países, de tal verdad geográfica nació el título.

Después de hacer las respectivas transcripciones no sabía cómo ordenar el corpus del libro. Si lo hacía por países habría un notable desbalance pues, obviamente, la mayoría son cubanas; si las ordenaba alfabéticamente parecería el índice del catálogo de una biblioteca; no tengo nada en contra de las bibliotecas, de hecho, mi primer trabajo, una vez licenciada en letras, fue en el Departamento de Referencias de la Biblioteca de la Universidad de La Habana, pero para un libro, no me pareció lo más apropiado. Pensé hacerlo por oficio, pero el desbalance sería grande, pues la mayoría pertenece al mundo de las letras, de tal modo, en la medida en que iba desechando opciones me sentía más perdida, hasta que se me iluminó el bombillo cuando vi que la primera entrevistada había nacido en 1913 y la más joven en 1981. ¡Eureka! Ése será el orden: La fecha de nacimiento.

Y esa primera entrevistada fue Ruth de la Torriente Brau, la primera en sugerirme que hiciera un libro a mujeres de la cultura, ¿qué por qué iba a entrevistarla a ella?- me dijo, siempre con esa modestia que le caracterizara, que no admitía el menor halago hacia su persona.

Y poco después empecé a juntar grabaciones. Aquí reúno a mujeres de Cuba y otros cinco países, todas del mundo literario, de las artes plásticas y danzarias, excepto la primera, justamente Ruth de la Torriente, una mujer de la esfera diplomática, y la última, una muy joven representante de una esfera tradicionalmente reservada a los hombres: el hipismo.

Hubiera querido que estuvieran representadas las cineastas, las pianistas, las cantantes, pero a algunas de ellas no pude contactarlas a tiempo, otras no tuvieron ellas el tiempo, quedarán para otro volumen que seguramente prepararé.

Les dejo, pues con la lectura de estas entrevistas a mujeres que ya han pasado por mi programa radial. A todas les agradezco su tiempo y su quehacer en la cultura, sea cual fuere el género que hubiesen practicado.

Y a ustedes, mis lectores, tengo la osadía de pensar que serán muchos, tanto hombres como mujeres, porque el arte y la cultura no tienen género.

¡Buen provecho!

Virgen Gutiérrez

CONVERSANDO CON RUTH DE LA TORRIENTE BRAU (Santiago de Cuba, 1913- La Habana, 2010)

(Entrevista grabada en la casa de Ruth, en Línea y 10, El Vedado. La Habana)

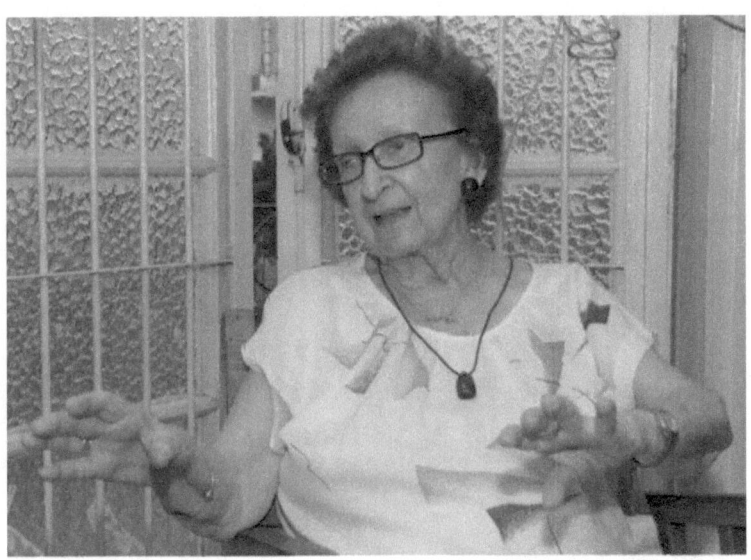

En julio o agosto de 2010 visité a Ruth con el propósito de entrevistarla para el Programa *Voces* que realizo para la emisora Habana Radio. Con su modestia acostumbrada me expresó que en su vida no había ocurrido nada extraordinario, que lo único que podía contarme eran los recuerdos de la vida de su hermano Pablo, *Nene*,[1] como ella lo llamaba siempre.

---

[1] Pablo de la Torriente Brau (Puerto Rico, 1901- Majadahonda, España, 1936). Pablo vino con sus padres a Cuba en 1909. Se vinculó a los jóvenes que luchaban contra Machado, lo que le costó varias cárceles. Hizo un periodismo de denuncia en las publicaciones de la época y en libros que quedaron inéditos. En septiembre de 1936 se fue a España, donde participó como periodista y Comisario

Ante mi insistencia accedió a contarme algunos pasajes de su infancia, siempre recordando a Pablo e insistiéndome en que hiciera un libro con verdaderas hacedoras de cultura artística y literaria. Lamentablemente, cuando fui a transcribir lo grabado en una vieja grabadora de casetes descubrí que uno de los casetes estaba defectuoso y apenas se entendían sus palabras en la primera hora de nuestra conversación.

Ruth de la Torriente Brau fue la última de cinco hermanos, cuyos padres fueron puertorriqueños llegados a Santiago de Cuba en el primer lustro del siglo XX. Ella nace en Santiago de Cuba en 1913. Dedicó su vida a rescatar la labor literaria y revolucionaria de su hermano Pablo de la Torriente Brau. Y durante un cuarto de siglo representó a Cuba en las Naciones Unidas, en Nueva York.

A continuación lo que pude rescatar del segundo casete utilizado en aquella larga y única grabación que sobre su vida, le hice a Ruth de la Torriente Brau, un domingo de julio o agosto de 2010.

Hay algo muy interesante en su vida. Usted trabajó durante mucho tiempo en la ONU. Cuénteme sobre eso.

Yo trabajé muchos años allí en Nueva York [en la ONU] yo venía todos los años a Cuba. Viajaba en barco y pasaba mis vacaciones en Cuba. Cuando no pude venir en barco, lo hacía en avión, por México.

Político en la Guerra Civil. Cayó combatiendo junto a los milicianos que defendían la República. De los cinco hermanos, Ruth, la penúltima, nació en Santiago de Cuba en 1913. Falleció a los 97 años en La Habana donde vivió durante medio siglo.

Ya en 1970 yo quería regresar definitivamente, pero me dijeron que para qué iba a venir, que me quedara para coger allí mi pensión, pues si regresaba en ese momento no iba a tener pensión ni de aquí ni de allá, porque a los 60 años allí era obligatoria la jubilación, yo tenía ya cincuenta y pico en ese momento. Entonces mi jefa en Naciones Unidas, que era una francesa, me dijo: "¿tú quieres ir a una misión a Japón?" Y le respondí: "Ah, sí, cómo no". Pues me fui a Japón en misión. En esa época se celebraba cada cinco años un congreso sobre la delincuencia en un país diferente, y ese año le tocó a Japón. Pero no se admitían los viajes en chárter sino en vuelos regulares. Eso me permitió coger vacaciones y estar el día señalado para la conferencia, a efectuarse en Kioto.

Por esos años mi hermana Zoe, trabajaba aquí [en La Habana] en los archivos de la Biblioteca Nacional y estaba sufriendo de la vista, parece que el manejo de todos aquellos libros tan viejos le afectó y la mandaron a operarse de cataratas a Barcelona. Entonces yo la vine a buscar. Desde Nueva York fui a México y de ahí vine para La Habana, y con Güiqui [Graciela, su hermana mayor] y ella nos fuimos para España. Ellas se quedaron unos días en Madrid y yo, como debía estar el domingo en Japón, me fui enseguida. Tuve que viajar por Alemania, donde me quedé una noche y de ahí salí para Tokio. Llegamos al aeropuerto [alemán] y allí nos dicen que el avión regresaba a los Estados Unidos. Nos quedamos en el aeropuerto donde nos comunicaron que otro avión de Air France nos llevaría a Kioto. Los pasajeros que quedábamos allí éramos un matrimonio, una muchacha americana y unos japoneses que iban también para donde mismo yo debía ir. Nos llevaron en una máquina para un hotel y nos dijeron que a la siguiente mañana nos vendrían a recoger. Pero por la mañana yo hablé con los viajeros para irnos por nuestra cuenta al aeropuerto en taxi y así lo hicimos. Después de desayunar nos fuimos y cuando llegamos a la oficina de Air France nos dicen: "No, Air France no vuela hoy". Entonces ellos se desparramaron. Cada uno buscó su acomodo y yo me quedé sola.

Me acerqué a una empleada de la compañía TWA, la compañía en la que había viajado, y le digo "Mira, chica, yo soy funcionaria de las Naciones Unidas y tenía que haber estado el domingo por la noche en Kioto" que era cuando se inauguraba el congreso. Entonces la muchacha fue a una oficina y habló allí con un chino, yo no entendía nada, pero me dio un papelito y me dice: "Mire, esté a las dos de la tarde en la puerta número tal, en la taquilla tal". Mientras llegaba la hora me fui a caminar por aquel inmenso aeropuerto. Era muy bonito, me recordaba al de Río de Janeiro. Ya desde la una de la tarde me senté allí donde me había dicho la muchacha hasta la salida de mi avión...

En aquella época se celebraba en Tokio La Feria Internacional, que cada año se hacía en un país distinto, por eso viajaba un montón de chinos en aquel avión. Figúrate, cuando monté me di cuenta que yo era la única mujer. El trayecto era bien largo, el avión hizo escala en varios países: En Grecia, en Colombo (ahora es Sri Lanka), en Taipei. Cada vez que el avión paraba teníamos que bajarnos, hasta que por fin, a las diez de la noche, llegamos a Kioto. Yo fui la última en bajar del avión. Y entonces me dijeron: "mire, su equipaje no está aquí". Se lo habían llevado para el almacén. Yo misma fui a buscarlo porque nadie me estaba esperando y me decía "¿ahora cómo me voy de aquí para el hotel?" Hablé con una empleada y le pedí que llamara al policía de la puerta y le explicara que yo era funcionaria de Naciones Unidas para que él llamara a un taxi y le explicara al chofer la dirección del hotel donde yo debía ir, porque a mí no me iba a entender. Tenía un miedo que me moría. Bueno, vino el taxi y cuando llegué al hotel mi compañera me armó un escándalo tremendo. Imagínate, era una cubana, Dorita Quintero, una compañera mía desde los años cincuenta. Estuvimos quince días en Japón donde disfrutamos muchísimo. A mí no me gustaban mucho los asiáticos, decía: "aunque me sobre el dinero no iría nunca al Asia", pero vine encantada porque pude comprobar que los japoneses son las gentes más educadas, más correctas y más finas del mundo. Y limpios... Las oficinistas parecen acabadas de salir de su casa recién bañadas; los choferes con unos guantes blancos, como de coco. Y no aceptaban propina por nada del mundo. Tú veías en las esquinas a las familias enteras, agachaditas, esperando el transporte y si venía te cedían el paso para que tú lo tomaras. Son gentes muy educadas. La pasamos muy bien allí, aprovechamos los días libres, cogíamos un tren y nos íbamos a la exposición. Después que terminó la Asamblea nos pasamos tres días en Tokio, después fuimos a conocer Hawai donde estuvimos otros tres días, de ahí viajamos a San Francisco y ya de ahí para Nueva York. Aproveché bien esa misión. Di un viaje en redondo porque me fui por un lado y regresé por el opuesto. Algo muy interesante.

Trabajé en Naciones Unidas hasta 1974. Realmente yo cumplía los 60 años en el 73 pero la jefa de allí me preguntó si quería quedarme un año más, y yo acepté. En esos últimos años aproveché para ir a España. También iba a Puerto Rico porque ahí vivía el sobrino que nosotras habíamos criado. Los viajes los hacía casi siempre en navidades, algunas veces me quedaba en Puerto Rico con él, otras en España, con mis hermanas, donde una vez ellas se quedaron cinco meses, porque tenemos familia en Barcelona, en Bilbao, en Santander. Otras veces venía para La Habana, hasta que ya en el 74, como antes te dije, regresé definitivamente para Cuba.

¿Y usted nunca se enamoró?

Sí, como no, tuve novio.

¿Y por qué no se casó?

Porque no estaba en mi camino. Mira, yo tuve un enamorado chileno que no se me olvidará nunca. El vino a La Habana desde Nueva York donde él trabajaba. Nos conocimos un día y me invitó el 14 de febrero, el Día de los enamorados, al cabaret Montmatre, pero nada, cuando las cosas no están para una... Y después de todo, me alegra no haberme casado con un extranjero. Aunque yo no me enamoré del chileno, siempre me gustaron los cubanos.

¿Y no tuvo un novio cubano?

Sí, sí tuve, pero tampoco llegaron a nada.

¿Tuvo más de uno?

No, no vayas a creer eso, en aquella época era distinta a ahora. Pero bueno, después me alegré de no casarme.

Cuénteme qué pasó después que regresó a Cuba en 1974.

Antes de venir definitivamente pasé un mes en España, porque pensaba que no iba a ir más nunca, y mira tú, después de eso he ido como cinco o seis veces. El último viaje fue el año pasado.

Y luego de su regreso definitivo ¿no trabajó más en Cuba?

Mira, en esos años estaba Raúl Roa aquí y su secretaria, una abogada muy inteligente y muy buena, era amiga mía y me dijo que fuera a trabajar con ellos. Pero le dije: "No, chica, ya yo estoy cansada de trabajar en oficina, yo quiero descansar ahora porque he estado trabajando muchos años". Además, el sistema de trabajo aquí era distinto al que yo estaba acostumbrada, y estaba segura de que me iba a ser muy difícil. Aunque sí hice algunas cositas. Por ejemplo, en el año 1976 se celebró aquí la Conferencia de los Países no Alineados y me llamaron de Relaciones Exteriores para trabajar en la etapa preparatoria de la Conferencia. Por cierto, era un trabajo de lo más sabroso, figúrate, era atender a toda la gente de Naciones Unidas, era más bien un trabajo social, iba a todos lados con ellos, hasta conocí la casa de Hemingway. Después trabajaba con mi hermana Lía, que era la administradora del Policlínico de Playa. Ella era muy trabajadora y los domingos traía cosas para hacer en la casa, esos papeles, tú sabes, y en eso la ayudaba un poco.

¿Ya en esos años en qué se entretiene? ¿Le gusta leer, va de paseo, oye música?

Todavía en aquellos años paseábamos mucho porque a nosotros siempre nos gustaron mucho las excursiones y cuando inauguraban un hotel en una provincia allá nos íbamos. Estuvimos en el de Pinar del Río, en el de Florida, en Trinidad, dimos la vuelta a Cuba. Y recuerdo que antes, cuando trabaja todavía en la ONU, en el año 68, en unas vacaciones me dije: "voy a aprovechar para que Lía se dé un viaje". Déjame decirte que en mi Departamento [se refiere a la ONU, en Nueva York] se acumulaban muchas vacaciones porque tú trabajabas, en el turno de día hasta las cinco de la tarde, pero si te tenías que quedar después de esa hora, cosa que sucedía frecuentemente, la primera hora extra te la pagaban y las demás horas eran compensatorias, esto es, las acumulabas como vacaciones. Una vez yo acumulé noventa días de vacaciones y las aproveché para venir a casa. Estas vacaciones eran obligadas porque si trabajabas durante alguna asamblea o sábado o domingo, solo te pagaban cincuenta dólares y el resto del tiempo te lo acumulaban para vacaciones. Yo trabajaba mucho. Quiero decirte que el sueldo allí al principio era como de setecientos dólares y yo vivía en un hotel residencial, en el mismo centro de Manhattan, ni me acuerdo lo que pagaba, pero no era mucho. Ese hotel estaba cerca de la oficina de Naciones Unidas, yo iba caminando, metiéndome en todas las tiendas, eso era lo que a mí más me gustaba. Aquel año organicé con la oficina de viajes de Naciones Unidas, una excursión para ir con Lía a Europa. Ella viajó desde La Habana a Checoslovaquia y desde ahí a Suiza donde nos encontramos las dos. Desde Suiza fuimos a París y de ahí a Alemania donde teníamos un primo hermano de Puerto Rico casado con una alemana, ellos tenían una niña nacida en Nueva York. Ellos habían estado en Cuba. En Alemania vivían en Múnich y allí pasamos unos diez días durante los cuales paseé muchísimo con ellos. De Múnich me fui, con la hija de ellos, Mónica, una niña de trece años, muy linda, a Zúrich, en Suiza, allí estuvimos tres días. La niña volvió a Alemania y nosotras fuimos a Italia, recorrimos toda la península, fuimos a Mónaco también, recorrimos lugares preciosos. Lía estaba encantada porque a ella le gustaba mucho la música italiana. Luego estuvimos en París varios días y ya desde ahí yo debía regresar a Nueva York y Lía para La Habana. Lía tenía que viajar desde París a Checoslovaquia, de ahí a Gander, que es lo último de Canadá desde donde viajaría a La Habana. Ya teníamos su pasaje de regreso para Cuba pero yo le dije. "Mira Lía, se inaugura la ópera de Paris y es una pena que tú vayas a perdértela, porque más nunca vamos a volver a Paris ni tú ni yo. Vamos a la embajada cubana para cambiar tu pasaje". Fuimos a la embajada y expliqué a la funcionaria cubana lo acordado. Y me dijeron que sí, que fuéramos a buscar el pasaje tal día. Y vamos a recoger el pasaje el día de la inauguración de la ópera y cuando llegamos a la oficina de la embajada nos dice la muchacha: ·"Oye Lía, de la que te salvaste, el vuelo en que tú te ibas a ir se estrelló en Gander y se mató todo el mundo". Figúrate cómo nos quedamos. A Lía le entraron unos temblores y un estado de nerviosismo que cuando fuimos a la ópera, la pobre, no disfrutó nada, hasta confundió el argumento, decía que estaban poniendo otra ópera y ni miraba para el escenario, mira como tenía su mente. Le tenía pánico al avión. Entonces me dice: "Ruth, yo no me voy para Cuba en avión" y le dije: "pero, hija, si de aquí no se puede salir si no es en avión, no te va a pasar nada, no va a dar la casualidad que vuelva a caerse otro aparato en el aire". Yo misma la llevé al aeropuerto y al día siguiente salí para Nueva York. ¡Qué agonía!, ¡qué días de agonía!, pero al fin se montó en el avión. Y cuando llegó a Gander, supo que había viajado con el cadáver de una persona. ¡La pobre! Algo que no se me olvidará nunca. Pero, a pesar del incidente, sé que disfrutó mucho ese viaje. Y a mí me alegró tanto que pudiera viajar

Realmente, mientras estuve en Nueva York aproveché para que mis hermanas disfrutaran lo más que pudieran. A mi hermana Güiqui, cuando la llevé a operarse, después que ya estuvo bien, la llevé a Puerto Rico. Allá vivía una prima que vino de España cuando la guerra, ella vino a Cuba con su marido español, pero se había criado en Holguín, por eso se fueron para allá pues él tenía delirio con ese pueblo. Nosotros ni sabíamos que existía esa prima y se aparecieron un día en casa con dos niños. El más chiquito, entonces tenía nueve meses, lo criamos en casa hasta los dieciocho años. Era realmente un hijo de Güiqui. Zoe le dio clases, desde el kindergarten hasta el bachillerato. El padre era médico pero no podía trabajar aquí porque no podía revalidar el título y se puso a trabajar en una colchonería. Era un hombre cultísimo, trabajador... Era un hombre encantador. Él todo lo que ganaba se lo daba a ella, pero esa mujer era una despilfarradora, figúrate una niña rica, su madre tenía cantidad de edificios en Santander, aunque perdió muchos en un incendio. Esa mujer era una vaga, no hacía nada. En resumen, Zoe consiguió que el marido pudiera irse a Puerto Rico, allí no tenía que hacer reválida porque no había escuela de medicina, y de inmediato entró a trabajar a un hospital y puso su propio consultorio, enseguida mandó a buscar a la mujer y a los niños, pero ella no quiso llevarse al chiquito, a Raulito. En realidad ella no quería a ese niño, él padecía de asma, ella lo traía por la mañana y lo venía a buscar por la tarde. Pero un día el niño estaba con asma y estaba lloviendo y no se lo llevó y no lo vino a buscar más nunca. Para ese niño Güiqui era su madre. Cuando el niño tenía siete años el padre lo mandó a buscar con el marido de Zoe, que era puertorriqueño y viajaba de La Habana a Puerto Rico. Pero al año siguiente Zoe fue con su marido a Puerto Rico y se encontró que Raulito estaba tan flaquito que parecía salido de un campo de concentración. Él se había ido con una maleta llena de ropas porque nosotras le comprábamos de todo, incluso las amigas nuestras. Le regalaban otras. Y el niño le pidió a Zoe que lo trajera y vino de nuevo para la casa nuestra. [*Aquí termina el casete*]

Quedamos en vernos en otra ocasión, pero, por esos azares del destino, nuestro encuentro no se realizó. Ruth falleció en octubre de 2010 y aunque no pertenece al mundo de las letras, es una figura imprescindible de la cultura de este país; gracias a ella y a sus hermanas se ha podido rescatar la obra de su hermano, Pablo, que prácticamente había quedado inédita. A su memoria, a su bondad, a su perseverancia y cubanía dedico estas palabras rescatadas que dan muestras de su inmensa modestia y humildad.

LA ÚNICA MUJER FUNDADORA DE LA UNEAC.
LESBIA VENT DUMOIS (Cruces, Las Villas, Cuba, 1932)

(Entrevista grabada en la sede de Artes Plásticas de la UNEAC. Septiembre 14, 2015)

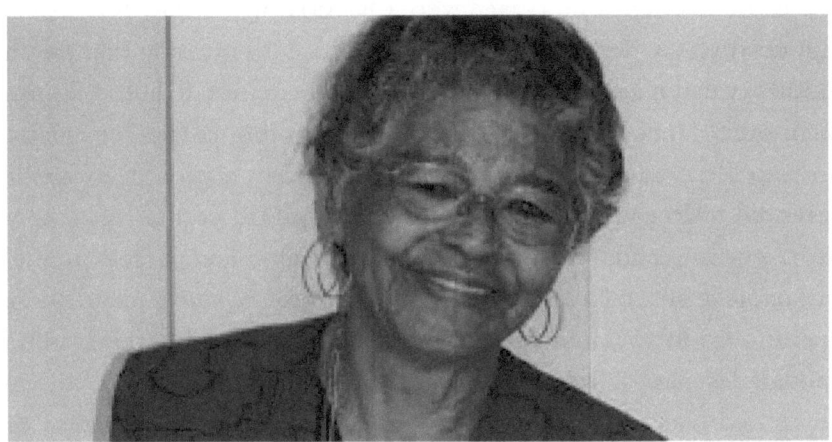

Conseguir las entrevistas que conforman este libro no ha sido tarea fácil. Quiero decir, hubo que contactar en varias ocasiones con las entrevistadas, posponer fechas y, en algunos casos, no llegué a realizarlas por diversas circunstancias. Con Lesbia ocurrió lo mismo. Entre sus múltiples actividades como Presidenta de la Asociación de Artes Plásticas de la UNEAC y su propio trabajo como artista de los pinceles y el grabado, que le roban tanto tiempo, y mis propias complicaciones, nuestro encuentro demoró más de un año. Finalmente, pudimos reunirnos en su propia oficina, en la sede nacional de la Unión de Escritores. Aunque la conozco desde hace varios años y hemos coincidido en diferentes momentos en eventos culturales, ignoraba prácticamente todo lo relativo a la vida personal de esta mujer nacida en la región central de nuestro país.

Son esas particularidades las que pongo ahora ante los ojos de los lectores.

Lesbia, primero que todo cuéntame dónde naciste, sobre tus padres, tu infancia, de cómo y cuándo nace tu vocación por el arte.

Yo soy crucense, nací en Cruces, un pueblo que antiguamente pertenecía a la provincia de las Villas, ahora pertenece a Cienfuegos, por eso considero que pertenezco a las dos provincias. Soy hija de una costurera y de un carpintero. Pero yo digo que soy hija de una modista y de un artesano, porque mi madre, además de que cosía muy bien, sabía otras artes. Ella aprendió con las monjas que enseñaban no sólo a coser sino además a cortar, a bordar, a tejer. Y mi madre aprendió todo eso porque tenía mucha habilidad con las manos. Mi padre era en realidad un ebanista, tallaba, y tuvo una profesión que a casi nadie le gusta: la de funerario. Y este oficio conlleva una destreza que uno no lo toma en cuenta, pero el funerario debía tener ciertas habilidades para cortar telas, hacer mortajas, adornarlas, y yo, casi desde que nací, vi todo eso en mi casa. Éramos dos hermanas, esa hermana falleció al terminar su carrera. Ambas estudiamos magisterio, la profesión de los pobres. Las dos estudiamos paralelamente artes plásticas porque en Santa Clara, donde vivimos muchos años, se abrió la escuela de artes plásticas que se llamó, y se llama todavía, Leopoldo Romañac, así pudimos cursar juntas las dos carreras. De modo que la habilidad para mi vocación, nació en mi casa, de ver a mis padres realizando con sus manos estas cosas que te cuento, gracias a las habilidades de sus manos, porque hacer una talla en madera es también un arte.

Yo creo que la vocación se te va formando. Tú puedes después irla derivando, pero tú vas formándola cuando imitas lo que ves. Igual que imitas los buenos modales cuando comes, cuando te sientas a la mesa, o como contestas cuando te hablan, yo pienso que la vocación es igual, te vas formando en la medida que vas imitando lo que ves en tu entorno más cercano.

Yo estudié bachillerato porque, aunque para ingresar a la Normal no había que hacer pruebas, no tenía edad para hacerlo. En realidad, mi carrera predilecta era la arquitectura, pero sabía que no podía estudiarla porque no había respaldo económico para venir a La Habana, donde único se podía estudiar, pues todavía no existía la Universidad de Las Villas.

Cuando terminé mis estudios no trabajé con la enseñanza elemental. Cuando me presenté por primera vez a una oposición, lo hice para artes plásticas, para una plaza en una escuela secundaria básica, llamada en aquella época Escuela Primaria Superior, donde se estudiaba séptimo y octavo grados. Fui a Matanzas donde opté por una plaza de artes plásticas. No quiero decir que la mía fuera la mejor plaza, pero era la que tenía un expediente más alto porque los puntos para ingreso a las oposiciones se sumaban con tu formación y yo llegué con mi título de maestra normalista y otro de artes plásticas, así que iba con mucha puntuación. Eso fue en el año ´55, si no recuerdo mal, sin embargo, ganó la oposición la hija de un alcalde, cosa que era natural en aquel momento. No obstante, haber ido a esa exposición también acumulaba puntos. Entonces opté por una plaza en Placetas, que sí gané, y fue ése mi primer centro de trabajo. Yo iba a dar clases en Placetas y matriculé pedagogía en la recién creada Universidad de Las Villas, pues eso me ayudaba mucho para trabajar en el magisterio, aunque mi fin siempre fue ubicarme en las artes plásticas. Pero tenía que mantenerme en una profesión que me permitiera obtener medios de vida. Mi hermana también había ganado una plaza en la escuela Primaria Superior de Sagua la Grande, pero lamentablemente fallece en un accidente automovilístico en su primera semana de trabajo. Es un poco largo el cuento y no me gusta hablar mucho de eso, solo te diré que el accidente ocurrió en una carretera de muchas curvas, bastante complicada, en fin. Quedé yo desde entonces como hija única, y seguí viviendo con mis padres. Trabajé en Placetas desde 1955 hasta 1960, por lo tanto me tocó participar en el proceso revolucionario. Yo no militaba en nada, pero Placetas era un lugar donde se desarrollaban acontecimientos referidos a la lucha, en esos lugares estaba el Directorio, el Che, y yo sí tenía muchos amigos que estaban en el Ejército Rebelde y me tocó vivir, como todos los cubanos de esa época, la vida activa de los inicios de la Revolución. Ya a finales de esos años no pude seguir dando clases porque volaron el puente de la carretera que va de Santa Clara hacia Placetas, en Falcón. Además, en ese período se suspendieron las clases, participamos como todas las escuelas, en la huelga que se efectuó. Y hubo un grupo de alumnos que siempre se ha mantenido muy cerca de mí, por una costumbre que siempre he tenido, de llevarlos todos los viernes a Santa Clara donde se exponían en su biblioteca José Martí, las exposiciones que se hacían en La Habana y luego se trasladaban hacia esa biblioteca porque no existían todavía las galerías de artes plásticas. Después los llevaba a mi casa y allí oían música, conversábamos, o sea, era una manera de contribuir a su formación de manera informal pero más cercana a las artes plásticas, porque lo que se impartía en las escuelas solamente era dibujo, la asignatura que yo les impartí.

Ya con el triunfo revolucionario, se comenzó la reforma de la enseñanza de las artes plásticas en 1960, empecé a participar, desde Placetas, por ser una maestra titulada, en los seminarios que convocaba Armando Hart, entonces Ministro de Educación, que se efectuaban en Ciudad Libertad. Esos viajes los aprovechaba para ver las exposiciones en las galerías habaneras.

Nosotros, desde la escuela de artes plásticas tuvimos, yo diría que un privilegio, porque esa escuela se formó por un patronato, como se formaron todas las escuelas de arte en el país. La primera fue Santiago, la segunda creo que fue Matanzas (no estoy segura si fue ésta la segunda), después vino la de Santa Clara. Todos los profesores eran de La Habana y nos ponían al tanto de lo que se exponía en la capital, de modo que cuando una venía a La Habana aprovechaba para ver lo que estaba expuesto en el Museo de Bellas Artes y en las pequeñas galerías que entonces existían. Claro, aquí era donde sucedían todas las cosas importantes en ese período.

¿Es por esos seminarios que te mudas para La Habana?

En ese año 60 yo vine a unas oposiciones a La Habana, a la Escuela Normal de Maestros, optando por una plaza para esa escuela formadora de maestros. En esas oposiciones tuve la oportunidad de conocer a Domingo Rabenet, porque él era el profesor que impartía las clases de arte en la Escuela Normal que estaba cerca de la calle Infanta, ahora ahí hay una secundaria. Bueno, pues ahí se hicieron las oposiciones. Y nunca olvidaré que después que terminaron las oposiciones, Rabenet me preguntó: "¿Y qué concepto tiene usted de la belleza?" Él era una persona fácil, asequible... Yo cogí el segundo lugar en esas oposiciones, por lo tanto no me dieron la plaza. Entonces me presenté a otra oposición para una plaza en secundaria básica.

Yo creo que estaba predestinada para las artes plásticas y las relaciones con los intelectuales cubanos, porque esta segunda oposición se hizo en una secundaria que se llamaba Eduardo Chibás, que ya no existe, estaba en las calles Virtudes y Manrique. Esta vez sí obtuve la plaza, ahí fue donde se fundó la Editora Nacional y mi aula fue el despacho de Alejo Carpentier. En esa escuela pude dar mis clases de artes plásticas. Estuve muy cercana también a la profesora de música, María Luisa Lafitta, quien fuera compañera de Tina Modotti en la Guerra Civil de España. María Luisa fue la que me ayudó a moverme en la Habana, me indicaba las guaguas que tenía que coger para ir de mi casa a la escuela. Por lo tanto, me sentía como una persona privilegiada porque con María Luisa me enteré de quién era Tina Modotti, de toda esa historia de vida que tuvo esa italiana, que luego leí en el libro que publicó Casa de las Américas. En fin, que tuve gentes muy cercanas vinculadas con las artes plásticas.

En ese año 60 yo vine para La Habana, pero no de mudada, vine a parar a casa de unos familiares y viajaba todos los viernes a Santa Clara para ver a mis padres. Y regresaba los domingos. Después viajaba cada quince días, claro, entonces no había esas colas que hay ahora y los viajes eran mucho más económicos. Yo trabajé en esa secundaria hasta 1961 porque, terminando el Primer Congreso de la UNEAC, me otorgan una beca para estudiar litografía. No una beca de estudios, sino para trabajar seis meses en un taller de esa especialidad, en Checoslovaquia. A mi regreso me desvinculé de esa secundaria y comienzo a trabajar en la Escuela Nacional de Arte (ENA), que se acababa de crear, impartiendo clases de dibujo.

Y te explico ahora por qué me otorgan esa beca. Desde mediados de los años '50 Carmelo González, el pintor, era el profesor de grabados en Santa Clara, y nos fue introduciendo, a los que estudiábamos artes plásticas, en esa práctica artística y desde esa época, ingresamos en la Asociación de Grabadores de Cuba, lo que nos permitió estar vinculados no sólo por la profesión sino también por la manifestación. Así veníamos a La Habana, nos reuníamos con otros grabadores y nos hicimos amigos de artistas como Armando Posse, Luis Peñalver, Juan Sánchez. Y participamos en la primera exposición grande de grabadores que se hizo en 1960, convocados por la Revolución.

¿Cómo se llamó esa exposición?

Salón de Grabados Revolucionarios, se hizo con obras propias de los que ya nos habíamos graduado en el 60. Y siendo miembros ya de la asociación de grabadores, cuando se crea la Unión de Escritores, en 1961, todos pasamos a ser miembros de esta institución, es decir, a la Asociación de Artes Plásticas de la UNEAC. Si no todos, sí la mayoría, los que ya teníamos una obra iniciada y teníamos participación en otros salones. Por esa razón soy fundadora de la UNEAC, la única mujer de ese grupo fundacional. Y sé, porque a las mujeres siempre nos cogen para que hagamos actas, para que llevemos archivos, para que ayudemos en cosas que son manuales y caseras, aunque a ellos no les gustaba que yo dijera estas cosas, sé que esa fue la razón por la que fui miembro del primer ejecutivo de la Asociación de Artes Plásticas de la UNEAC. De todas maneras fue un privilegio porque el Presidente era Mariano Rodríguez, y a esta Asociación pertenecían también Sandú Darié, Martínez Pedro, Carmelo, Moré (el escultor), Hugo Consuegra, Tomás Oliva. Portocarrero no era del ejecutivo de esta Asociación, él estaba en un nivel o categoría mayor: fue Vicepresidente de la UNEAC. Por supuesto, estar ya en la Asociación creó un vínculo muy importante, no solamente para las relaciones personales sino, y sobre todo, para las profesionales.

Entonces, eres la primera mujer que tiene cargo de responsabilidad dentro del ejecutivo de la Unión de Escritores de nuestro país. ¿Hasta cuándo ejerciste ese cargo?

En el ejecutivo estuve hasta el año '67. Pienso que me han tocado muchos privilegios en mi vida: fundadora de la UNEAC y también fundadora de la ENA y paralelamente fui llamada por Mariano, (quien además de ser el Presidente de la Asociación de Artes Plásticas de la UNEAC dirigía el Departamento de Artes Plásticas de Casa de las Américas), para que fuera a ayudarle en la organización de un concurso de grabados, ya que ésta es una de mis especialidades dentro de la profesión. De modo que tuve que compartir mi trabajo. En las mañanas iba a Cubanacán a impartir mis clases en la ENA y por las tardes iba a Casa de las Américas, allí comencé a trabajar con mi queridísima amiga Chiqui Salsamendi, ayudé a hacer la convocatoria, a devolver obras de un concurso anterior, a fichar las nuevas obras que venían al nuevo concurso. Así fui compartiendo mis días de trabajo entre la ENA y la Casa durante un tiempo, hasta un día en que me crucé por primera vez con Haydée Santamaría.

Mi familia era muy cercana a Melva Hernández, ella también es de Cruces, y mi padre conocía a su familia, pero yo nunca había estado cercana a Haydée, pese a que mi madre le cosía a la familia de Haydée de Villa Clara. Cuando yo iba por las tardes a la Casa de las Américas me encerraba en la parte de atrás de la galería de Arte Latinoamericano o en la oficina de Chiqui, y nunca me había encontrado con Haydée. Ella un día me llamó para decirme si yo seguía haciendo estas dos cosas o si quería quedarme solo en la Casa para trabajar en el Departamento de Artes Plásticas. Y yo le dije que tendría que pensarlo, porque como de la enseñanza es tan difícil irse. Ella me respondió: "Decide". Llegué a mi casa y decidí ir dejando la escuela, porque el trabajo de la Casa me había gustado, claro trabajaba con el arte y los artistas. Pero no podía irme así de pronto de la ENA, eso fue poco a poco. Hasta que me quedé definitivamente en la Casa donde trabajé dos años voluntariamente, del 63 al 65, ya en este año dejé definitivamente el trabajo de Cubanacán y me quedé solo con el de la Casa. Bueno, una siempre dice que lo deja, pero es mentira, porque te llaman luego para que integres un tribunal, para que vayas al claustro o para que ayudes a confeccionar los planes de estudio. En realidad nunca se deja definitivamente. Pero sí ocupé una plaza en la plantilla de la Casa, trabajando con Mariano. No obstante, siempre participé en los Congresos de la UNEAC y en los ejecutivos de la Asociación, pero no tan activamente como cuando era mi única responsabilidad, y, como es lógico, participaba en todas las actividades de artes plásticas que se convocaban en el país o fuera de este.

Participé en una Bienal de Brasil y en otros países. Esa fue una década en la que Cuba tomó parte en muchas exposiciones, (sobre todo en el campo socialista) tanto personales como colectivas, en la cuales yo estaba incluida con mis obras, además de ayudar en su organización. En la Casa de las Américas trabajé cuarenta años de mi vida.

Luego de esos tantos años de trabajo ¿te jubilaste?

Bueno, ya en 2003 decidí jubilarme. En la Casa pasé por muchos cargos, porque fui parte de esa batalla en la que otros muchos se involucraron en Cuba, con los calificadores de cargo, porque no existían los específicos para las artes, así que te ponían en aquellos que ya existían. Así, cuando entré, fui auxiliar de departamento, después responsable de exposiciones, y otros cargos hasta que Mariano pasa a la vicepresidencia y yo asumo la dirección de Artes Plásticas. Luego de algunos años se decide crear una nueva vicepresidencia, entonces yo paso a la vicepresidencia de Casa de las Américas, atendiendo la Colección y los Fondos de la Galería Haydée Santamaría, y Lourdes Benigne, que trabajaba conmigo en el Departamento de Artes Plásticas, asume la dirección de ese Departamento. Y siendo vicepresidenta es cuando me jubilo pensando que me voy a dedicar únicamente a la práctica artística, esa era mi idea, la verdad.

Y por lo que veo no ocurrió así.

En realidad pasé dos años feliz, trabajando nada más en mi Estudio, participando en exposiciones, fui a hacer cerámica en el taller de Feria, en la calle San Lázaro, pero en 2004 se crea la Galería Villa Manuela y Villa el escultor; me dijo que el director de la galería, Tony Fernández, iba a cesar en la dirección de esa galería y en 2006 me pidió que yo la asumiera. Yo le dije que no quería más cargo de dirección porque yo era feliz así como estaba. Él insistió y cada vez que venía a una reunión del ejecutivo de artes plásticas, del cual yo era miembro, me volvía a insistir y a insistir. Y un día, cuando salimos de una de esas reuniones, él me llevaba para mi casa en su máquina y se detiene donde no se podía parar, ahí en la esquina del Teatro Mella y me dice: "Lesbia, ahora me tienes que decir que sí". Y yo le respondí: "Bueno, Villa, te voy a aceptar la propuesta, pero solamente por dos años". Y así fue. Asumí la dirección de esta galería ese año y estuve hasta 2008 cuando se realiza el séptimo Congreso de la UNEAC que paso a presidir la Asociación de Artes Plástica, y ceso en la dirección de la galería. Así, en vez de irme liberando me fui complicando más.

Yo siempre digo que tengo una responsabilidad social, eso debe ser por el vicio que he heredado de mi familia, de sentir que uno cuando está en un lugar tiene que dar lo que se tiene que dar. Por esa razón acepté quedarme en el cargo de presidenta de la Asociación. Estuve en el mandato del Congreso de 2008 y luego fui reelecta, pero pienso que ya debo recesar por mis años. Si el Presidente de la República dice que por sus años concluye en su cargo, pues yo digo lo mismo, pues soy una mujer octogenaria. Yo tengo 81 años. Yo nací en el año 1933, pero mi inscripción dice 1932.

Pero no lo aparentas, la verdad, no parece que tengas esa edad.

Bueno, no parece, pero los tengo, debe ser que soy hija del maltrato laboral, el trabajo me beneficia.

Lesbia, siempre me ha llamado la atención tu apellido Vent Dumois, ¿es un apellido compuesto?

No, son dos apellidos. Vent por mi padre y Dumois por mi madre. Mi papá era Valeriano Vent Cuesta y mi mamá Andrea Dumois O´Reylli. El apellido de mi padre Vent, todos piensan que es de las provincias orientales, pero mi padre nunca me habló de eso. Su padre era Vent y Liu, un apellido chino, por lo tanto siempre hablamos de apellidos chinos y de negros. Y el Dumois de mi madre, sí viene de las provincias orientales. Mi abuela era de la zona santiaguera, de familias que después de la guerra vinieron para la provincia de Las Villas y se ubicaron en San Fernando de Camarones, un pueblecito que está muy cercano a Cruces y, cuando, se casa pasa a vivir a Cruces, porque su esposo, que es el Dumois, había peleado en la guerra y se instalan en Cruces y él va a trabajar a los ferrocarriles de Camagüey. Cada vez que conozco a un Dumois de Santiago, me dice "somos familia". Yo recuerdo que una vez que yo tenía una exposición en una galería que estaba en la calle 23, donde hoy está Cubana de Aviación, me dice el celador de allí: "Aquí estuvo un señor que quiere conocerla porque él es Dumois y dice que debe ser familia suya. Pero cuando le dije que usted era mulata me dijo, ah, entonces no somos familia". Porque él era blanco. Y yo sé que los Dumois venimos de Haití, de aquella gran emigración que hubo cuando la revolución haitiana, que llegaron a Santiago tantos franceses con sus esclavos. Así que por ahí me viene la beta francesa.

Vamos a hablar ahora de los comienzos de tu obra artística.

Yo empiezo a hacer mi obra desde que era estudiante en la escuela, ya te dije que desde que Carmelo, que después fue mi compañero de vida, era profesor en Las Villas, siempre nos entusiasmó a que hiciéramos una producción paralela a la que nos enseñaban en la escuela y para empezar a exponer aquí en La Habana. Así que muy pronto comienzo a exponer grabados en la capital y paralelamente comienzo a pintar la obra gráfica. Al principio, la obra gráfica era más fuerte que la pintura. Ya cuando vengo en los 60 para La Habana comienzo a tener mucha más participación pintando. Yo siempre he querido hacer una obra, apoyada en algo que me gusta mucho: la sátira. Hace poco Lourdes Prieto me hizo un documental y me preguntaba si mi obra era burlesca. Y le dije que no, siempre me encaminé a hacer una obra más bien satírica. Por eso me gustó siempre el cine de Santiago Álvarez, porque él enjuicia las verdades, pero nunca desde la burla, pero sí desde la sátira. Yo pienso que el cubano es una persona muy satírica, muy irónica y eso lo puede reflejar en su obra. Por eso yo me apoyé en ese recurso para sustentar mis temáticas, temáticas más bien referidas a la cotidianidad de la realidad, sin ser realistas, nunca hice nada naturalista. Mi producción está vinculada a un período que primó mucho sobre todo en las décadas del '70 y el '80 en este continente, que es lo que en literatura se bautizó como Realismo Mágico y que en pintura adoptó el nombre de Nueva Figuración, o sea, trabajar con elementos de la naturaleza y de lo cotidiano, pero con un sentido más onírico, más poético, más satírico. Ese movimiento vino de Argentina donde se creó como teoría de creación artística y se extendió por otros países como Venezuela, Cuba; aquí nunca se basaron en las teorías indigenistas, porque no tenemos indios, como sí se proyectó en México, Perú y otros países donde sí persiste esa cultura. Yo he seguido por ese camino que es el que más me interesa, donde me siento cómoda para trabajar. Y últimamente he ido incorporando elementos que cambian, no tanto el contenido sino la forma. Yo siempre pinté directamente sobre tela, no utilicé elementos corpóreos y últimamente he ido incorporando elementos corpóreos y elementos de otras expresiones; como un homenaje a mi madre, he incorporado no solamente tejidos sino telas, que voy usando como parches, como mezclas con la pintura, para diferentes temáticas. Últimamente hice una exposición que titulé *Cartas de amor*, para lo cual me apoyé en la correspondencia de algunos poetas, patriotas, artistas. Por ejemplo, las cartas de Simón Bolívar a Manuela Sáenz, las que Frida le hizo a Diego. Las cartas que le escribió Tina Modotti a Mella, las de Ignacio a Amalia, las de Antonio Maceo a su mujer, María Cabrales, casi nunca se habla de eso. También trabajé las cartas de Sor Juana Inés. Y es que a mí me atraen esos personajes, sobre todo esas mujeres que son personajes muy fuertes. Con esa temática hice una serie que titulé, como ya te dije, *Cartas de amor*, y las trabajé con elementos muy vinculados a la costura. Por eso te decía que también le hacía un homenaje a mi madre. A ella también le he hecho dibujos al natural, que guardo en casa, y dibujos a las máquinas de coser, cosas que están directamente relacionadas con mi vida personal.

¿Me puedes contar acerca de los premios recibidos?

Para decirte la verdad, yo tengo más reconocimientos que premios. Yo tengo uno que a mí me satisface mucho: el Premio a la solidaridad. Es de un concurso que se hizo en Bulgaria en solidaridad con Chile y yo lo doné a este país. Tengo un premio por la obra gráfica en la Bienal de Cracovia, en Polonia, varios premios en Cuba, en salones nacionales de grabado. Y los reconocimientos que hace el Estado Cubano: Tengo la Distinción por la Cultura Nacional, la Medalla Alejo Carpentier, las distinciones que da el Sindicato de la Cultura...

¿Y el Premio Nacional de Artes Plásticas, equivalente al que se otorga en Literatura?

He estado nominada, pero yo creo que no me lo merezco. No es que lo crea un demérito, ni mucho menos, todo lo contrario, pienso que es un premio que se da por el aporte a la cultura y a las artes plásticas y yo no creo que esté en ese punto. Pienso que hay artistas que sí han aportado en esas manifestaciones y se merecen ese reconocimiento. Yo sí he sido jurado de ese premio, y me siento orgullosa de haber integrado esos jurados. Por ejemplo, formé parte del jurado que premió a Raúl Martínez, que es un artista que ha dejado una huella muy importante en las artes plásticas, eso le da ese derecho. También fui jurado cuando se lo otorgamos a Raúl Corrales, que también es una persona que se lo merecía sobradamente. Y yo no me quiero comparar con ellos.

En exposiciones sí has participado bastante. ¿Has expuesto fuera del país?

Sí, como no. He hecho exposiciones personales, no solo en La Habana, sino en otras provincias: por ejemplo en Cienfuegos, en Las Tunas, voy a hacer una en Bayamo. Y fuera de Cuba he expuesto en México, en Bulgaria, en Chile, en Bolivia.

¿En este momento en qué estás trabajando?

Ahora estoy pintando. No estoy grabando ni haciendo estas cosas corpóreas de las que te hablé. Estoy pintando solamente, he estado casi medio año sin poder ir al taller, porque he tenido muchas tareas que me han complicado la vida, como todo lo que hubo que hacer pos congreso de la UNEAC. Solamente redactar los estatutos casi nos llevó un año. Y tú no puedes comenzar un trabajo, dejarlo durante un mes para luego volverte a incorporar, por lo menos yo no lo puedo hacer. Ahora estoy yendo todas las tardes al taller para volver a entrar en cancha.

Lesbia, disculpa mi ignorancia, no soy especialista en artes plásticas, ¿qué es una obra corpórea?

No, no tengas pena. Una obra corpórea es una obra que no es plana, físicamente la puedes mover, trasladarla de un lugar a otro. Son pequeños retablos, cuyo soporte es el cristal. A esas cajas de cristal le incorporas dentro algunos elementos, grabadas por el vidrio en una cara. Son pequeñas representaciones dentro de esa caja. Las que he hecho están dedicadas a la costura, otras están dedicadas a las frutas. Una a la fresa, pues para mí es una fruta para el frío, otra a la guanábana, una fruta nuestra por el sabor, por el color, por la ricura; esas frutas están hechas a mano, con elementos de piedra, bordados, y forman parte de esos elementos que están dentro de las cajas.

¿Esta es una técnica de tu invención?

No, eso existe, lo único que hice fue diseñarlas con elementos que otras personas no han utilizado.

Pues muchas gracias Lesbia. Para mí ha sido muy instructiva esta charla.

DE DOMÉSTICA A ESCRITORA.
GEORGINA HERRERA (Matanzas, Cuba, 1936)

(Grabada en Biblioteca R. Martínez Villena, Habana Vieja. Agosto 9. 2014)

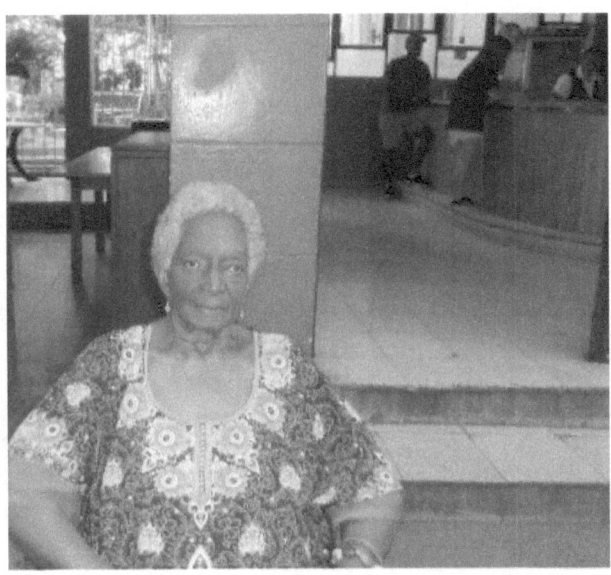

Aunque había leído la poesía de Georgina Herrera, y la conocía de vista, gracias a nuestra coincidencia en actos celebrados en la Unión de Escritores, no tenía el placer de conocerla personalmente.

Un Sábado del Libro coincidimos en la Plaza de Armas y me acerqué tímidamente para pedirle una entrevista para mi programa radial VOCES, ella aceptó gustosa.

Georgina Herrera es una mujer que, pese al reconocimiento alcanzado por su labor como poeta y su quehacer como escritora radial, es muy modesta. Eso sí, habladora, de una sencillez admirable. De origen humilde: mujer pobre y negra, nacida en un pueblo de campo de la actual provincia de Matanzas. Muy jovencita se fue a

La Habana a abrirse nuevos horizontes. Y, contra todo pronóstico, logró un lugar destacado entre el grupo de personas sobresalientes de aquella generación que tuvo que batallar duramente para salirse del estrecho margen en que las circunstancias sociales los ubicaran.

Este fue el resultado de nuestra conversación.

¿Cuándo descubrió Georgina Herrera su vocación por la poesía?

Lo que se llama escribir poesía, creo que desde que yo tenía nueve años. Y es que llamaba la atención de la gente lo que yo escribía, porque a mi alrededor no había ningún movimiento artístico ni cultural. Y cuando yo escribía aquellas cosas, que yo ni sabía todavía que era poesía, la maestra las exponía en el mural del aula, aunque por esos años aún no me daba cuenta de que eso era para lo que yo había nacido. Pero cuando entré en la Superior, como se llamaba entonces a lo que hoy conocemos como Secundaria Básica, las compañeritas tenían sus libretas de poesía de poetas ya conocidos, pero en la mía lo que yo escribía eran los poemas míos. Y un día la directora, que era una señora muy severa y a la que todas respetábamos mucho, me llamó y me preguntó que a quién yo plagiaba. Figúrese, yo ni conocía el significado de esa palabra. Pero ella leyó lo que había escrito y el viernes, cuando se realizaban aquellos actos cívicos, dijo, mientras me señalaba: "quiero presentarles a esta poetisa de altos niveles". Y desde entonces me empezaron a ver como si yo fuera un gran personaje. Después de ese reconocimiento público obtuve el primer premio en un concurso, allí mismo en la escuela Superior. Y lo único que me señalaron fue algunas palabras que yo utilizaba y querían saber de dónde yo las sacaba, que ni yo misma sabía de dónde me salían. Y desde entonces seguí escribiendo, pasando mucho trabajo, porque yo vivía en un pueblo de campo, yo nací en Jovellanos, en 1936, dentro de una familia muy pobre, éramos muchos hijos y mi padre quería que mi hermana mayor fuera la que estudiara y que yo me quedara en la casa, haciendo lo que no me gustaba, justamente los trabajos domésticos. A los 16 años yo hice un poema que se llama "Verde rama" y lo mandé al periódico Excélsior y como a las tres semanas salió publicado. Cuando la gente vio mi nombre en ese periódico se armó tremendo revuelo en aquel pueblo, luego se acostumbraron porque yo seguí enviando poemas y el periódico siguió publicándolos, hasta que cumplí 20 años y vine para La Habana.

¿Continuó sus estudios en La Habana?

Realmente yo vine para acá porque en mi casa me sentía muy encerrada, mi mundo no era aquel. Ya yo había dado antes un viaje a la capital, con mi papá, y cuando vi La Habana, me dije: "esta es mi ciudad". Fíjese que después de eso yo he visto muchas ciudades en el mundo, han pasado más de 60 años de ese momento y La Habana sigue siendo la ciudad donde yo quiero vivir. Mi pueblo siempre es mi pueblo, la provincia es mi provincia y los quiero, pero La Habana es lo que yo necesito para vivir y para desarrollarme. Y aquí he vivido con sus contratiempos y los traspiés. He pasado algunos momentos difíciles. Cuando decidí venir para acá, mis tías decían que yo no iba a encontrar trabajo, pero cuando llegué trabajé de doméstica, realmente me encontré personas muy buenas a mi alrededor. Y a los veinte años se puede todo. Trabajaba de día y, de noche, iba a una academia a estudiar secretariado. Y era lamentable ver tantas máquinas de escribir y tantos pupitres vacíos en aquel sitio, pues al no ser promocionados esos estudios y mucha gente no tener motivaciones como las que yo tenía, pues pasaban esas cosas. Esa preparación me sirvió para muchísimo en la vida. En ese medio conocí a algunos escritores y mandaba a algunas revistas trabajos míos y me los publicaban. La gente se empezó a interesar por mí, pues conocían que no tenía ninguna formación académica; sin embargo, les llamaba la atención mi forma de escribir poesía, pues decían que no tenía nada que ver con lo que se escribía entonces. En esos años conocí a los escritores de El Puente, [una editorial de los primeros años de la década del 60] ellos se interesaron tanto por lo que yo hacía que me publicaron el primer libro de poesía, en 1962. Cuando iban a mandarlo a la imprenta me preguntaron qué título le iba a poner, y como yo ni imaginaba que pudiera salir un libro mío, no había pensado en eso y dije que no sabía cómo ponerle. Ellos dijeron entonces, "pues le pondremos tus iniciales". Y así salió, el libro se llama *G.H.* Y desde entonces han seguido saliendo libros, tantos que ni yo misma puedo creerlo.

¿Georgina, usted recuerda cuántos son y cuáles son los títulos de sus libros?

Son muchos, deje ver si los recuerdo todos. Después de *G.H.* salió *Gentes y Cosas,* después *Granos de sol y luna,* no recuerdo bien el orden, otro fue *Gatos y Liebres, Gustadas sensaciones, Gritos,* que fue un librito de poesía de tema negro, que me hicieron en Matanzas para celebrar mis 70 años, en fin, siempre se me queda alguno.

Pero como de poesía no se vive, ni aquí ni en ninguna parte, usted sí vive de la escritura, pero no de la poesía, hábleme de eso.

Ah, bueno, desde hace muchos años escribo para la radio. Allí comencé en 1963. Y eso ocurrió de una forma muy curiosa, porque de doméstica pasé a ser escritora radial. Yo tenía un amigo, lo había conocido en la casa donde yo trabajaba, que era periodista y escritor, Joaquín González Santana; él me presentó a un argentino que hacía teatro y lo habían contratado para dar clases de dramaturgia, para mejorar esos programas en Radio Progreso. Ellos se pusieron de acuerdo para que yo entrara y fue así que empecé yo a trabajar como mecanógrafa y copista en esa misma emisora, poco después de pasar ese curso pasé a escribir radio novelas. Porque la vida es muy linda y tiene muchas vueltas. Te voy a explicar por qué lo digo.

Cuando yo era chiquita, yo oía aquellas novelas que se pasaban por radio y en todas las mujeres eran lloronas a causa de las cosas malas que les pasaban. Y yo decía: "Si yo escribiera una novela no la haría así, las mujeres no llorarían tanto". Pero nunca me imaginé que algún día yo pudiera escribir para la radio. Y como yo entré en el Departamento de Programación de esa emisora, tuve una larga relación con escritores, directores y vi que eran personas normales los que escribían, me fui familiarizando con aquellos guiones que copiaba. Además, pasé algunos cursos que se impartían, como el de dramaturgia, que me fascinó. Así que me lancé a escribir algunos programas para probar. Primero escribí algunos programas históricos porque me facilitaban la preparación, me daban tiempo para investigar y eso me permitía coger un poquito de tiempo para hacer otras cosas que también me interesaban. Como verá, mi vida es como un cuento de hadas.

¿Recuerda cuál fue el primer programa que escribió para esa emisora?

Mire, siendo copista todavía, yo hice un programa, de cuyo nombre no me acuerdo, pero sí que era sobre la Reforma Agraria, para un espacio llamado *Cuba en el mundo*, que dirigía Julio Batista. Él era elitista, se ponía pedantísimo, él no trabajaba con todo el mundo. Pero yo, la verdad es que me esforcé mucho, lo escribí con mucho gusto, con mucho amor. Incluí muchos personajes y pensé que él no lo aprobaría. Pero, para mí sorpresa, él no me quitó ninguno y lo que me dijo fue: "Yo quisiera que hubiera muchos Julio Batista para que dirigieran este programa" Y me dije: "Pues, ahora sí ya estoy graduada". Y es que Julio no le regalaba un elogio a nadie. Yo siempre tomé muy en serio mi trabajo, todos los días aprendía algo, sabía que había que estar de acuerdo con el equipo con que se trabajara, pues todos aportaban su parte, aunque yo hiciera el libreto original. Y me fue muy bien, la vida ha sido muy generosa conmigo. Conocí mucha gente, hice muchos amigos que también me han ayudado mucho y siempre estaré agradecida. Siempre me he llevado muy bien con todo el mundo. Tengo una amiga, también escritora, y ella un día me dijo que, para ella, hacer un libreto era como un parto. Sin embargo, yo no lo veo así, para mí es más bien como hacer al hijo, porque yo lo disfruto mucho. Hay quien dice que se divierte escribiendo, yo no, yo lo vivo tan profundamente que me encanta. Siento que nací para eso, yo no sé hacer otra cosa que escribir, y lo que he hecho en mi vida es encaminarme en lo que me gusta, por eso siempre soy muy rigurosa, siempre estoy tratando de hacer mejor lo que hago y escribir de manera que la gente me entienda, porque para eso escribo: para que la gente me entienda.

La gente piensa que mi poesía es muy fácil, pero no es así, es difícil porque a veces me salen imágenes un poco rebuscadas, muy crípticas; cuando me pasa eso, ahí me planto y hasta que no logro que salgan de la manera que yo creo que el lector me va entender, no la doy por terminada.

¿Y sigue trabajando en la radio?

No, ya me jubilé, pese a ello sigo teniendo muy buenas relaciones con la radio, incluso he escrito algunas cosas después de jubilada. Me queda una novela pendiente, una novela que intenté hacer en tres ocasiones y no me la admitieron.

A mí solamente en dos ocasiones no me han aceptado trabajos en la radio. Una fue esta novela que trataba de personas negras, basada en una historia que me contó una muchacha negra en una peluquería de negras. De modo que la historia no podía hacerse de otra manera. O sea, aquí hay un problema de raza. Y la otra, fue con una obra de género, porque yo propuse hacer, para el espacio de La Novela Cubana, una sobre los peloteros y me cayeron en pandilla, porque decían que yo no sabía de ese deporte, que era mujer y cómo iba a hablar de los peloteros. Después logré hacerla para otro espacio que se llama Tu Novela de Amor, toda la trama es justamente amorosa y pude crear algunos personajes como peloteros, pero ya no fue lo que yo quería hacer originalmente. Así que el género y la raza tropezaron conmigo. O yo con ellos, en la radio.

Georgina, cuando se jubiló de la radio, ¿también lo hizo de la poesía?

¡No, qué va! Sigo escribiendo. ¡Hay tantas cosas qué decir!. Además, mi poesía desde mis inicios, siempre fue sobre algo que yo sentía. Nunca he podido hacer un poema por encargo, pese a que sé que a veces habría que hacerlo.

Mire, cuando yo estaba en la Superior, había una maestra que era batistiana (claro, en aquel tiempo ser batistiano no era una cosa tan mala como lo fue después), y ella un día me dijo: "Georgina, escríbele un poema a Marta Fernández, (ella era la primera dama, la esposa del presidente Fulgencio Batista) y yo se lo hago llegar para que te de una beca", pero yo nunca pude escribir ese poema. Y en otra ocasión me dijo, porque también era muy católica, que le hiciera un poema a la Virgen de la Caridad del Cobre, la Patrona cubana, para que me concediera poder cursar el bachillerato. Pues tampoco pude hacerle ese poema a la Caridad del Cobre. Nunca he podido hacer poemas por encargo, tampoco me he promocionado; yo siempre he tratado, no de pasar inadvertida sino de ocupar un lugar como cualquier otra persona. Mi poesía, y lo que he escrito para la radio, siempre ha sido muy bien acogido, me ha dado muchas alegrías, premios, amigos. Por eso he seguido escribiendo, sobre todo, sobre la vida, y en la vida entra todo. He escrito sobre todo lo conocido, lo que he visto; a veces he sido un poco crítica, o como se dice popularmente, muy "bocona" y por eso me he buscado algunos líos. Pero he sido muy feliz haciendo siempre lo que yo entiendo que debía hacer. Y con la escritura he comprendido cosas que antes no sabía; por ejemplo, me di cuenta de que, dentro de la sociedad, la mujer siempre fue maltratada, muy relegada, pero entre las mujeres, las negras eran las que llevaban la peor parte. De niña yo oía hablar a mis abuelas, viejas negras, contar las cosas que habían sufrido, pero no lo había llevado a mi escritura. Y una vez me invitaron a hablar, en Nueva York, sobre historias de viejas negras y entonces empecé a recordar sobre aquellas historias que había oído en mi infancia y, al regresar, me dije que yo tenía que escribir sobre eso. Entonces me fui a mi pueblo para que me ayudaran a rescatar aquellas viejas historias, y usted puede creer que nadie se acordaba de aquello. Y en eso estoy, investigando sobre esas historias y escribiendo lo que pueda sobre el tema, porque pienso que es a mí a la que le toca dejar eso para las nuevas generaciones.

Muchas gracias Georgina, por ese tiempo que me ha regalado y que agradecerán sus admiradores cuando la escuchen en la radio o la lean en el libro que preparo.

Ordenados cronológicamente los títulos fueron:

Gentes y cosas, 1974
Granos de sol y luna, 1977
Grande es el tiempo, 1989
Gustadas sensaciones, 1996
Gritos, Miami, 2005
Gatos y liebres o Libro de las conciliaciones, 2009

AITANA ALBERTI. CONVERSANDO EN DOS TIEMPOS. (Buenos Aires, Argentina, 1941)

(Grabada en los estudios de Habana Radio. Octubre 25, 2010)

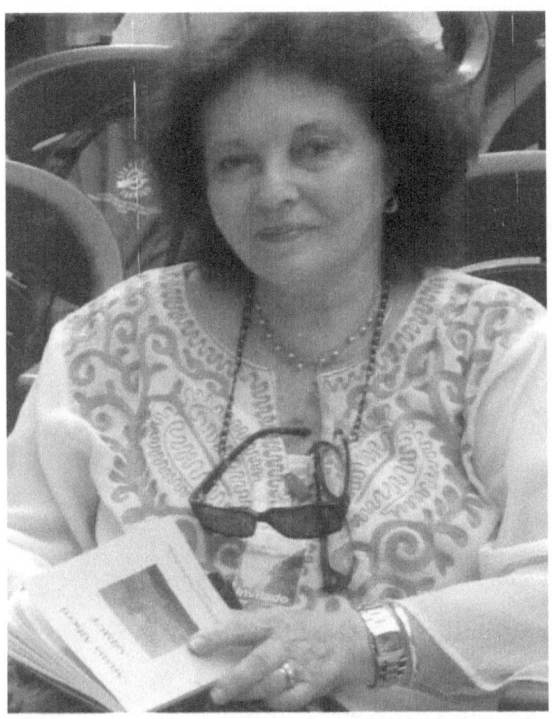

En octubre de 2010 entrevisté a Aitana Alberti para el Programa VOCES que escribo y dirijo conjuntamente con Alexis Rodríguez en Habana Radio. Ese programa lo realizo fundamentalmente con entrevistas de Orlando Castellanos. Ya había hecho un programa con una entrevista que grabara Castellanos a Rafael Alberti en 1978, en Madrid, y quería hacer uno dedicado a María Teresa León, pero no tenía nada de ella. Entonces le pedí a Aitana que me hablara de su madre y también de ella misma. Esta es la versión de esa larga conversación que sostuve con Aitana gracias a la cual he podido realizar varios programas dedicados tanto a María Teresa como a la propia Aitana.

1: Aitana Alberti habla sobre María Teresa León

Mi madre, María Teresa León, escritora española, nació a principios del pasado siglo XX, el 31 de octubre de 1903, en Logroño, capital de la Rioja, pero, muy pequeñita, sus padres la llevaron a Burgos—porque mi abuelo era militar y con alguna frecuencia lo cambiaban de guarnición. Por eso mi madre se cría entre Burgos—donde había nacido mi abuela--, Barcelona y Madrid. Ella se casa muy joven –al día siguiente de cumplir diecisiete años—con un chico burgalés algo mayor que ella y tiene dos hijos, mis hermanos Gonzalo y Enrique. Andando el tiempo se separa de su esposo, lo que constituye un proceso muy traumático para ella, porque en aquella época no existía el divorcio y, al ser hija de una familia bien, como se llamaba entonces a las familias acomodadas, separarse del marido era algo muy mal visto, totalmente escandaloso. Mamá se va a vivir a Madrid con mi abuela, María Oliva Goyri, prima carnal de María Goyri, esposa de Ramón Menéndez Pidal, y es ahí donde al final de los años veinte conoce a mi padre, Rafael Alberti, encuentro que va a marcar su vida entera. Y yo soy fruto de esa unión, mucho más tardíamente, pues estuvieron juntos varios años antes de mi nacimiento.

Mi madre comenzó a escribir siendo muy joven. Cuando se conocieron, había publicado artículos en el *Diario de Burgos* y dos libros de cuentos; luego hizo un viaje a la Argentina con su primer marido y allí también colaboró con el diario burgalés de Buenos Aires. Por suerte, muchos de esos escritos se han podido recopilar.

Cuando se separa de su primer esposo, los hijos se quedan con la familia paterna, porque a mi madre le quitan la patria potestad; indiscutiblemente fue muy doloroso para ella no poder criar a mis hermanos. Pero conoce a Rafael Alberti, un poeta que ya había publicado *Marinero en tierra* y algunos otros libros; hombre sensible, simpático, atractivo, y mi madre tampoco se quedaba atrás. Aquella era una pareja que despertaba admiración en todas partes. Según contaba mi padre: "Cuando íbamos juntos por las calles de Madrid le decían tantas cosas a María Teresa, que yo tenía que hacerme el sordo porque si no hubiera tenido que andar con una pistola y haber matado a unos cuantos". Como papá no mató a nadie, al parecer le decían piropos bonitos y no groserías. Rafael y María Teresa unen sus vidas, primero en secreto, precisamente por ser ella una mujer casada, aunque ya llevara bastante tiempo separada del padre de sus hijos, y a principios de los años treinta deciden vivir juntos abiertamente. Mi madre lo cuenta en *Memoria de la Melancolía*, considerado como uno de los grandes libros autobiográficos de la Generación del 27, que abarca la mayor parte del siglo XX; ahí está también todo lo referido a la Guerra Civil, al exilio y al proceso de creación, tanto de mi madre como de mi padre; es un libro complementario de *La arboleda perdida*. Hay que leerlos juntos realmente, sobre todo el primer y el segundo tomo de *La arboleda*...

Al unir sus vidas, no solo la escritura adquiere ese papel preponderante, sino también un pensamiento político novedoso, progresista, porque tanto mi padre como mi madre venían de familias burguesas, pero ellos rompen con todo lo que de niños les habían inculcado, con todo lo que habían visto y, realmente, ya a comienzos de esa década se afilian al partido comunista, en aquella España semifeudal aún, que estaba despertando a la modernidad. En 1932 había habido un referéndum para elegir entre monarquía y república y el pueblo elige república y el rey Alfonso XIII se establece en Roma, donde muere, siendo enterrado en la iglesia española, vía di Monserrate, en la misma calle donde nosotros terminamos viviendo a partir de 1963.

Ellos tienen una actividad política muy grande. Mi padre va dejando atrás la poesía inspirada en los cancioneros populares: *Marinero en Tierra*, *La amante*, *El Alba del Alhelí*, y escribe una poesía existencial con influencia del surrealismo: *Sobre los ángeles*; muy pronto también su obra, poética y teatral, se tiñe de una fuerte carga política y social. Justamente cuando escribe *Sobre los ángeles*, hacia 1929 conoce a mi madre; en ese momento él sufre una profunda depresión, porque ha salido de una relación muy tormentosa con una pintora, Maruja Mallo y, de esa situación tan dramática, pasa a lo que él llama el encuentro con la luz, gracias a la presencia salvadora de mi madre. Porque como ya te dije, María Teresa León era una mujer muy hermosa, pero no solamente tenía belleza física sino una belleza interior verdaderamente única y él se da cuenta y dice que encontrarla fue "como llegar al más hermoso puerto del mediodía". Así lo expresa en un poema escrito muchos años después, en Buenos Aires, titulado "Retornos del amor recién aparecido". Por otra parte, nacidos con un año de diferencia, son prácticamente coetáneos. Y unen sus vidas hasta la muerte de mi madre, en Majadahonda, el 13 de diciembre de 1988.

Cuando estalla la Guerra Civil ellos se quedan en Madrid y, con José Bergamín y otros escritores, crean la Alianza de Intelectuales Antifascistas, que radicaba en el palacio de los marqueses de Heredia Spínola, requisado por el gobierno de la República. Ese es un centro donde se reúnen todos los intelectuales que pasan por la ciudad, bombardeada sin piedad por la aviación fascista: Hemingway, Malraux, Guillén, Carpentier, Neruda, Dos Passos, Huidobro... y tantos y tantos otros; en 1937 la Alianza organiza, por ejemplo, el Segundo Congreso Antifascista en Defensa de la Cultura, al que asisten precisamente Guillén, Félix Pita y Carpentier. En fin, que ellos participan en todos esos eventos hasta que llega el fin de la guerra con el derrocamiento de la República y tienen que abandonar el país. Lo hacen de una manera muy azarosa. En una pequeña avioneta consiguen llegar hasta Orán, en el norte de África. Casi simultáneamente, en otra avioneta igual, de ocho plazas, sale la Pasionaria hacia el mismo destino. Lo hacen de un pequeño aeródromo militar en Monóvar, un pueblecito de la provincia de Alicante y es la última vez que ellos ven la Sierra Aitana. En esa serranía se encuentra la mayor concentración de árboles de almendro del mundo. De Orán, las autoridades francesas los mandan a Marsella y, finalmente, logran llegar a París. En la capital francesa permanecen once meses, en una etapa de transición. Ahí está Neruda, ahí está Picasso, quienes los ayudan, sobre todo Picasso, que les consigue trabajo como locutores en una estación de radio: Paris Mundial, en las emisiones en español para América Latina. Tenían que dormir de día pues por la diferencia horaria, trabajaban de noche. Trabajaron muchísimo, incluso mi padre hizo varias traducciones de textos franceses para poder transmitirlos en esos programas culturales que se hacían para América. En 1940, embarcan en el "Mendoza", último mercante francés con destino a América del Sur.

No bien concluida la guerra civil, en marzo de 1939, Pablo Neruda había organizado la salida del "Winnipeg", un barco que llevó más de dos mil refugiados españoles a Chile desde Francia. Pero mis padres no fueron en ese viaje. Lo que se ha dado en llamar la epopeya del "Winnipeg" es una hazaña extraordinaria realizada por Neruda, sencillamente poeta y, afortunadamente, diplomático. Como se sabe, Pablo Neruda comenzó su carrera como diplomático muy joven, en el extremo Oriente y, al finalizar la Guerra Civil, fue nombrado Cónsul Especial en París para la Emigración Española. Por suerte, en ese momento había en Chile un Presidente de izquierda, Pedro Aguirre Cerda, que lo comisiona específicamente para este cargo. Es un hecho hermoso y singular que un gran poeta fuera capaz de preparar algo tan fantástico. Contó con la ayuda de la organización más inesperada: los cuáqueros norteamericanos. El viejo "Winnipeg" se compra y acondiciona con los fondos del Gobierno de la República en el exilio. De la hazaña del "Winnipeg" se habla poco, por eso me gusta recordarlo, porque fue algo fuera de lo común. Pablo Neruda, el gran poeta, organiza la salida de más de dos mil refugiados de la España peregrina, en un barco que los lleva a un país seguro y en paz en esos terribles momentos de la derrota de la República española y de comienzos de la Segunda Guerra Mundial.

    Mis padres se embarcan en el "Mendoza" y padecen un viaje azaroso, como puedes imaginarte, tratando de eludir los barcos alemanes, un peligro constante en esa trayectoria, hasta que desembarcan en Argentina. Ellos no viajan a Chile, como quería Neruda, se quedan en Buenos Aires, porque esta ciudad es la capital de América, con una vida cultural impresionante. Y un año y medio más tarde nazco yo. Para cientos de miles de españoles empieza una vida que nadie sabe cuánto va a durar, aunque todos piensan que, cuando acabe la Guerra Mundial, con el triunfo de los aliados, Franco tendrá que desaparecer. ¿Quién podía imaginar que un individuo que fue ayudado por el nazifascismo durante la Guerra Civil, iba a mantenerse gobernando España hasta su muerte, treinta y seis años después? Gracias a Franco, España había sido una especie de laboratorio de prueba de las nuevas armas de los nazis alemanes y del fascismo italiano, por tanto nadie pensaba que Franco continuara en el poder al finalizar la contienda bélica.

    Desde mi más remota infancia recuerdo a los exiliados que venían a mi casa y narraban una y otra vez sus historias de la guerra. Por ejemplo, el actor Edmundo Barbero contaba lo que había pasado en el frente de tal y tal. O llegaba el gran pintor y escenógrafo Gori Muñoz, y también hacía su historia, que a menudo era esta: en el batallón donde combatió tenían un perrito muy cariñoso como mascota. Después de pensarlo mucho y muy a disgusto de todos, tuvieron que comérselo, porque el hambre era tremenda. Mientras chupaban entristecidos los escuálidos restos, uno de ellos susurró: "Qué pena, con lo que a él le hubieran gustado estos huesitos...". Había historias mínimas como la del perrito y otras muy terribles, casi inimaginables, como el asesinato de Federico García Lorca, pero todas me impactaban de una manera tremenda. Ya adolescente, me tenía que ir de la sala donde estaban conversando porque sufría mucho con esas anécdotas, siempre las mismas, multiplicadas hasta el infinito, como si fueran nuevas y el tiempo no pasara nunca.

Como ya dije anteriormente, mi madre empezó a escribir cuando era muy joven. Su primer libro fue para niños, se titula *Cuentos para soñar* y está dedicado a Gonzalo, mi hermano mayor. Siguen otros libros de relatos: *Morirás lejos*, *La bella del mal amor*, *Rosa-Fría, patinadora de la luna*... Andando el tiempo, ya en Buenos Aires, escribe las novelas *Contra viento y marea*, *Juego limpio*, y cuatro biografías noveladas, de las cuales en Cuba se han publicado tres: *Cervantes, el soldado que nos enseñó a hablar*, de la editorial Gente Nueva, ilustrado por José Luis Fariñas, con un epílogo de Fina García Marruz, un libro preciosísimo. *El gran amor de Gustavo Adolfo Bécquer. Una vida pobre y apasionada*, por la editorial Sur Editores, y ahora mismo la Editorial Arte y Literatura acaba de publicar *Rodrigo Díaz de Vivar, el Cid Campeador*. Faltaría la cuarta y última: *Doña Jimena Díaz de Vivar. Gran Señora de todos los deberes*. El escritor español Benjamín Prado dice que hasta que no se publique en España toda la obra de María Teresa León ella no va a volver del exilio. Y es una cosa cierta, porque hay libros de mi madre que aún no se han publicado en España, como la biografía de Bécquer, por ejemplo, y sí aquí en Cuba, que lleva esa ventaja. *Memoria de la melancolía*, escrita en Roma, cuya primera edición es argentina, de la Editorial Losada (1970), en 2002 se publicó en Cuba, y se agotó rápidamente.[2]

Mamá también escribió para el teatro y; en Buenos Aires, en la década de 1940, los guiones de tres películas: *Los ojos más lindos del mundo*, *El gran amor de Bécquer* y *La dama duende*, esta última, muy exitosa en toda América Latina, recibió el Premio Cóndor en varias categorías. Y fue prohibida su exhibición en España. Con respecto

---

[2] La Colección Sur Editores presentó la segunda edición en la Feria del Libro de Cuba, 2013.

a Cuba, mi madre guardaba unos recuerdos muy curiosos porque mi abuelo, el coronel Ángel León Lores, que era sevillano, había sido joven oficial –del ejército español, por supuesto- en la guerra de 1898 y entonces cuando se peleaba con mi abuela decía: "Yo debí haberme quedado en Cuba para siempre". Cuando él vino a la guerra ellos eran novios y se casaron cuando terminó y regresó a España. Esa frase que el coronel repetía cada vez que discutía con su mujer, al parecer muy a menudo, a mi madre se le quedó grabada desde la niñez, así como el delicioso aroma a habano cubano que desprendían sus ropas y las nanas que le cantaban para dormirla.

Una de ellas decía: "Los de San Quintín / han matado a Maceo, / no revivirá si es verdad / que se ha muerto. / No revivirá, no revivirá. / La guerra se acabará."

Mis padres vienen a La Habana por primera vez en abril de 1935. De esta experiencia ella habla en *Memoria de la melancolía*:

"Cuando desembarcamos en La Habana un hombre se ofreció a llevar nuestro equipaje. Cuando le preguntamos cuánto le debíamos, dijo que 20 dólares. Le dimos dos. 'Gracias caballero', dijo y saludó militarmente. Habíamos tropezado con la improvisación y la pobreza, pero gracias a él entramos riendo en La Habana. No era fácil reír, un dictador, Fulgencio Batista, Coronel, había inaugurado el terror en aquella isla venturosa donde mi padre había dejado sus recuerdos más tiernos. La graciosa ciudad blanca de la Habana cerraba su sonrisa mientras los negocios azucareros norteamericanos intentaban salir de su crisis sobre espaldas ajenas. Aquel año de 1935 iba endulzando poco a poco la bolsa de Nueva York mientras amargaban las horas de Cuba. Nos dijeron: '¿Veis aquella fortaleza? es el Castillo del Príncipe, está lleno de presos políticos y La Cabaña también. Todos estamos vigilados, perseguidos porque la Universidad les da un miedo loco, siempre nos están acosando, han tirado estudiantes a los tiburones. ¿Veis allí? Han matado a Julio Antonio Mella, están en la cárcel Juan Marinello y Regino Pedroso. Hasta la cárcel de mujeres está llena. Hoy tengo superpuestas dos Cubas diferentes: una desdibujada y triste, otra ardiente; una donde la palabra pueblo se escamoteaba en las linotipias de los periódicos y la otra donde se repite esta palabra llanamente alta y limpia; sonidos diferentes. Ya no se baja la voz, ya no se interrumpe el danzón, el trabajo ni la fiesta. Aquel día de nuestra llegada se nos desvaneció muy pronto el ritmo de las habaneras maternales de Rafael y las guajiras de las canciones de cuna de Mi tata María. Abrazamos a Juan Marinello en su cárcel del Castillo del Príncipe. Preguntamos: ¿Y ese Fulgencio Batista, es tan invulnerable?"

2- *Aitana Alberti habla sobre Aitana Alberti*

Mis padres, Rafael Alberti y María Teresa León, llegan a Buenos Aires el 3 de marzo de 1940, y ya en la paz para ellos y para cientos de miles de compatriotas, el 9 de agosto de 1941, nazco yo. En los primeros poemas que me dedica, consignados en *Pleamar,* su primer libro enteramente escrito en la Argentina, mi padre me llama "hija de los desastres". Me crío en un ambiente muy cálido pero muy modesto, pues desde el punto de vista económico, vivíamos de una manera muy precaria. Mis padres lo habían perdido todo: allá quedaron amigos entrañables como Federico García Lorca; otros, dispersos en países distantes; allá dejaron su terraza madrileña, abierta a la Sierra de Guadarrama, con su biblioteca y cuadros maravillosos de los mejores pintores de la época; allá, las ciudades y paisajes amados; en una palabra: allá quedó la patria, aherrojada y prohibida. Ellos, como miles de exiliados españoles, cada uno en los diferentes países donde fueron bien acogidos, trataron de rehacer su vida en Argentina, que fue muy generosa. En Latinoamérica, también Chile, Uruguay y México, por ejemplo, fueron extraordinariamente hospitalarios, en ellos, muchos de esos exiliados hicieron una labor asombrosa, sobre todo porque fueron creadores de instituciones culturales que aún perviven.

En Argentina mis padres se integran en el mundo cultural bonaerense que era muy activo; conocen a los grandes escritores, traban amistad con Gonzalo Losada que se iniciaba como propietario y fundador de la editorial que lleva aun su nombre. Fue él precisamente quien publicará los primeros libros de mi padre y también quien le consigue algunos trabajos. Ambos dan conferencias y mi madre, además, crea programas radiales que fueron muy exitosos. No solamente los escribía, también participaba en ellos como locutora. Así voy creciendo, en un cálido ambiente de amigos, tanto argentinos como españoles, y muy pronto me doy cuenta de que ése no era el lugar donde debía haber nacido y que mi país era un sitio inalcanzable al que era imposible viajar. Sólo podía escuchar las historias de los exiliados o leer libros sobre España, pues era un paraíso prohibido para nosotros.

Cuando papá fue por primera vez a Europa lo hizo solo y con un pasaporte argentino. Bueno, era un pasaporte rarísimo. En la tapa decía, literalmente: "Pasaporte no argentino". Pese a que lo emitían las autoridades de mi país, no lo dejaron entrar a no sé cuántos lugares, ya que obviamente era un documento destinado a gentes sospechosas de situaciones migratorias sumamente anormales. Avizorar desde el barco "los litorales españoles" fue para él absolutamente estremecedor; sabía que esa era la única manera en que podía entrever su tierra, allá lejos, difuminada por la distancia. Cuando pudimos viajar los tres a Europa, ellos al fin con un pasaporte español, sobrevolábamos España. Ni siquiera podíamos hacer escala en un aeropuerto de su patria. Te cuento algo curioso: en viajes sucesivos fuimos a casi todos los países socialistas: la URSS, Rumania, Polonia, la RDA, Checoslovaquia, hasta la misma China..., pese a que ese pasaporte español contenía una cláusula que prohibía tajantemente visitarlos.

Yo los veía escribir pero no sabía que eran escritores. Cuando mis compañeritas me preguntaban en la escuela la profesión de mis padres, a mí me daba cierta vergüenza decir que eran escritores, no abogados o médicos como los padres de las otras niñas; que fueran escritores los hacía diferentes y eso era un conflicto para mí. Creo que me daba vergüenza porque me sentía diferente de las demás.

Al cabo de algunos años, tendría yo doce o trece, nos prestan una quinta sobre el río Paraná, como a tres horas de Buenos Aires, en dirección a la ciudad de Rosario. Es una barranca bajita, no tiene más de cien metros, pero esa pequeña altura permite que se vea a lo lejos una hilera de árboles bordeando el río Paraná, que por la perspectiva no se veía desde la casa, pero sí los grandes barcos cargueros de todo el mundo que venían a Rosario a llevarse los productos argentinos y nosotros, con unos prismáticos, tratábamos de identificar las banderas para saber de donde procedían. Delante de la quinta había un prado enorme que llamaban el bañado, porque cuando llovía en invierno se convertía en una gran laguna. Había otro río pequeñito, como a trescientos metros, el Baradero, afluente del Paraná y ahí sí podíamos bañarnos si queríamos. Era un lugar muy bello y en el tiempo que pasamos allí, que fueron dos veranos, mi padre escribió *Baladas y canciones del Paraná*, donde retoma el estilo de los poemas breves tan musicales de *Marinero en Tierra* y *El Alba del Alhelí*. Así que ese encuentro con estos paisajes intocados, como de primer día de la creación, lo lleva a regresar a la forma y estilo de sus primeros poemas de juventud. *Baladas y canciones del Paraná* es el libro de la gran exaltación de América y de la gran nostalgia por España.

Mi padre nos leía esos poemas, a mi madre y a mí, en aquella casa muy modesta que no tenía luz eléctrica ni agua corriente, sino que se iluminaba con unas lámparas que allá llamaban sol de noche;

eran faroles iguales a los que se usaban en Cuba cuando la alfabetización. Bajo esa luz, él nos leía sus poemas que, retomando la musicalidad de las canciones juveniles, hablaban de los naranjos, de los eucaliptos, de las iguanas, de los perros errantes, en fin de la naturaleza que yo estaba viendo y viviendo. Entonces me empecé a dar cuenta de que mi padre era un poeta, porque hasta entonces no lo había percibido así. Yo lo sabía pero no lo sabía. Vengo a tomar conciencia plena de ello algo más tarde, cuando soy ya una muchacha de unos dieciséis o diecisiete años, pero me percato que fue en aquellos momentos, en aquellas noches, en esos veranos de mi temprana adolescencia, cuando mi padre, en el balcón de la casa, leía esos poemas sobre cosas que yo estaba viviendo, que descubro al poeta. Desde ese balconcito yo no solo descubrí la belleza de la naturaleza americana a la vez que él, sino que ese hombre que escribía sobre aquello era un gran poeta y que ese gran poeta era mi padre.

 Yo escribía clandestinamente en un cuaderno muy grueso – todavía lo tengo- de paginitas cuadriculadas. Eso fue ya en Buenos Aires. Pero aunque escribía a escondidas, mi madre se dio cuenta de que yo andaba en algo raro y, claro, descubrió el cuaderno. Entonces ellos, sin mi permiso —esa es la verdad-- fueron copiando los poemas que más les gustaron e hicieron un librito, que todavía tengo. Esta que ves aquí es la segunda edición, impresa en Málaga, por el Centro Cultural de la Generación el 27. Cuando cumplo catorce años me regalan el cuadernito, que ellos mismos habían armado con mis poemas, escritos entre los doce y los trece años. Lo titulan *Poemas de Aitana Alberti*. Tuvo una tirada de 300 ejemplares, que financia Losada; era una edición sin carácter comercial. Me lo regalan para que yo a mi vez lo regale a mis amistades. Debo confesarte que me puse furiosa. Habían violado mi intimidad y a mí aquello me parecía horrible; mamá hasta lloró porque mi reacción le pareció desmedida y, efectivamente, hay que reconocer que así fue. Pero también hay que entender que los adolescentes son muy secretos y todo lo que signifique perturbar esa condición los trastorna bastante. Entonces papá me pidió muy respetuosamente que corrigiera las pruebas de imprenta y después de todo me gustó. Y, tú sabes, solo tengo esta fotocopia; mi ejemplar original no sé dónde lo perdí, porque he vivido en muchos lugares y parece que se quedó por ahí. Cuando estuve en Argentina, en 1998 --no había vuelto desde 1963, cuando nos fuimos a vivir a Italia--, fíjate cuántos años, más de treinta y cinco sin volver, me encontré con amigas y amigos míos que me dijeron: "Mira tu librito; es una lástima que no tengas ninguno, pero no te lo vamos a devolver". Rededique varios, pues ellos vinieron con sus ejemplares —pero solo obtuve esta fotocopia-- y con muchas fotografías de nuestra juventud que sí me entregaron reproducidas. Andando el tiempo, el Centro de la Generación del 27 hizo una segunda edición de mi libro.[3] Yo tengo muy mala memoria para las fechas pero creo que fue en 2006, una tirada de 400 ejemplares, con fotos mías de chiquita, y prólogo de Zenobia Camprubí, que es una carta que ella me escribió con la opinión de Juan Ramón Jiménez, porque mi madre les había mandado el libro a Puerto Rico, donde ellos vivían. Es tan preciosa la carta de Zenobia, que el director del Centro de la Generación del 27 decidió que había que incluirla como un prologuito, cosa que no tiene la primera edición, lógicamente. Esto fue lo primero que escribí en mi vida. Y pasaron muchísimos años sin que publicara nada, porque realmente saber que mi padre era un gran poeta me inhibía profundamente. Digo mi padre porque mi madre nunca escribió poesía, prosa nada más, aunque una prosa muy poética. Pienso que ella podía haber escrito poesía, pero vivía al lado de un gran poeta, creo que fue una decisión muy sabia y muy consciente; nunca me lo dijo pero yo lo intuyo.

Cuando vengo a vivir a Cuba es que vuelvo a escribir, porque, como te dije, en 1963 nos trasladamos a Italia, cosa muy atinada, aunque entonces no podíamos imaginar el horror que se adueñaría de mi país. A mediados de la década de 1970 se instauró la

---

[3] Tercera edición: Colección Sur Editores, La Habana, 2011. Mantiene el prólogo-carta de Zenobia Camprubí y se añade: "Berlín 1955: El poema perdido".

dictadura militar en Argentina y ahí sí que probablemente hubiéramos desaparecido, mis padres, por lo que el mundo entero sabe y yo, porque tuve una actividad política fuerte en la Universidad; de verdad te lo digo. En Roma vivieron mis padres catorce años, hasta 1977, y yo siete; los otros siete antes de su regreso los pasé en España. Allí me casé con un español que era ciudadano canadiense y nos fuimos a vivir a Canadá. Tengo dos hijas nacidas en ciudades y países diferentes: Altea, en Londres, y Marina, en Montreal.

Vengo a vivir a Cuba en 1984, con mi marido y mis hijas, gracias a Nicolás Guillén. Antes de esa fecha había visitado La Habana con él y mi hija mayor; la pequeña aún no había nacido. Entonces fuimos a ver a Nicolás, que era muy amigo de mis padres y mío. Tú sabes que vivió en la Argentina, cuando se tuvo que ir de Francia porque no tenía documentación para seguir allí y lo iban a repatriar para Cuba. Entonces mi padre hizo una gestión ante el presidente de aquella época, Arturo Frondizi, para que lo dejaran entrar. Nicolás regresó a Cuba en 1959 desde Buenos Aires. Allá vivió como dos años y lo veíamos casi a diario. Era una persona adorable. Recuerdo el famoso soneto al jamón, que les regaló a mis padres junto con un jamón serrano español espectacular. Yo estaba cuando llegó el jamón y hasta comí de ese jamón y me acuerdo que él se reía muchísimo cuando hablábamos de ello en La Habana. Me decía: "Aitanita –el me llamaba Aitanita--, yo le compré el jamón a tu padre con mucho cariño y tanta cosa y tu madre se lo llevó para la cocina y ni lo probé". Y yo le decía: "Pero Nicolás, ¿tú estás seguro de que no probaste ese jamón?" Y me decía: "No, ese día yo no lo probé; después que lo lasquearon yo sí lo comí, pero eso fue otro día, cuando tu papá contestó mi soneto." Y reíamos los dos, con algo de nostalgia. Nicolás era muy simpático y amoroso.

Bueno, entonces esa vez que vine de visita, cuando lo fuimos a ver a su despacho en la Unión de Escritores, nos dijo que por qué vivíamos en ese país tan frío, que viniéramos a vivir acá. Figúrate, no es sencillo tomar decisiones tan trascendentales en un instante y, sin responderle más que con nuestras sonrisas, regresamos a Canadá. Pero andando el tiempo me encuentro a Nicolás en España, donde ya estaban viviendo mis padres, pues Franco había muerto en 1975. Las cosas habían cambiado y ellos pudieron regresar a su patria en 1977. Fue en ese viaje que vi a Nicolás, en la embajada de Cuba en Madrid, y me repitió la invitación. Me dijo que él se ocuparía de todas las gestiones burocráticas, migratorias más bien, que eso conlleva. Lo cumplió al pie de la letra y entonces sí nos mudamos a la Isla, en 1984, como te decía antes, en el mes de mayo. Mi hija mayor tenía casi seis años y Marina era muy chiquitita, tan solo dieciocho meses. Por eso y porque adora y admira a Cuba, ella dice que es cubana, aunque su ciudadanía sea la española. Y es aquí en Cuba donde comienzo a escribir realmente.

Te confieso que yo sí había estado escribiendo poesía y algún cuento, pero no publicaba, porque casi siempre rompía cuanto escribía. Realmente lo primero que apareció bajo mi firma, entre 1993 y 1997, con el título *La arboleda compartida,* fueron más de ochenta artículos en el suplemento cultural de periódico *ABC,* de Madrid.[4] En 1999, quince años después de estar viviendo aquí, publico mi segundo libro de poemas: *Y de nuevo nacer.* Existe una segunda edición aumentada muy linda, de 2008, con prólogo de César López, publicada en Zamora, por El Sinsonte en el patio vecino, una colección preciosa que comenzó con un libro de Nicolás y tiene ya varios títulos en su haber. Otros cuadernos de poemas: *Pupila al viento, Son del fugado cuerpo, A bordo de la bruma,* esta antología personal, *Azimut,* que salió en Costa Rica, y un libro de relatos: *Inquilinos de la soledad.* Además he publicado, y espero seguir publicando, artículos, poemas y cuentos en revistas y antologías cubanas y extranjeras.

---

[4] Recogidos en libro de igual título por la Colección Sur Editores. La Habana, 2009.

ENTRE LO CLÁSICO Y LO FEMENINO.
LUISA CAMPUZANO (La Habana, Cuba, 1943)

(Entrevista grabada en la sede de Casa de las Américas. Momentos después de terminado un acto en la sala Manuel Galich de donde todos salían hablando. Marzo de 2015)

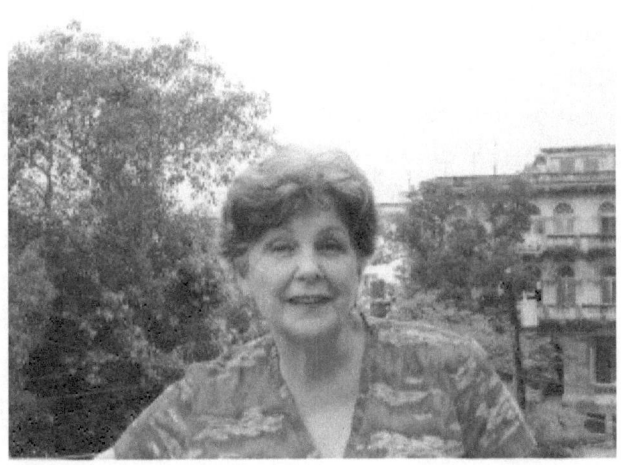

Estuve varios meses intentando grabar esta conversación con la ensayista, investigadora, directora de la Revista Revolución y Cultura, la habanera Luisa Campuzano, y por una razón u otra, el tiempo fue pasando y el encuentro no se propiciaba. Hasta que le otorgaron el Premio de Investigación Cultural y me dije que no podía seguir perdiendo la oportunidad de conversar con ella, mi profesora de Latín en la Escuela de Letras de la Universidad de La Habana, sobre el premio recién recibido y otros temas de su abundante quehacer dentro de la investigación y la escritura de libros de ensayos.

Luisa, vamos a comenzar esta conversación con el premio que acaban de otorgarte.

Recibí con mucho orgullo y alegría el Premio Nacional de Investigación Cultural por la Obra de la Vida, que otorga el Ministerio de Cultura a través del Instituto Juan Marinello, una institución dedicada a centralizar, precisamente, todo lo que tiene que ver con las investigaciones culturales. Y como bien reza su nombre, el premio se me otorga por el trabajo realizado por las investigaciones que he venido haciendo a lo largo de muchísimos años.

Yo empecé a trabajar como auxiliar de investigación del historiador Juan Pérez de la Riva en el año 1963 a 1964, en la Biblioteca Nacional José Martí. Y desde entonces, de un modo u otro, he seguido investigando. Ya cuando comencé con la docencia me vi vinculada muy directamente con la investigación. De hecho, en 1987 pasé a trabajar a Casa de las Américas como directora del Centro de Investigaciones Literarias de esta institución, por supuesto, sin dejar de lado mi trabajo como docente en la Universidad de La Habana, específicamente en la Escuela de Letras, donde impartía literatura latina.

He trabajado sobre la obra de Alejo Carpentier en la que se consideran mis estudios con cierto valor. A partir de mi formación clásica y muy vinculada con la asignatura que impartía, he hecho investigaciones sobre la tradición clásica y la literatura latinoamericana, que es un hecho bastante reciente en el mundo de la filología, pues se ocupa precisamente de cómo ese mundo de los griegos y los romanos ha pasado a la contemporaneidad y de qué modo la contemporaneidad lo supera, lo reelabora, bien subvirtiéndolo, aceptándolo, o dándole otra connotación.

Tienes también una labor destacada en el tema de género.

Por supuesto que la investigación sobre literatura escrita por mujeres ha sido fundamental en mi vida. Es el trabajo más cercano, empecé con este tema en 1984, trabajando con las escritoras cubanas y diez años más tarde, fundé aquí en Casa de las Américas, y desde entonces lo dirijo, el Programa de Estudios sobre la Mujer, aquí he seguido trabajando sobre el tema de literatura escrita por mujeres, ya no sólo cubanas sino también latinoamericanas. He publicado libros, artículos, ensayos. He hecho compilaciones de libros escritos por otras autoras. Así mismo he participado en investigaciones y en grupos de trabajo internacionales. Aquí en Casa de las Américas he organizado 22 Congresos internacionales sobre mujeres latinoamericanas y caribeñas, su historia y su cultura. Creo que esos son los aspectos más importantes de mi trabajo de investigación.

Quiere decir que desde que te graduaste en la Universidad de La Habana empezaste a investigar sobre la cultura latina.

Sí, claro, mi tesis fue sobre la novela de Petronio *Satiricón*, que cuando se publicó obtuvo el Premio de la Crítica. Luego escribí sobre la poética preplatónica y algunos manuales para la enseñanza universitaria de la literatura latina, todos publicados hace ya años. Hay otros campos en los que también he incursionado, si me permites esa palabra, que son los referidos a los libros de lectura y de la cultura cubana en general, del siglo XIX. La cultura cubana laica, en cierta medida instauradora de la construcción de una nación todavía en ciernes, y particularmente de la escuela cubana, es decir, de los libros que utilizan para la enseñanza los maestros cubanos. Ese es un trabajo que está en evolución. Comencé a realizarlo en 1988, he publicado algunos capítulos pero aún no se ha concretado en un libro, esperamos terminarlo (lo digo en plural porque tengo un colaborador conmigo, un joven, Alain Serrano), antes de tres años. Y otro campo en el que he publicado bastante: artículos, ensayos, he compilado libros sobre viajeros y viajeras cubanos. Este es un tema de mucho interés por la cantidad de posibilidades que da para adentrarte en diferentes temáticas, lo mismo a las situaciones de la época, al tratamiento de género o a la temática de construcción de nación, en todos los sentidos, son libros muy interesantes.

Sé que tienes una buena cantidad de publicaciones, pero cuéntame sobre lo que consideres más importantes para tu quehacer como escritora.

Yo creo que entre los libros que he escrito relacionados con la cultura cubana y latinoamericana están *Quirón o del ensayo y otros eventos*, publicado en 1988, mi primer libro sobre literatura cubana, en que se reúnen un buen número de trabajos sobre Alejo Carpentier. Otro libro que considero relevante es *Las muchachas de La Habana no tienen temor de Dios*, sobre escritoras cubanas del siglo XVIII al XXI. Hay otro libro que tiene otra temática: la de la tradición clásica, publicado bajo el nombre de *Narciso y Eco, tradición clásica y latinoamericana*, publicado en Buenos Aires. También hay un libro sobre nuestro gran novelista: *Carpentier, entonces y ahora*, en el que reúno ensayos escritos alrededor de la obra de Don Alejo. Pudiera mencionar igualmente por la relevancia de los contenidos, una serie de libros que he compilado con las actas, artículos y ensayos escritos por otras personas y presentados en diversos eventos.[5]

¿Y en estos momentos estás escribiendo algo nuevo?

Ahora estoy preparando tres libros. Uno sobre emigración y exilio de escritoras cubanas, otro que tiene que ver con escritores cubanos del siglo XIX, fundamentalmente, con alguna proyección hacia los comienzos del XX, y el tercero es sobre Alejo Carpentier, vinculado a los ensayos que he escrito sobre *Los pasos perdidos*, ya que otros trabajos míos, sobre todo acerca de *El Siglo de las luces*, son

---

[5] Entre sus publicaciones, destacan también *Roma y las letras latinas* (1972), *Comedia latina* (1972), *Introducción al latín* (1976), *Breve esbozo de poética preplatónica* (1980), *Selección de autores latinos* (1982), *Las ideas literarias en el* Satyricon (1984), *Historia de la literatura latina, desde los orígenes hasta el principado de Augusto* (1987).

alrededor de diez, espero recogerlos en otro momento, cuando tenga más tranquilidad y más posibilidades para hacerlo. Espero que ese tiempo me llegue. El tiempo de la calma. Porque de pronto se me acumulan una serie de solicitudes de trabajos y de tareas. Por ejemplo, sigo dando clases en distintos lugares, sigo participando en investigaciones de grupos internacionales para los que tengo que realizar cosas muy específicas, continúo dirigiendo la Revista Revolución y Cultura, que es realmente mi trabajo, y por tanto me debo a él. Y dirigir una revista es una cosa muy seria. Hay que leer mucho, revisar lo que ya está aprobado antes de enviarlo a la imprenta. Esta es una labor que vengo haciendo desde 1998, es decir, llevo ya 17 años dirigiéndola, es algo que me gusta hacer, tengo muchas colaboraciones y un equipo que me apoya, no solo en lo que se refiere a la revista en sí, sino, tengo que ser honesta y decirlo así, pues ese apoyo es también a mi trabajo de investigación. Eso es algo que, cuando me entregaron el Premio, quise subrayar, pues la investigación es algo que sin un equipo de apoyo no puedes realizar, pues ese trabajo va desde escanear un texto, mecanografiar y transcribir lo que vas recuperando de las diversas bibliotecas, y si estás sola, más nunca terminas. Así que comparto mi tiempo en esas tareas, entre las cuales está el trabajo en Casa de las Américas, que me gusta mucho y disfruto hacerlo. Ahora en los próximos días se va a presentar aquí un libro sobre la correspondencia de Mariano Rodríguez y Lezama Lima, uno de cuyos textos es mío, en el cual abordo también sus relaciones personales, sus paseos, en fin, las relaciones inter intelectuales. Algo que también trabajé en relación a Carpentier y Lezama.

Y es que la curiosidad me mata, pero el cansancio empieza a mochar un poco la curiosidad y no me permite hacer tantas cosas como hacía antes, cuando me podía pasar prácticamente un día completo en la Biblioteca Nacional copiando materiales. Ya la espalda no me da para eso, pero tengo mucha cosas publicadas en entrevistas, en actas de congresos, aquí y en otros logares que no se conocen en Cuba, por eso quiero recogerlas en libros.

También voy a publicar en libros electrónicos dos obras ya editadas en papel: *Las muchachas de la Habana...* y *Narciso y Eco*, en una editorial europea.

Luisa, ¿tú naciste en La Habana?

Yo soy habanera, hija de habaneros y casi nieta de habaneros. Nací el primero de junio de 1943. Mi madre y mi padre nacieron también en La Habana. Tengo dos abuelos que no nacieron en Cuba, pero eran hijos de cubanos. Uno emigrado, cuando la Guerra de 1868, que se fue a Francia y allí se casó con una francesa con quien tuvo un hijo, ése es mi abuelo. Y otra que se casó, siendo de una familia revolucionaria, insurrecta, se casó con un español y tuvo sus hijas en España, específicamente en Galicia, pero cuando su marido murió, ella volvió a Cuba, de modo que mi abuela y mi abuelo paterno son cubanos, pero nacidos fuera de este país.

¿Conoces el origen del apellido Campuzano?

El apellido Campuzano es un apellido matancero, que se retrotrae a finales del siglo XVIII o principios del XIX. Hay muchos lugares en España en los cuales abunda el apellido Campuzano. Yo siempre digo que yo desciendo del alférez Campuzano, ese personaje que aparece en *El Coloquio de los perros*, de Cervantes, que no puede hablar durante todo el tiempo, por eso yo hablo tanto, porque tengo simplemente que desquitarme. Campuzano es un lugar cerca de Santander, al norte de Cantabria y también hay Campuzano en León y otras muchas regiones españolas. He oído toreros andaluces y cantaores con ese mismo apellido. Fíjate que una vez mi hija fue con su marido a un concierto de Pablo Milanés en Valencia. Y cuando terminó el concierto, Lázaro García, que era el representante de Pablo, la llevó al camerino para que saludara al cantante y ella entró porque era la hija de Luisa Campuzano, y Lázaro había sido alumno mío. Pero ella le pidió que entrara también su marido, y entonces Lázaro lo llamó y dijo: "Qué entre Miguel Campuzano" y la gente empezó a gritar: "Ese es el torero, ese es el torero".

Pues no te robo más tiempo, Luisa. Muchas gracias por esta conversación tan llena de ruidos.

SIENTO QUE FERNANDO ORTIZ ME ACOMPAÑA. TRINIDAD PÉREZ VALDÉS (Guanabacoa, La Habana, Cuba, 1943)

(Grabada en la Fundación Fernando Ortiz donde trabaja Trinidad Pérez como investigadora. También lleva la vicepresidencia de la institución. Junio de 2015)

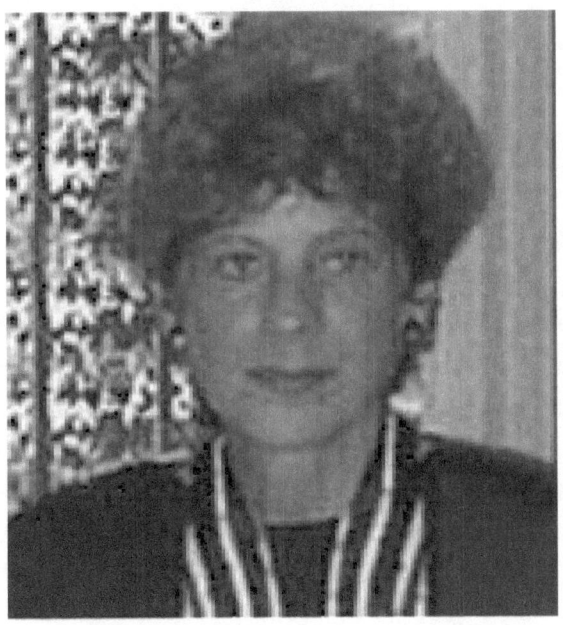

Desde mi etapa de estudiante universitaria en la Escuela de Letras conozco a Trini Pérez; aunque no estudiábamos en la misma aula, pronto nos hicimos amigas pues su hermano Fernando (hoy un reconocido cineasta) era mi condiscípulo desde 1964, cuando ambos entramos al curso preparatorio que nos permitió, sin ser bachilleres, estudiar la Licenciatura. La investigadora, ensayista y Vicepresidenta de la Fundación Fernando Ortiz Trinidad Pérez no gusta hablar de sí misma; gracias a esa vieja amistad me concedió esta entrevista en la cual cuenta, tímidamente, sus avatares existenciales, obviando todo aquello que fuera hiriente o desagradable, lo cual habla por sí mismo de su calidad humana. Es una auténtica habanera, nacida en una ciudad costera con una relevancia histórica y de cubanía, pues cuando La Habana fue tomada por los ingleses, en junio de 1762, el regidor de esa región, Pepe Antonio Gómez, reunió a los vecinos de las localidades de ambas costas y armó unas milicias que estuvieron defendiendo la ciudad durante dos meses. Desde entonces Guanabacoa ha mantenido esa defensa de su identidad. Y Trinidad es una digna guanabacoense.

Trini, vamos hablar de tus orígenes. Tu infancia, tu familia.

Yo nací en Guanabacoa. Mis padres eran personas muy humildes. Mi padre Alfonso, cartero muy popular. Fue el primer cartero que repartió en bicicleta. Mi mamá Ofelia era costurera y un hermano Fernando. A él le decíamos Papú, porque era gordito. En cambio, yo siempre fui flaquita y muy miope. Mis abuelos por parte de padre eran españoles. Mi abuelo Fernando era asturiano, yo no llegué a conocerlo. Y mi abuela Trinidad era madrileña. Por parte de mi mamá mi abuela Fita y mis tías, todas eran cocineras de cantina, es decir, preparaban la comida y las vendían para llevar en cantinas. Eran excelentes cocineras. Mi mamá también era muy buena cocinera, junto con mi tía Digna, a quien recordamos siempre.

Tuve una infancia humilde, crecí en uno de los barrios más humildes de Guanabacoa. Éramos pobres pero nos criamos como se cría todo el mundo en una situación así, sin embargo, éramos felices. Mi papá y mi mamá tenían un matrimonio maravilloso, se querían y se quisieron hasta el final de sus vidas, con un amor así como de Romeo y Julieta. Eso fue lo más importante que nos enseñaron: esa felicidad familiar. Y el estudio. Eso nos lo repetían: que había que estudiar, estudiar y estudiar. Mi papá compraba los muñequitos, la Revista *Life*, llevaba a mi hermano al cine. Ya mi hermano ha contado sobre esa experiencia, de cuando fueron a ver la película *El puente sobre el río Kuay* y al salir le pregunta a mi papá cosas sobre la película que a él le llamaron la atención. Y la felicidad era esa: salir a lugares diferentes. Ir a Cojímar o a Bacuranao a bañarnos en esas playas, caminar por el malecón, íbamos a Casablanca, paseábamos por La Habana Vieja. Nunca sufrimos porque no teníamos nada, al contrario, porque no carecíamos de la riqueza espiritual, ésa era la que nos llenaba de verdad la vida. Pienso que fue por eso precisamente que nos sentíamos felices.

Teníamos a nuestra mejor amiguita, Katy, cuyo padre era dueño de una ferretería y tenían un nivel económico superior al nuestro, pero ella era excepcional, nunca hizo ostentación de nada. Hasta hoy hemos seguido siendo muy buenas amigas. Incluso ella vive en España y cuando viaja a La Habana siempre nos reencontramos.

Ya en 1959 hubo un cambio. Si no hubiera existido ese acontecimiento no hubiéramos podido estudiar nunca. Eso siempre lo digo. Y nos cambió la vida completamente en esos primeros veinte años que vinieron después. Mi hermano estudió ruso, se vinculó al ICAIC donde empezó trabajando con Santiago Álvarez. Hoy es un destacado cineasta. Yo entré a la Escuela de Letras, en aquella etapa maravillosa cuando teníamos profesores extraordinarios que aún todos recordamos. Recuerdo a Camila Henríquez Ureña, a Fernández Retamar, a Nicolás Farray, a Mirta Aguirre, a José Antonio Portuondo... Son años también inolvidables los que guardan mi memoria de aquella escuela maravillosa que ya no existe. En esa época nos visitaban en las aulas los integrantes latinoamericanos de los jurados del Premio Casa de las Américas. Adelaida de Juan nos presentaba al Grupo de los Once, o nos decía: "recorran La Habana Vieja y después díganme las características del Barroco". O el entonces joven Fernández Retamar, como eran casi todos ellos, llegaba al aula y nos decía: "Alumnos, hoy van a escuchar ustedes los poemas de un poeta muy joven" Y ese poeta era el salvadoreño Roque Dalton. Yo me formé en esa escuela que ya no se parece a la actual. Hoy yo veo que los estudiantes hacen sus tesis y es un acontecimiento semejante a las fiestas de los quince años, con cambios de vestidos y flores y cakes. En nuestra época no era así: nosotros nos íbamos para las lomas. A mí me tocó en Pinares de Mayarí. Chomi, el rector de esos años lo decía así, no como una amenaza: "O haces la tesis aquí o te vas a un lugar donde se pueden ver las estrellas". Y es verdad que se podían ver las estrellas.

Estuve un año en Pinares de Mayarí y no quería regresar, pero al hacerlo me enteré de que me habían ubicado en la Casa de las Américas, quien me recibió fue el poeta uruguayo Mario Benedetti que estuvo un tiempo trabajando en la Casa (te estoy a resumiendo). La verdad es que yo hubiera querido quedarme mirando las estrellas, viviendo aquella utopía, pero mis padres me insistieron en regresar. De modo que empecé a trabajar en la Casa, en su Centro Literario, con Mario Benedetti, su fundador. Ahí tuve todo un aprendizaje. Benedetti había creado la colección Palabras de esta América, conformada con grabaciones a los más destacados intelectuales no solo cubanos sino de toda Latinoamérica; allí empecé a trabajar con una persona que hasta hoy es mi hermano y mi amigo: Pedro Simón. Siempre hice pareja con él para trabajar en las investigaciones y en las entrevistas que se le hicieron a una serie de figuras para esa colección. El que sabía a quién había que entrevistar era Pedro, yo no, porque las figuras tenían que ser entrevistadas a escondidas. Esto era ya en los años setenta, ya sabes a lo que me refiero, esas personas estaban parametradas. Por ejemplo, hicimos los Panorama Histórico Literario de la colección donde aparecía Lezama Lima y vinieron a reclamarle a Haydée Santamaría, como sabes la fundadora y directora hasta su muerte de la Casa de las Américas, que por qué aparecía cinco veces Lezama en aquellos textos.

¿Y por qué venían a reclamarle a Haydée?

Porque estaba prohibido hablar de esas personas, que como te dije estaban parametradas, que era la palabra que se les aplicaba a los que no se consideraban revolucionarios y a los homosexuales. Por eso nosotros teníamos que hacer aquel trabajo medio escondidos.

Aunque la situación que se vivía en Casa de las Américas era diferente, igual que el ICAIC con Alfredo Guevara, ellos dos se enfrentaban a situaciones adversas y nosotros, de cierto modo, escapábamos de aquella situación surrealista que se vivía en aquellos años grises. La Casa de las Américas tenía vínculos con muchos intelectuales de prestigio como Julio Le Parc, García Márquez, Mario Vargas Llosa. Yo hice una Valoración Múltiple sobre Vargas Llosa que desapareció. Nunca se llegó a publicar ni sé dónde andará. Pues volviendo a lo que te contaba sobre el reclamo a Haydée sobre la presencia de Lezama en aquellos panoramas históricos, ella recibía a esas personas y les decía: "ese panorama lo hice yo". Y después nos llamaba, a Pedro Simón y a mí, y nos decía: "Por qué ustedes pusieron cinco veces a Lezama, hagan el favor de ponerlo tres veces por lo menos". Yo no la puedo definir, de verdad. Creo que Fernández Retamar y otras personas ya lo han hecho. Pero haber trabajado con Haydée durante 20 años fue impactante. No tengo palabras para definirla, fue una persona con una sensibilidad extraordinaria. Para mí, esa fue otra escuela, ahí aprendí todo lo que pueda tener de mente abierta, de saber lo que puede dar la cultura, el arte. Lo aprendí con ella y con Alfredo Guevara. Puedo decir que ésa fue mi segunda escuela. Primero la Escuela de Letras, donde ocurrían aquellos debates, ¿recuerdas?, donde se debatía tanto si el arte tiene carácter de clase o no, que dio lugar al enfrentamiento de Mirta Aguirre con Alfredo Guevara; eran cosas que nos ayudaban a tomar conciencia. Y en la Casa de las Américas hice muchas investigaciones. Hice las tres novelas ejemplares, valoraciones múltiples, como la de Juan Marinello, que él mismo me pidió que la hiciera, lo cual fue para mí un gran honor. Trabajé mucho sobre la literatura brasileña. Hice prólogos, por ejemplo, recuerdo la novela *Gran Serton Vereda*, de Guimarães Rosa... También escribí notas para la Revista Casa de las Américas, una gran revista.

Luego de algunos años fui designada Consejera Cultural de Cuba en la embajada de Brasil. Dudé si iba o si no iba, finalmente fui y estuve allá cuatro años. Tuve la suerte, yo creo que soy bastante afortunada, de trabajar con el embajador Jorge Bolaños, un diplomático de carrera, una persona maravillosa, él me dio la oportunidad de no ser diplomática. Cuando llegué allí hablé con él y le dije: "yo no soy diplomática de carrera, yo lo que tengo es muchas amistades aquí en Brasil". Él se quedó callado, nunca me impidió salir y creo que fui la única, porque todos los diplomáticos tenían una restricción: no podían ir más allá de un pueblo cercano a Brasilia; en cambio, yo me moví por todo Brasil, me iba con mis amistades en los que se incluían cineastas, teatristas, gente que había conocido en Cuba, precisamente en Casa de las Américas. Fui a todos los festivales de cine, de teatro que se celebraban en aquel país y nunca me pasó nada, ni me llamaron a mí ni al embajador para decirle algo sobre esta situación. Fui a conocer el Museo de Guimarães Rosas, en el nordeste brasileño, no llegué al sertón como tal, pero conocí la casa donde él nació. Yo me moví libremente. Con ese otro hermano mío, Frei Beto, quien fue una gran ayuda para mí, visité una favela. Todo aquello fue también una gran experiencia. Nunca voy a olvidar a Brasil. Me tocó la etapa de cambio entre la dictadura militar y el gobierno de Sarney, quien hizo una ley muy buena para los cineastas y artistas, la Ley Sarney. Y después las elecciones de Lula da Silva, en ese momento un obrero metalúrgico; también gracias a Frei Beto lo conocí a él y su familia.

¿Cuándo regresas de ese país que tanto te impactó?

Regresé en 1990. Entonces trabajé un tiempo en la Agencia Literaria, allí, para serte sincera, el trabajo no me gustó. Lo encontraba muy burocrático. Veía muchas cosas que me interesaban como las sinopsis de trabajos de personas tales como Hilda Morales de Allois, autora de folletines para radio novelas y estaban ahí guardados. Yo escribí algo sobre ella que se publicó en la Revista Revolución y Cultura con el título "La reina del folletín". Pero allí, en la Agencia Literaria, no me sentía bien, sentada tras un buró haciendo un trabajo que no me gustaba, en un momento bien difícil para nuestro país: la década de los noventa. Hasta que llegó Miguel Barnet, él y Nancy Morejón fueron siempre mis buenos amigos, y él me dijo: "¿Qué haces aquí? Ven con nosotros para la Fundación".[6] Y aquí estoy. Miguel tiene la UNEAC, pero tiene como una antena mirando para acá. Yo creo que la verdadera pasión de Barnet es la Fundación y no dejar morir la obra de Fernando Ortiz. Aquí en esta sala él tiene en cada rincón, si te fijas bien, sus propias cosas. Y si miras para atrás verás la foto de Fernando Ortiz con quien Miguel habla cuando llega aquí. Esta fundación es una obra de Barnet, en ella he encontrado no solamente las cartas de Ortiz, también la revista Catauro, que en mi opinión, está graficando la actual realidad cubana, desde el punto de vista etnográfico. Dentro de cincuenta años, cuando quieran saber cómo era en gran parte la vida del cubano en esta época, van a encontrar en las páginas de esta revista un testimonio invalorable.

Sobre todo en su imaginario, en sus archivos de folclor. Esta es una revista de antropología, pero más de etnografía, y conserva esa importancia porque sus estudios están problematizados, criticados en el contexto del cotidiano cubano actual. Están también los libros que publicamos en diferentes colecciones.

No sé cuánto tiempo duraremos, no sé, nadie sabe. Es incierto el futuro porque llevamos ya veinte años de existencia y aún no se sabe si somos una sociedad civil, no sabemos lo que somos realmente. Sólo se sabe que aportamos una importante creación para la cultura cubana, que era lo que Barnet pensó. Y lo logró.

Y en tu caso, que sí sabemos que eres una investigadora y una escritora ¿sabes cuántos libros tienes publicados?

---

[6] La fundación Fernando Ortiz lleva el nombre de este sabio declarado como el tercer descubridor de Cuba. Fue el primero en reconocer los valores de la cultura y religión africanas en la formación de nuestra identidad. Tiene una vasta obra con más de medio centenar de títulos.

Los que salieron por Casa de las Américas fueron *Tres novelas ejemplares* y el de Juan Marinello. Hice una recopilación de mis ensayos pero no llegué a publicarlos. Pero lo más significativo que he publicado son estos dos tomos de las cartas de Fernando Ortiz. Son cuatro realmente. Los otros dos deben publicarse el año que viene.

Me parece, Trini, que dada la importancia de esta publicación, merece la pena que hables un poquito más sobre este trabajo que sé te llevó mucho tiempo.

Cuando comencé a trabajar en la Fundación, en 1995, no sabía qué trabajo de investigación iba a realizar, ni conocía los proyectos inmediatos que tenía la Fundación. Fueron Miguel Barnet y María Teresa Linares los que me hablaron de Alberto Quesada, un gran investigador, que estaba trabajando ya en los fondos de Fernando Ortiz en la Biblioteca Nacional. Es importante aclarar que don Fernando, en su testamento, dejó plasmada su voluntad de donar su propia y rica biblioteca a la Sociedad Económica de Amigos del País, es decir, lo que es hoy el Instituto de Literatura y Lingüística y también a la Biblioteca Nacional, si no hubiese sido así se hubiese perdido toda esta valiosa documentación. Esta casa de L y 27, su residencia, que Barnet llama La Casa Templo, quedó en manos de la Universidad de la Habana. De esta casa donde viviera, desapareció todo el mobiliario. Su esposa María, junto con su hija María Fernanda, casada con un diplomático español, Julio Jacoiste, una persona encantadora y gentil, antes de partir para España, se preocupó porque vinieran a recoger parte de la documentación que ya había sido entregada personalmente al Presidente Osvaldo Dorticós y a Antonio Núñez Jiménez quienes la pusieron en manos de La Biblioteca Nacional y del Instituto de Literatura y Lingüística. Por suerte hoy tenemos esos fondos que la Fundación ha dado a conocer. Primero, los libros preparados por el investigador José Matos Arébalo con trabajos inéditos de Ortiz. Y ahora la correspondencia.

La correspondencia estaba en la Biblioteca Nacional en muchas carpetas, cada una de las cuales contiene una amplia documentación.

Con Alberto Quesada comencé a trabajar esas carpetas. Alberto tenía su propia forma de trabajar y empezamos a fichar las cartas, creo que fichamos hasta la carpeta ciento sesenta y siete, más o menos. Luego, él enfermó y fue ingresado en el Hospital Psiquiátrico adonde lo fui a ver en varias ocasiones y siempre me preguntaba si ya había terminado el trabajo. Y le prometí que iba a terminarlo y creo que ese espíritu de él me ha acompañado. Empecé en un momento muy difícil, eran los tiempos del Período Especial, no había transporte ni luz eléctrica y me iba hasta la Biblioteca Nacional a pie, con Cecilio Delgado, que fue quien me acompañó siempre. El director de entonces, Eliades Acosta, nos ofreció un cubículo con una computadora, y las especialistas (Thais, Carmen, Alicia), de la Sala Cubana nos traían las carpetas. Revisé y escaneamos la mayor parte de los documentos también importantes, hoy están digitalizados.

Demoré mucho tiempo trabajando porque era un material monumental y, sobre todo, no tenía mucho que ver con mi especialidad, la literatura, de eso me di cuenta cuando empecé a leer las cartas y vi que allí de lo que se hablaba era de ciencia, ciencia y ciencia. Entonces me preguntaba "¿Cómo voy a armar esto?" Y en la medida que iba leyendo se me fue transformando en otro mundo. Y de ahí sentí como lo vio Félix Lizaso ante las cartas de José Martí: como una ventana que se abría. Para mí fue una ventana que se abrió, con todo un paisaje inimaginable, inmenso como un océano.

¿Cuánto tiempo estuviste haciendo esa labor de hormiguita?
Fueron diez años de trabajo porque en cada carta me detenía para explicarla porque el estilo de Ortiz es muy escueto; algo que llamó mi atención, pues a diferencia de otros autores, no expresa en esas misivas comentarios personales si no sólo anécdotas sobre sus investigaciones. Sus escritos tenían un solo propósito: su trabajo. En cada carta, puedo decirte hay un libro. Por eso me preguntaba cómo iba a estructurar toda esa documentación. Y decidí hacerlo por décadas. No me arrepiento. Esto me lo han preguntado algunas personas. Y es que en cada década hay una definición en cuanto a los proyectos

y actividades de Ortiz. En la década del treinta en cuando afirma: "hay que salir al limpio". En esta década refunda la Sociedad Hispano cubana de Cultura, La Sociedad de Estudios Afrocubanos, retoma la revista Ultra. Después la década del cuarenta, es en la que "ilumina la fronda". Es el momento de su esplendor creador. Publica el *Contrapunteo cubano del tabaco y el azúcar*, al que le siguen *El huracán*, *El engaño de la raza* y empieza a trabajar los libros ya imprescindibles de *La africanía de la música folclórica de Cuba*, *Los bailes y el teatro de los negros en el folclor de Cuba*, y esa obra monumental, que son los cinco volúmenes dedicados a *Los instrumentos de la música afrocubana*. En el cincuenta es un hombre cuya vida personal ha cambiado, porque después de quedar viudo y haber vivido solo durante más de quince años, en esta casa en la que estamos ahora hablando, conoce a María Herrera, se enamoran y se casa con ella y tienen una niña bellísima, María Fernanda, que vino a alegrar su vida en 1945. En esos momentos, Raúl Roa, que era su amigo, le dice: "Usted es muy valiente porque en estos tiempos de la bomba atómica, se aparece con ese tesoro". Ese cambio en su vida lo hace feliz, felicidad que lo acompañó hasta el final de sus días.

En las cartas de la década cincuenta, trabajé con cierta tristeza. El hacía muchas bromas a sus amigos sobre el paso de los años, pero se veía que estaba preocupado. En casi todas las cartas se refiere a su estado de salud, afirmando: "estoy preparándome para mi última partida". Y en las cartas que escribe en el sesenta se repiten estas frases que demuestran el deterioro de la salud. Una de sus últimas apariciones fue en Bohemia, cuando es cuestionado por un periodista, el entonces joven Agustín Tamargo, que le dijo: "Si usted no aparece es porque no quiere pronunciarse a favor de la Reforma Agraria". Y la realidad es que estaba enfermo. Herminio Portel Vila, que había sido su secretario en la Sociedad Económica de Amigos del País, y en otras instituciones que don Fernando había fundado, salió en su defensa con un artículo brillante y leal, en el que se refiere a dos figuras: Varona y Ortiz. Es una crónica donde realiza un paralelo entre ambos y afirma que don Fernando estuvo siempre comprometido con la realidad cubana. Es entonces cuando Ortiz publica una respuesta, el último artículo que él escribe y que titula: "Viejo pero no desjuvenecido". Allí se refiere a la Reforma Agraria. Esos son los años de la última etapa de su vida y suscribe lo importante que es trabajar con ciencia, paciencia y conciencia. Agradeceré siempre haber estado tan cerca de Fernando Ortiz en estos años en que yo también he envejecido. Él ha sido mi compañía.

Y te digo, no es solo que me acompañe, es que me ayuda. Me pasan cosas que me hacen pensar así. Por ejemplo, fui el sábado al Museo Nacional, que es como entrar en otro mundo. Fui a ver la exposición de Tomás Sánchez, pero como soy tan miope, no encontraba el elevador y empecé a subir por las escaleras hasta llegar a la Sala Cubana, y me dije: "voy a aprovechar para ver los cuadros de Víctor Manuel". Allí estaban la "Gitana tropical", "Los guajiros" y sigo caminando. Y de pronto veo a Fernando Ortiz en un cuadro que yo había visto reproducido en una foto, utilizada para el testimonio gráfico de la década del cuarenta. Esa foto él se la había regalado a Conchita Fernández y Emilio Roig de Leucheuring. Es un cuadro de Jorge Arche, de 1941, preciosamente restaurado y pude ver la carta que está escribiendo a su querida hija. Y me dije: "Bueno, ése es él, que me trajo hasta aquí para que yo viera a quien escribía porque en las fotos del cuadro no se ve".

Y sí que te deben haber dado felicidad, pero también mucho trabajo, porque he visto la cantidad de notas tuyas para aclararle al lector desde una palabra hasta quienes son los receptores de esas cartas, o las circunstancias en que ellas fueron escritas, por eso hablaba de tu trabajo de hormiguita. Es un trabajo para premiar.

Pues sí, armar estos dos volúmenes que ya se publicaron me ha costado trabajo. Y, por supuesto, los dos que saldrán el año próximo del mismo modo. Yo soy minuciosa, no es que quiera hacer algo diferente a lo que otros han hecho, es que me angustia que el lector desconozca algunas de las cosas que aparecen en esas cartas porque hay personajes que ya ni se nombran y hechos que están olvidados o de los cuales ni siquiera se ha escrito. Puedo decirte que he estado hasta seis meses trabajando en una misma carta, leyendo a Américo Castro, a Fernando de los Ríos, a Ricardo Alegría, a Alejandro Lipschutz. Existe un criterio errado sobre las antologías, porque no se ven como investigación cuando toda antología conlleva en sí misma una investigación. Ana Cairo ha hecho varias antologías importantísimas, sobre Eduardo Chibás, sobre Raúl Roa, etc., muy importantes para el imaginario cubano y para la ensayística cubana actual

Querida amiga, te deseo mucha suerte en lo que resta de este magnífico trabajo que tan feliz te hace. Gracias por regalarme estas experiencias.

MI RELACIÓN CON LA LITERATURA ES UN ACTO DE LIBERACIÓN. NANCY MOREJON (La Habana, Cuba, 1944)

(Grabada en la sede de la Revista Unión. 8 de septiembre de 2015)

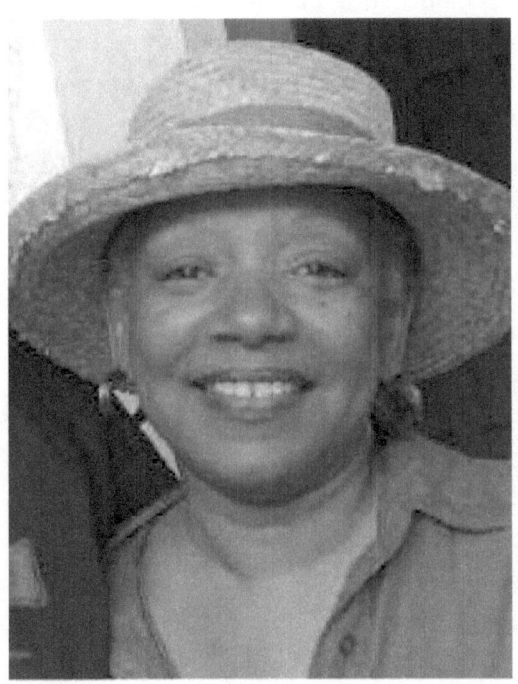

Escritora, traductora, investigadora. Nancy Morejón tiene una larga trayectoria como poeta. Ha trabajado en Casa de las Américas y en la Unión de Escritores donde ocupó la presidencia de la sección de escritores. Ha impartido conferencias en prestigiosos centros universitarios de diferentes países. Es una especialista y traductora de la obra del poeta cubano Nicolás Guillén. Ha publicado una buena cantidad de poemarios. Su obra ha sido traducida al francés y al inglés. Dirige la revista UNION, órgano de los escritores y artistas de Cuba.

Actualmente preside la Academia Cubana de la Lengua.

Hoy es el Día de la Virgen de la Caridad del Cobre, así que esta entrevista va a salir muy bien. Nancy, quiero que hablemos de tu infancia, de tu familia, de tus inicios en la literatura.

¡Cómo no! Virgen, es un encanto para mí darte esta entrevista porque eres testigo, de alguna manera, de muchas cosas que me han pasado en estos 71 años. Yo nací en el Hospital Maternidad Obrera, el 7 de agosto de 1944. Estuve muchos días allí porque cuando mi madre me parió yo pesaba solamente dos libras y tres cuartos y me tuvieron que poner en una incubadora para terminar mi desarrollo. En alguna otra entrevista he hablado de esto, pero no lo he contado como lo estoy haciendo ahora. Una hermana de mi padre que salía ese mismo día para Nueva York, en el vapor Marqués de Comilla, quiso verme antes de irse, y por supuesto tuvo que ir hasta la incubadora. Mi mamá pensaba que yo había muerto, pero ella le dijo: "no, lo que es muy chiquitica, ella está terminando de hacerse en la incubadora". Claro, en esos momentos la incubadora acababa de aparecer y la gente no tenía constancia de que un bebé ochomesino pudiera sobrevivir, pero sobreviví. Así que de sobrevivencia a mí no hay que darme lecciones. Cuando salimos del hospital fuimos para Los Sitios, para las calles Peñalver y Manrique. Mi madre me contaba que mi padre siempre estaba viajando porque él era marino mercante, durante la Segunda Guerra Mundial él anduvo hasta por Islandia, pero después que yo nací, antes de mi primer año, él dejó la marina y empezó a trabajar como estibador. Y mi mamá era despalilladora de tabaco y modista. Cosía como los ángeles. Ella era una persona con una capacidad extraordinaria. De ver un vestido una sola vez ella lo podía reproducir. Por ejemplo, te doy un dato. En 1959, cuando yo cumplí 15 años, el vestido que me hizo mami fue el mismo modelo que usa Débora Kerr en la película *An effair to remember,* específicamente el que lleva puesto en el momento en que sale con Cary Grant a la terraza del barco donde ambos viajan y ahí tienen su primer diálogo de amor. Esa es una capacidad que tenía mi madre, y hay que reconocerlo. En casa mi papá leía mucho, tanto él como mami estaban muy comprometidos con el mundo de las luchas sindicales, mi madre en el sindicato de la aguja y mi padre en el del puerto, mi padre llegó a ser chofer del líder sindical Aracelio Iglesias. Así, cuando matan a Aracelio, mi padre estaba con él, mi madre nunca se explicó cómo no mataron a mi papá. La lectura siempre estuvo presente en casa.

La primera vez que vi el nombre de Nicolás Guillén fue en un libro de Ediciones Losada, de Argentina, un libro que tenía mi padre en su bibliotequita. Yo desde niña saqué notas muy buenas. Hice la primaria en el colegio academia Laplace radicado en las calles Campanario entre Peñalver y Sitios. El nombre de la academia era el de un astrónomo francés muy famoso. A veces la gente me preguntaba dónde yo estudiaba y cuando decía el nombre de Laplace, nadie entendía qué cosa era eso. A los nueve o diez años mami me puso también a estudiar inglés, en una de esas escuelas nocturnas que existían entonces. Ahí me gradué y después hice un posgrado en una escuela de Santo Suárez. Recuerdo con mucho cariño a mis profesoras de inglés: María Pérez, Mariana Alexander, de la escuela nocturna y a Marcos Hernández Aróstegui que era el profesor de inglés de Santo Suárez. Te cuento esto porque me parece interesante esta formación que yo traía de este idioma que se enseñaba en aquellas escuelas nocturnas, el inglés americano; pero el profesor Hernández Aróstegui había vivido y había estudiado en Londres, por lo cual, yo tan joven, me enfrenté a un acento diferente, el británico, que nunca se me pegó porque además de haber estudiado el otro, el que se oía lo mismo en las canciones de rock and roll o en las películas, era el inglés americano y no el de los barbadenses, el de los jamaicanos o el de las otras islas del Caribe que sí tienen un acento británico, eso los diferencia muchísimo. También en la Academia Laplace estudié mecanografía y sacaba tan buenas notas que a los 11 años entro al Instituto de segunda enseñanza de La Habana, esto fue en 1955. La directora de la Academia, la doctora María Isabel Cabañas, llamó a mi mamá y le dijo: "No vale la pena que la hagas pasar la segunda enseñanza, yo le doy un curso de verano y la preparo para que ella se presente a exámenes en el Instituto de La Habana, así pasa de sexto grado a cursar el bachillerato". Y así fue. Recibí esa preparación durante tres meses, me presenté a exámenes y a los once años entré a cursar el bachillerato. Por supuesto, me hicieron las famosas novatadas pero seguí. Entre los nueve y los once años viví una etapa de mucho estudio, de mucha observación y mucha reflexión. Y ahí empezaron a nacer mis poemas, te cuento cómo. Yo no tenía conciencia de eso. Estando ya en tercer año de bachillerato, tenía una profesora de español llamada Elena López. Era una mujer con un moño que la hacía lucir más alta de lo que era realmente. Llevaba en el anular una sortija que era un reloj. A nosotros nos llamaba la atención porque ella miraba su sortija y lo que veía era la hora. Elena López iba todos los años al Vaticano, lo cual te da la medida de la clase a la que pertenecía. Yo establecí con ella una relación muy especial. Un día ella mandó a hacer una exposición sobre un capítulo de la *Odisea*. Ella escogió los capítulos que cada alumno debía trabajar, a mí me tocó el capítulo 12 "La gruta de Polifemo". Yo empecé a preparar mi exposición y ahí descubrí a los intrusos que entran en la cueva, que se meten debajo de las ovejas, porque como el cíclope no veía le hacían todas aquellas trastadas... Aquel mundo me fue fascinando. Y cuando terminé de hacer mi exposición ella me dio la máxima calificación y me preguntó: "¿a ti te gusta escribir?" y le dije: "No, a mí no" y dice ella: "Me extraña". Yo me quedé pensando y le dije: "Bueno, yo tengo un diario". "Pues tráemelo", dijo. Era una libreta donde yo había escrito algunas cosas y se la llevé. A la semana ella me llama y me dice: "Ahí hay poemas, no es solo un diario. Tú no lo sabes, pero ahí hay poemas; tú vas a escribir poemas". Así me dijo. Recogí mi libreta y ella me entregó una lista de lecturas que yo hice. Ahora, al cabo de los años, me doy cuenta que, efectivamente, en esa libreta que ya está perdida, estaban los primeros poemas de *Mutismo*, del año ´62. Me percaté que todo lo que yo no podía comunicar, todo lo que no podía decir en esa etapa, lo plasmé en ese diario. Ahí estaba lo que no podía hablar con mi mamá o con mi papá o con mis compañeros de estudio y lo volqué en esa libreta. Así, mi relación con la escritura, como tú ves, es un acto de liberación que nunca he dejado de realizar.

Hay un hecho que ocurre en el año 57 y es el ataque al Palacio Presidencial, el 13 de marzo. Yo estaba en una clase de educación física, en el Parque Martí. Ahí se oyeron los tiros y nos fuimos rápido para la casa, yo me fui con una colega que se llama Teresita Capote, que está ahora en el servicio diplomático. Desde ese momento las clases empiezan a mermar, se produce ya un síndrome extraordinario, como resultado de la lucha revolucionaria y eso nos hizo apartarnos un poquito del estudio. Bueno, no había clases porque ya en el 58 había huelga en el Instituto de La Habana, que era uno de los más fuertes en la alianza con el 13 de marzo, con el Directorio Revolucionario. En ese tiempo conocí a Cubela que venía con nosotros y nos identificábamos. Yo siempre fui, ni la más, ni la menos, alguien muy sensible con el movimiento estudiantil. Por todos estos problemas yo había suspendido en el Instituto los dos semestres del francés. En el primero con 45 sobre 100 y en el segundo 33 sobre 100, de modo que tuve que llevar esa asignatura a examen extraordinario, porque ya había escogido Letras. Y el Plan Varona exigía que Letras llevara el idioma francés. Entonces fui a recibir unas clases de francés que daba Zaida Rodríguez en el Capitolio, gracias a lo cual pude aprobar esos exámenes y cuando voy a entrar en la Universidad matriculo la licenciatura en lengua y literatura francesa. Como ves, yo me sobrepuse de ese revés, y el francés fue el centro de la vida mía desde muy joven. Es una lengua que aprendí, con la que he trabajado y de la que he vivido y que me ha dado mucha luz también para comprender fenómenos cubanos y de las Antillas, de todo el Caribe.

Mi infancia transcurrió en los estudios siempre. En la etapa en que escribí ese diario pensaba que las hormigas estaban organizadas en un ejército, yo me sentaba a la entrada de una puerta a verlas pasar y trataba de dilucidar quién era la jefa de ese ejército, tenía toda una fantasía con esa idea, pero en realidad era ya una capacidad de ficción que más tarde hubiera podido desarrollar en la narrativa, cosa que realmente no he hecho, no sé por qué. Tengo un cuento que publiqué una vez. A Onelio Jorge le gustó mucho, pero no seguí esa línea, no me atrajo, por lo menos en aquella época, quizás ahora me dé por sentarme a escribir ese tipo de cosas.

Pero poesía sí empezaste a publicar muy joven.

Publiqué *Mutismos,* mi primer libro, en Ediciones El Puente, que sale también en el año que ingreso a la Universidad, el 14 de febrero de 1962, junto con Luisa Campuzano, Elina Miranda, Enriquito Sainz de la Torriente, Guillermo Rodríguez Rivera y otros muchos. Ya tú entrabas a la Universidad con la elección de la licenciatura que querías hacer, la mía era la francesa. Y te cuento esta historia sobre la Universidad porque en ese momento se pone en vigor la Reforma Universitaria y en la Escuela de Letras se impartían todas las licenciaturas en las diferentes lenguas: inglesa, francesa, española y clásica, así como la hispanoamericana y cubana. Después, todas las licenciaturas en otros idiomas se desgajaron de allí y pasaron a otra facultad que se llamó de Lenguas Extranjeras, con un concepto del idioma del que yo discrepo, pero ha sido así. En fin, volviendo a la etapa universitaria, nosotros pasamos por muchos pequeños huracanes, como el día en que el Che fue a un pleno de la FEU y, después que pasaron lista, él preguntó: "¿Quién de ustedes ha leído a Shakespeare?" Levantó la mano Salvador Arias y yo, que casi ni me atrevía a levantarla. La catilinaria que nos espetó fue extraordinaria. Nos dijo que cómo estando en la Universidad, estudiando la carrera que fuere, no habíamos leído aunque fuera una escena de Shakespeare. Por otra parte, esa etapa permitió la entrada a la Escuela de las grandes y avanzadas inteligencias, como Vicentina Antuña, Mirta Aguirre, Camila Henríquez Ureña, Fernández Retamar, Graziella Pogolotti. A la doctora Pogolotti le debo mucho, ella fue la tutora de mi tesis, y fue quien me guió en esa especialidad francesa y aceptó mi vocación caribeña que apareció al cambiar yo el tema de mi tesis de grado, en vez de hacer Rimbaud, que fue mi primera opción, la cambié por Aimé Cesaire. Yo me había leído *Los condenados de la tierra,* publicado en una editorialita que fundó el Che que se llamó Venceremos, donde también se publicó *Piel negra sobre máscara blanca* y algún título más. Cuando yo me leí *Los condenados de la tierra* que está plagado de citas de Cesaire y de Senghor, decidí hacer mi tesis sobre Cesaire. Meses después descubrí la edición cubana, que es la primera extranjera del cuaderno *Retorno al país natal*, un gran texto del siglo xx, escrito por Cesaire en 1956. Esta edición cubana fue traducida por Lydia Cabrera, con ilustraciones de Wifredo Lam. Así que mi tesis de grado, tutoreada por la doctora Pogolotti, fue sobre este autor martiniqueño. Por cierto, hay una directora de cine de ese país que hizo un documental sobre Cesaire, y me pidió la tesis, yo se la presté y ella me la devolvió, aunque sin la portada que tenía una ilustración de Lam. Como ves, desde pequeña estuve ligada a la literatura y después vinieron transformaciones sociales con la revolución cubana que me permitieron seguir este camino, y eso siempre hay que agradecerlo. No solo porque pudiera ingresar a la universidad y cursar una carrera gratuitamente, sino por el nivel de los profesores que tuve, no solo yo, sino todos los colegas que entramos en los años 60 al Alto Centro. Nosotros tuvimos una formación humanística de las mejores. En ninguna universidad norteamericana de hoy se encuentra un claustro como ese del cual nombré anteriormente a algunos, pero eran muchos más: Raymundo Lazo, José Antonio Portuondo, Cira Soto, Salvador Bueno, que no nos daban únicamente el conocimiento sino también el ejemplo civil de un intelectual y las posibilidades reales de trabajo que podía tener un escritor.

Empecé muy temprano con una inclinación intelectual que no fue combatida. Yo conozco otras escritoras cuya vocación fue un combate porque la familia no entendía. Incluso muchas personas del medio nuestro, cuando yo matriculé en la Universidad, me preguntaban: "Letras, ¿y eso para qué sirve?" Porque había que pertenecer a una clase media, a una clase pudiente para dedicarse a la filosofía y a las letras. Ya nosotros, quiero decir, ese primer grupo que entra con la reforma universitaria, nos desgajamos de la filosofía. Esos son mis comienzos.

¿En la editorial El puente no publicas nada más?

Te voy a contar mi relación con El puente. Estaba yo en primer año, cuando muere el físico cubano Manuel Grand. Ese día se suspenden las clases y un grupo de estudiantes nos vamos para Las cañitas, el bar del Hotel Habana Libre; con nosotros estaba Elsa Rodríguez Cabrera y de pronto entra alguien: era José Mario. Elsa lo saluda y comienzan a hablar, porque eran muy amigos desde el bachillerato. Él le cuenta que sus padres le habían dado el dinero para crear una editorial y él estaba haciendo antologías de poesía joven. Ella me mira y le dice: "ella escribe, pídele, pídele". Y a los dos días se apareció José Mario en la Escuela a pedirme mis poemas. Y así fue como gracias a mi primo Ángel Roberto Hernández Riverand (ya fallecido trágicaente, hace algún tiempo) que cogió aquellos diarios, los mecanografió, los armó y se los entregó a José Mario, nació *Mutismo*, que fue publicado en octubre de 1962. Terminando la Crisis de Octubre ya tenía mi primer cuaderno salido de aquella editorial. Eso provocó un gran respeto por parte de Mirta Aguirre que nos escogió, a mí y a Guillermo Rodríguez Rivera, y nos dijo: "Ustedes no van a ser lo mismo que los demás. Ustedes dos van a hacer un seminario conmigo y la vida docente de ustedes va a ser lo que ustedes escriban y la calificación va a ser lo que ustedes escriban" Nosotros nos quedamos pasmados. Recibimos muchas pullitas, muchas indirectas, porque los demás tenían que examinar y nosotros no. Sí asistíamos a clases, pero el rendimiento docente nuestro Mirta lo medía por lo que escribíamos. Y así fue. Guillermo escribió crónicas y artículos y su primer libro *Cambio de impresiones.* Y yo, *Amor de ciudad atribuida.* En verdad, las clases de Mirta eran excepcionales. Dábamos las formas métricas, desde antes del Siglo de Oro hasta la actualidad y eso nos permitió habernos ejercitado en el cultivo de todas esas formas métricas. Nos puso una camisa de fuerza que después nos alimentó extraordinariamente. Sé que Guillermo lo ha reconocido en todas partes. Ella tenía una tendencia que Guillermo sí ha seguido, que es la reflexión sobre la estética, sobre la función de la literatura. Él como profesor ha seguido incluso esa línea. Yo nunca me quedé en la docencia. Mi especialidad me puso en otros caminos: en el de la traducción y la investigación para descubrir este mundo literario del Caribe que estaba virgen, que no se enseñaba porque realmente ni se conocía. Mucho tiempo después tres profesoras de la facultad de Lenguas Extranjeras Nara Araujo, que Dios tenga en la gloria, Ileana Sáenz y Silvia García Sierra, sentaron las bases de esos estudios en la Universidad, pero el grupo nuestro no conoció nada de eso, tuvimos que hacer camino al andar, como diría el poeta Antonio Machado.

Nosotros nacimos en un mundo donde el conocimiento no estaba reñido con lo cotidiano, donde lo cotidiano no estaba marcado por la lucha de clases, un término que no me gusta, pero para que me entiendas, lo que vivíamos eran grandes polémicas donde se cuestionaban muchas cosas. Por ejemplo, los escritos de Sánchez de Fuentes. Esos escritos no trascienden, en cambio sí su música interpretada por Bola de Nieve. En aquella época había algunas ideas extremas que yo pienso que hay que contarlas para que no se vuelvan a cometer esos errores, porque no fue solo contra Sánchez de Fuentes, llegó un momento en que también nos perdimos a Ernesto Lecuona. Por suerte, hoy todo eso se ha zanjado, pero hay que recordarlo para que nadie venga a decirte superficialmente "esto lo puedes consumir, aquello no". Hay que dejar un margen a la elección personal, en un país donde hay una vida cultural intensísima. Y que haya debate, ¡qué bueno! Vamos a debatir, no se trata tampoco de no saber que Sánchez de Fuentes dijo dos o tres inconveniencias, principalmente para él mismo, pero es compositor de tantas cosas maravillosas que no vamos a perdérnoslas. Esos ejemplos que he recordado son de mi juventud, pero todavía nos sirven, porque la vida nos ha demostrado que hoy oímos a Lecuona... Yo digo que fue una época maravillosa la de esos años sesenta.

Te voy a contar otra cosa interesantísima. El otro día estaba oyendo CMBF y escucho a Antonio Palacio (yo pude identificar su voz, él hacía pareja con su mujer, María Marqués, ellos eran grandes zarzueleros) y los locutores no identificaron a Palacio, dijeron otras cosas, hablaron algo de Madrid, qué se yo, pero no dijeron el nombre de él. Recuerdo muy claramente que esta pareja era amiga de Pepita Embil, que es la madre de Plácido Domingo, ella vivía aquí, en La Habana donde ambos hacían temporadas y luego regresaban a México o a España. Nosotros consumíamos ese género. Pues una vez yo me quedé malamente impresionada con un comentario de una persona respetable, que dijo: "El lírico es muy caro" y se expresaba así para justificar que no se podía mantener. Y otras barbaridades de ese tipo. Hay generaciones que no oyen ni disfrutan este arte, porque lo desconocen, hoy por suerte ya no es así, pero hay generaciones intermedias para las cuales el lírico no formó parte de lo cotidiano. En los años 50 la presencia de las compañías francesas e italianas, venían al teatro América y el público asistía a ver esas figuras entre las que estaban Ernesto Bonino, Tina de Mola, luego dejaron de venir, pero a nosotros nos formó toda esa cultura, los diversos elementos, estilos y géneros que confluyen por aquellos años formaban parte de lo cotidiano, donde está por supuesto el Rock and Roll. Yo era roquera, de aquel primer momento del cual Elvis Presley era la máxima figura. Recuerdo aquella primera película llamada *Rock around the clock* y el fenómeno de los Platters que influyó mucho en los Zafiros. El valor que tiene esta agrupación, además de las voces, del falsete, es que está condicionado por la influencia de ese cuarteto de voces tan famosas. En esos años podías escuchar tanto a Elvis Presley, a Roberto Faz o al Conjunto Casino y a nadie le pasaba nada, y no había que medir eso porque todo formaba parte de esa diversidad cultural tan rica. Nosotros nunca nos sentimos por debajo porque estuviéramos escuchando o bailando con la Orquesta Aragón, con el Conjunto Casino o la Riverside o la Charangas de la época, para ponerte algunos ejemplos. Hoy nosotros tenemos que transmitir a los más jóvenes, a los adolescentes, este tipo de cosas que pueden gustar más o gustar menos, porque hay cosas que siempre uno prefiere, como dice el viejo refrán: "los hijos se parecen más a la época en que nacieron que a sus padres"; esa es una realidad, pero hay que darles a conocer y que ellos escojan, al menos que sepan que existen otras cosas.

¿A ti te gustaba la misma música que escuchaban tus padres?

Mira, yo escribí un libro que se llama *Richard trajo su flauta*, no por gusto. Y te digo, sinceramente, yo no soportaba los danzones de Romeu. En mi casa los ponían los domingos. "El Bombín de Barreto", "Fefita", me daban depresión, sin embargo el danzón me atraviesa a mí. Hay críticos que han hablado de esa presencia en mi literatura. Pero yo no me había dado cuenta, porque hasta que pasa el tiempo y maduras no eres capaz de descubrir esas huellas. Te cuento esto porque, imagina si yo hubiera decidido algo en la música cubana y hubiera dicho: "proscrito el danzón", solo porque me deprimía cuando era muy jovencita. ¡Qué disparate! Las cosas no se pueden decidir de forma burocrática. Si mañana la gente empieza a revivir el paso doble, eso no puede molestarle a nadie. Yo oigo a los Chavales de España, que sí eran de aquel país pero no del folklor más tradicional, porque España es muy diversa. No es lo mismo Andalucía que Asturias. Esta agrupación incorporaba a su repertorio ese estilo que se llama *chansionnere*, que eran canciones francesas, canciones italianas. Y cantaban con un estilo que hoy diríamos del filin. Aquí aún se conservan estas agrupaciones y se pasan por la radio, pero tú vas a España y preguntas por ellos y nadie sabe. Ellos se llamaban Los Chavales de España para América, allí nadie sabe quiénes fueron, pero aquí dejaron huellas.

Pues volviendo a mí, terminé el francés, traduje como oficio y estuve muy implicada en esa interpretación del Che del balcón afroasiático. Traduje muchos poemas de esa etapa y también está mi amistad con Miguel Barnet y Rogelio Martínez Furé, que empieza a armar sus grandes antologías que se conocen hoy como el *Diván africano* y *el Pequeño Tarit* que yo prologué y acabamos de publicar hace muy poquito. Ese esfuerzo investigativo que nunca tendremos cómo agradecerle a Rogelio por todo lo que recogió de la poesía culta, de la poesía anónima, de la poesía oral. Creo que el grabó algo con Sergito Vitier. Todavía hay que grabarle las canciones que se hicieron en la etapa de la reconcentración de Weyler, que él recogió y son impresionantes. El las canta, pero eso tiene que quedar para el mañana. Hay un detalle en esa época, en que estamos abiertos de ojos y oídos. No era solo la cultura que estaba en los libros sino todo lo que estaba en el entorno. También está el caso de Samuel Feijóo que en sí mismo era muchas cosas: era poeta, hizo revistas, investigador del folclore, hizo muchas cosas. Él iba por el campo, recogía las tradiciones orales, hacía fotos y trataba de recuperar el imaginario rural. Creo que en nosotros, de alguna forma, triunfó el concepto renacentista del saber y la especialidad era algo secundario, me parece que en estos días esos valores están un poco trastocados: la especialidad lo devora todo, se ha perdido eso que decía el Che: "como va ser usted un médico, un ingeniero y nunca ha leído ni una escena de Shakespeare" O no saber quién es Beethoven, algo que también dijo una vez Carlos Rafael Rodríguez, en un discurso en la Universidad. Hoy confrontamos problemas hasta con la ortografía. No olvido nunca la bronca de Mirta Aguirre con una alumna que ya había ingresado a la Escuela de Letras y había escrito hígado sin hache, y por supuesto la suspendió. Yo era militante de la Juventud Comunista y entonces fui a tratar de negociar con Mirta Aguirre, porque la muchacha fue a la FEU a quejarse y me tocó a mí ir a hablar con Mirta. Y ella me dice. "¿Y tú eres de la Juventud?". Y le digo: "Sí, doctora, soy de la Juventud y ella también". "Pues entonces a ti hay que botarte de la Juventud porque no puede ser que vengas a defender aquí a una estudiante que pone hígado sin hache, esa sería la solución y enviarla a ella a la primaria otra vez" Y yo me quedé…Aunque, claro, ella me dijo todo eso para situarme, porque si yo recibí reconocimiento y respeto de alguien fue siempre de Mirta Aguirre. Y sé que permitir ese tipo de cosas es inadmisible. No se puede ser un buen profesional, en ninguna carrera se puede admitir que un graduado universitario escriba con faltas de ortografía. Hay que crear la conciencia de que eso es fatal.

Sé que tú eres miembro de la Academia Cubana de la Lengua, imagino que esa sea una de las ocupaciones que tienes allí.

Por supuesto, ese es el súper objetivo de la Academia, ese es un tema en el que he venido trabajando: sobre la gramática y la ortografía, que son los dos grandes polos a través de los cuales la lengua evoluciona, se fija. ¿Qué somos nosotros? Una suerte de notarios que fijamos una serie de pautas del lenguaje para poder preservar eso que Víctor García de la Concha llamaba el código más entramado de la historia de los códigos en las lenguas, por lo menos en las lenguas romances. El código de entramado en el español permite que si usted es un hispano hablante y llega a Madrid pues pueda entenderse con todo el mundo, viva donde viva en cualquier país de América Latina. Por supuesto hay zonas donde el mundo indígena es muy fuerte, como Bolivia, Ecuador, cuyas lenguas originarias han perdurado. En esas zonas andinas hay un mundo popular, oral, que guarda esas lenguas. Hay lugares donde los habitantes son bilingües, como en Paraguay, donde el guaraní es lengua oficial al mismo nivel que el español. Y claro, el cuerpo de la literatura latinoamericana no lo vamos a negar ahora porque sería una barbarie. Y lo hemos creado también porque, cómo se creó el boom, un término que no me gusta a mí ni a muchos de los escritores que lo conformaron, pero ahí se inscriben las obras de Julio Cortázar, García Márquez, Mario Vargas Llosa, Alejo Carpentier, y algunos más, cuyas obras son un espejo de nuestro idioma, con las variantes de cada país. La narrativa es eso, como también puede serlo la poesía. Tú lees un poema de César Vallejo y notas una sintaxis que viene del quechua, o ves un vocablo que trae un rumor indígena. Naturalmente estas características no deben llevarnos a posiciones extremas, porque no podemos permitir que las lenguas se aíslen. Toda lengua tiene que estar dispuesta a hacer préstamos. Ninguna lengua es mejor que otra, tenemos que aceptar las comunidades lingüísticas, pero en esa diversidad las lenguas metropolitanas van a tener una ventaja, porque se mueven de aquí para allá. Por ejemplo el inglés, es una lengua que nos permite comunicarnos no solamente con las tecnologías, sino también con otras esferas de la vida, por razones históricas que ni vale la pena nombrar aquí pues son súper conocidas. Hay muchas cosas escritas sobre este asunto. La realidad es que si uno llega a Japón o a cualquier otro sitio donde se habla otra lengua que usted desconoce, si habla un poquito de inglés puede comunicarse con los naturales del lugar. No así ocurre con los hablantes del creole o del patois de Haití, estas son realidades muy tremendas.

Además de tu poesía, de tus trabajos en la Academia, sé que has escrito ensayos y estudios sobre la obra de Nicolás Guillén, por ejemplo.

En estos momentos estoy esperando la publicación de un libro mío de ensayos que se publicó primero en la Colección Mínima de Letras Cubanas, pero lo amplié y sale ahora bajo el título *Poética de los altares,* que incluye aspectos de estas cosas que venimos hablando. No está dedicado específicamente al tema religioso, sí a las culturas populares que se desprenden de los fenómenos religiosos, que son propias de esta región, de este país. Fíjate que comenzamos esta entrevista dando gracias por ser hoy 8 de septiembre, las dos contentísimas. Y como sabemos, en una época por suerte ya pasada, eso no era un problema resuelto. Los más jóvenes tienen que saberlo para que no volvamos a caer en esos vacíos porque no tiene sentido.

Nancy, siempre me ha llamado la atención ese libro que nombraste al principio Richard trajo su flauta, ¿hay vínculos familiares entre ustedes?

Sí, mira. Yo me llamo Cayetana Nancy Morejón Hernández. Lo de Cayetana me viene porque nací el 7 de agosto, día de San Cayetano, que son las fiestas de Madrid. Y lo llevo porque cuando nací mi madrina dijo que había que ponerme todos los nombres del santoral. Un día estando en el Instituto de La Habana, muy jovencita, en una clase de Historia de América, ya ella había pasado lista y había dos o tres bandidos (como diría Pablo Armando, dos o tres perdularios) que empezaron a meterse conmigo: empezaron a gritar ¡Cayetana Morejón! Yo me sentí mal. Y la profesora me dijo: "No te sientas mal, así se llama la duquesa de Alba, por lo tanto, cuando alguien se burle de ti porque te llamas Cayetana, tú le dices: Yo me llamo como la duquesa de Alba". Así pasados algunos días un "niñito" empieza a boncharme con mi nombre, y le digo: "Cuidado, que me llamo como la duquesa de Alba" y él me tiró una trompetilla, fue peor el remedio, ¿verdad? Este nombre siempre me ha traído conflictos. En cambio César López me reprocha no haberme firmado Cayetana Morejón, que es tan sonoro. Nada, yo preferí firmar con mi segundo nombre: Nancy, que es más común, además no es un invento, estoy inscripta así. En cuanto al libro de *Richard...*, es un poema largo, que da título al libro, y en la etapa en que estábamos ya graduándonos en septiembre, en la Sierra Cristal, me enteré que había obtenido una mención en un concurso de la UNEAC, el Julián del Casal de poesía, que le pusimos *Desierto rojo*, como una película del italiano Antonioni, porque nadie cogió premio. Las menciones fueron la mía, una a Reinaldo Arenas y otra a José Llanes. Tres menciones y ningún premio, por eso le dimos ese nombre. Claro, el jurado era de primera: José Lezama Lima, Nicolás Guillén, José Agustín Goytisolo, Roque Dalton, Regino Pedroso. Estaban además dos poetas mexicanos, cuyos nombres recordaba hasta el otro día, sí sé que eran muy importantes. Pero bueno, esas menciones eran un gran premio dado por esos jurados de tamaña relevancia. Yo fui a ver a Lezama al Instituto de Literatura y Lingüística, donde él trabajaba, y me dijo: "Los viejos estuvimos a favor tuyo, los jóvenes no". A la premiación como yo no estaba en La Habana, por supuesto, no pude llegar, mi madre fue a recoger el premio. Y muchos años después Goytisolo vino a Cuba y cuando me ve me dice: "Pero tú no te pones vieja". Y le digo, "no, usted no me conoce a mí, usted a quien conoció fue a mi mamá, cuando recogió el premio de la UNEAC". Ese libro tuvo mucha suerte, él publicó en una revista de Barcelona unos poemas míos, dice que yo soy una criatura de suerte y cuenta lo que pasó con ese poemario. Con Richard Egües hay, como es natural, un parentesco familiar. Ese poema ha sido más feliz que yo. Es un libro que yo quiero mucho. Hay una antología que hizo Mario Benedetti (yo no tengo ni un ejemplar de ella) que él tituló *Richard trajo su flauta y otros poemas*, con texto introductorio de Mario. Ese libro es muy coloquial, muy conversacional.

Cuando aparece el Caimán yo me debatía entre esas dos expresiones y Guillermo [Rodríguez Rivera, su jefe de Redacción] me llama para que yo firmara el "Nos pronunciamos", pero no pudo ser. Le expliqué que acabábamos de tener un descalabro en el Puente y, en realidad, ya para mí los grupos no me llamaban porque eran como una espinita, pero en verdad le debo a mi expresión poética un horizonte, abierto a partir de ese mundo que puso él, que puso Wichy Nogueras, y es de agradecer y reconocer. Después publiqué otros libros. *Piedra pulida* (1986) que obtuvo el Premio de la Crítica, y *Paisajes célebres* fueron títulos que marcaron momentos de mi desarrollo y que contribuyeron, indudablemente, al otorgamiento del Premio Nacional de Literatura en 2001.

Mi buena amiga, Nancy Morejón, creo que te he robado ya bastante tiempo, pero me queda una última pregunta. ¿Cuándo entraste a la Academia Cubana de la Lengua? Creo que eres también su presidenta.

En realidad soy la directora, cargo que se otorga por elección y que ocupo desde 2012. Los académicos se reúnen, votan y eligen, no es que alguien designe a quien ocupará ese cargo. Yo entré a la Academia ya fallecida Dulce María Loynaz. Ellos me invitaron al discurso de ingreso de Ángel Augier y fui con Nicolás Hernández Guillén, que como sabes, dirige la fundación Nicolás Guillén. Formalmente me invitaron a dar una conferencia sobre Dulce María, la di en el Palacio del Segundo Cabo, pero yo ingresé a la Academia en 1999 y me eligen directora en diciembre de 2012. Normalmente en las Academias se pueden llamar tanto presidentes como directores, y eso lo respeta la Real Academia Española (RAE) en Cuba nos llamamos directoras, ese es un detalle de la vida interna de las Academias que es bien complicada. A nosotros nos rige la RAE, pero hay una cosa que se llama ASALE que se reúne regularmente, conformada por los países hispano hablantes e incluyen a Guinea Ecuatorial y las Filipinas, a pesar de que actualmente lo que se habla en Filipinas es como un creole, pero ellos no han perdido esa tradición.

Me parece que eres también de los más jóvenes directores (sin género) de una institución de este tipo en el mundo hispano.

Pues, sí, creo que sí. Y en estos cónclaves nos hemos encontrado en Panamá, en 2013, ocasión en que conocí al Príncipe de Asturias, porque los reyes asisten a esas conferencias. Guardo una foto muy bonita donde estamos estrechándonos las manos, está también el director de la Academia salvadoreña y el de la Academia puertorriqueña José Luis Vega. Este año debí haber asistido a Puerto Rico, pero no fue posible. El próximo Congreso se efectuará en Santiago de Chile, al cual pienso asistir. Ahí vamos, tanteando y respetando todas las características de cada una de estas regiones, pero siendo siempre abanderados también por la correcta ortografía.

Pues, muchas gracias, Nancy, hemos tenido una deliciosa charla, mucho más allá de lo previsto. Y con el amparo de la Caridad del Cobre.

YO SOY ALGUIEN QUE HA VENIDO A CONTRACORRIENTE. LINA DE FERIA (Santiago de Cuba, Cuba, 1945)

(Entrevista grabada en Centro Habana. Abril de 2015)

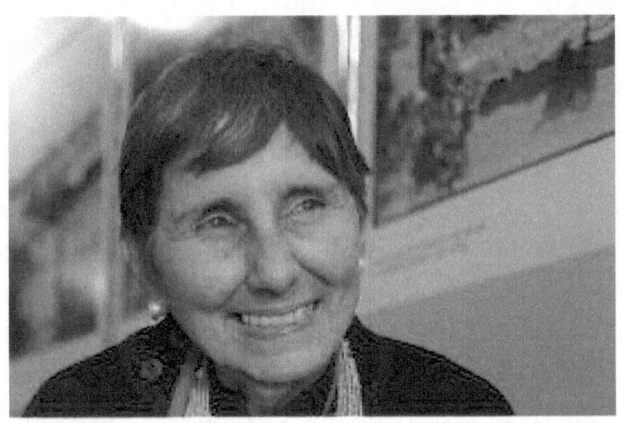

Lina y yo fuimos compañeras de estudios. Compartimos la misma aula en la Escuela de Letras de la Universidad de La Habana, los mismos profesores, las mismas alegrías, los mismos sinsabores de aquellos inolvidables años de la llamada década prodigiosa cuando parecía que estábamos tomando el cielo por asalto, cuando imaginábamos que bastaba estirar la mano para alcanzar el futuro. El futuro para ella no fue fácil. Atravesó años de silencio y ostracismo pero gracias a los cambios de concepciones en nuestro país hoy es bien destacada y reconocida, tanto dentro como fuera de nuestras fronteras. Nació en el extremo oriental de nuestro archipiélago pero muy joven vino a estudiar a la capital y desde entonces aquí ha vivido. Y en la última década ha recibido numerosos premios a su ya abultada bibliografía que anda por la veintena de títulos.

¿Lina, cuándo descubres tu vocación por la literatura?

Yo me vinculé con la cultura cubana antes de 1959 pues, desde niña, tenía ya una tendencia artística, busqué el camino de la música, el de la danza, el del teatro, y por fin, con trece años solamente, algunas personas algo mayor que yo, que estudiaban en el colegio Nuestra Señora de Lourdes, me enseñaron la importancia de las Rimas de Gustavo Adolfo Bécquer, y yo me sumergí en la lectura de ese poeta y para mí cambió el mundo; todo lo que me interesó desde ese momento fue la literatura. Recuerdo que yo ganaba premios de Redacción y Composición, y me decían que yo tenía talento para la escritura. Al triunfo de la Revolución, cuando yo tenía catorce años, escribía intensamente y mandaba mis escritos a diferentes lugares donde eran aceptados. Por ejemplo, envié unos poemas a Lunes de Revolución[7] que había sido creado en ese año, y Guillermo Cabrera Infante me escribió diciéndome que lo mejor que podía hacer era retirarme de las letras, claro, porque aún yo escribía con algo de rima. Naturalmente, eso me hirió, pero me sirvió para decirme a mí misma que iba a escribir una muy buena poesía y empecé a estudiar y a leer a los buenos poetas, sobre todo españoles, como Rafael Alberti, Juan Ramón Jiménez, García Lorca, que propiciaron una fuerza diferente a mi poesía. Pero no es hasta 1964, cuando vengo a La Habana, desde Santiago de Cuba donde nací, que recibo la tutoría de la Dra. Josefina Suárez quien me va a enrumbar en las lecturas que debía hacer. Así conozco a Cesare Pavese, a Saint- Exupéry y todo un conjunto de importantes autores. Paralelamente, ya estaba matriculada en la escuela de Letras de la Universidad de la Habana, donde brillaban figuras como Mirta Aguirre, Vicentina Antuña y tantos otros destacados profesores intelectuales que contribuyeron, de alguna manera, a mi labor escritural. Ya en 1967 tenía conformado un poemario bien organizado, con una fuerza propia, un estilo personal. Su título *Casa que no existía,*

---

[7] Vio la luz en marzo de 1959, en formato de tabloide semanal, como suplemento del Periódico Revolución. El último número se publicó en noviembre de 1961.

que lo envío al Concurso David de la UNEAC y gana premio compartido con *Cabeza de zanahoria* de Luis Rogelio Nogueras. Desde ese momento quedo vinculada con la cultura cubana, de tal forma que, pese a que distaron veinte años entre aquel primer poemario y *A mansalva de los años*, hay una continuidad.

Lina, ¿cuál fue la causa de ese prolongado silencio?

Puedo decirte que no fue por mi culpa, sino realmente por cuestiones, diríamos, erradas, por una disposición de la política cultural de aquellos años setenta, denominados del quinquenio gris, disposición que me hizo, a la vez que protagonista, víctima de aquella situación. Fui parametrada (palabra de moda entonces) en el año 71, durante el Congreso de Educación y Cultura. Estuve veinte años sin poder publicar, pero no dejé de escribir durante tantos años de silencio. Debo decirte que durante esos años paradójicamente a mí se me reconocía exteriormente, era publicada en España por los hermanos Goytisolo, en Nicaragua por el poeta Ernesto Cardenal, por Edmundo Aray en Venezuela y también me publicaron en Francia y Estados Unidos. Pese a ello, en mi país no salía nada mío. Era el misterio de "A puertas cerradas", como lo llamo, por la obra de Jean Paul Sartre. Es en 1991 que comienza mi deshielo, cuando se publica *A mansalva de los años* y con ese primer libro me otorgan el Premio Nacional de la Crítica y mi carrera comenzó a ascender. Se publican sucesivamente otros títulos: *Espiral en tierra, El ojo milenario, Ritual del inocente* y una serie de libros que fueron ganando invariablemente los Premios Nacionales de la Crítica. No sé si estoy tocada por la fama debido a mi leyenda personal o realmente mi escritura lo merece, aunque tiendo a creer que más bien es por lo segundo, pues la leyenda personal se queda siempre en el corrillo. Eso es algo realmente anecdótico, en tanto los libros están ahí y pienso que es lo que ha determinado que se me considere como una autora que pueda tener alguna importancia.

En todos esos años de silencio recibí mensajes de solidaridad de amigos que me ayudaron enormemente durante esa difícil etapa. Eran, son verdaderos amigos que hacían fuerza para que yo volviera a ocupar el lugar que tenía hasta la etapa en que estuve como Jefa de Redacción del Caimán Barbudo [1968-1971]. En 1971 a mí me envían al EJT [Ejército Juvenil del Trabajo] y me negué a ir, pues consideraba que era una gran injusticia por lo cual estuve completamente en el aire durante dos años. En 1973 me reintegro al trabajo cuando el Comité Central me ubica en una emisora radial. Allí era una anodina, trabajaba con Manuel Díaz Martínez, Reina María Rodríguez y otros escritores como nosotros. A esa emisora la llamaban la Emisora de los Tronados, había perdido su verdadero nombre que es Radio Enciclopedia. Allí los tronados hacíamos trabajos intensos, escribíamos notas culturales y todos nos llevábamos muy bien pues padecíamos el mismo ostracismo. Recuerdo muy bien esa etapa pues nos trataban muy bien allí, los trabajadores de esa emisora eran muy amables con todos nosotros, pero mi aparato nervioso y psicológico se fue debilitando pues no entendía por qué era yo reconocida fuera de mi país y dentro no. Esa contradicción me hizo mucho daño al punto de que hubo una gran ruptura entre mi estabilidad personal y cometí algunas barbaridades, incluso intenté matarme varias veces, pero el tiro me salió por la culata.

En realidad nunca he hablado sobre esto, y por primera vez voy a referirme a la mayor barbaridad cometida como consecuencia de esta situación en que vivía. Intenté matarme, provocando a un custodio de una embajada, me paré delante de él y le dije: "dispáreme, dispáreme" y él creyó que lo que yo quería era entrar en la embajada. Entonces él llamó a la policía y me llevaron a una estación de policía, me hicieron un juicio y me condenaron, injustamente, por algo que no había hecho. Estuve presa durante tres años. Esa injusticia alguna vez se saldará, porque aún no está saldada. Debo decir que, por parte de mi postura con la Revolución, está saldada. Te explico. No creo mucho en las cuestiones políticas, porque como decía José

Martí, opino que en política, la verdad es lo que no se ve. Yo me enfoco a la vida desde el idioma filosófico del comportamiento humano, de las conductas humanas, del sufrimiento y el latir del hombre, de cómo decursa y pasa esos estados para su sobrevivencia y que puede ser captado por alguien que tenga alguna sensibilidad.

Yo me siento muy unida a la estética de Fernando Pérez proyectada en su filmografía. Por ejemplo, en mi poesía voy buscando la realidad verdadera que está escondida detrás de los telones. Quizás por eso mi poesía tiende a ser, no pesimista, esa no es la palabra, sino captadora de las contradicciones que vive el hombre actualmente en Cuba. Me alimento de eso y de lo que veo en el mundo, porque, gracias al paso del tiempo, he podido viajar un poco y he visto lo que pasa fuera, cómo sufren las personas en su sensibilidad por determinadas presiones sociales.

¿Esto quiere decir que para ti lo más importante es la poesía?

Sí, he hecho de la escritura, la proyección de mi espiritualidad. Realmente ha sido para mí, como una carrera no literaria, sino una carrera inevitable que conjuga mi condición poética a estratos de definición humana. Es importante conocer el carácter sanguíneo que puede tener mi poética, porque realmente he visto, y se ha dado mucho en la literatura, alguna gente que ha brillado en momentos determinados y después se ha apagado con el paso del tiempo, ese tiempo que pasa y casi todo lo destruye, es decir gente que en determinada edad deja de brillar el intelecto y llega a apagarse la ficción. Yo ahora voy a cumplir setenta años y tengo la suerte de conservar el sentido lúcido. Claro que ha habido personas que pese a los años siguen conservando su lucidez. Pienso en Gonzalo Rojas que con ochenta años hizo una presentación preciosa en Casa de las Américas y en Cuba tenemos el caso de Dulce María Loynaz, que dejó de escribir porque se quedó ciega, sin embargo mantenía en sus ojos la ironía maravillosa que siempre tuvo a la hora de discernir sobre algo.

Y eso es lo que quisiera para mí: mantener la lucidez, y si muere esa lucidez, desaparecer, porque no quisiera llegar a esa posición del intelectual que pese a los años, insiste en su carrera y ya está completamente *démodé*, acabado, algo muy penoso. Hay que darse cuenta cuando uno ya no puede seguir pues, inevitablemente, uno también se acaba.

Hay en estos momentos una situación también lamentable con algunos jóvenes que sacan partido del momento en que se recicla la poesía en cualquier parte del mundo y aprovechan para colocar una mala poesía en primer plano. Y es que hay poetas que creen que con son "experimentales", hacen una poesía carente de profundidad, llamándola bukowskiana, cuando en realidad la poesía de Bukowski es muy profunda abordando la cotidianidad. Ellos son capaces de enmarcarse en ciertos lugares donde se les promueve, se tiene una política errada al difundir a esos llamados poetas. No quiere decir que todos caigan dentro de esa categoría, hay otros poetas jóvenes como Sergio García Zamora, perteneciente a la llamada por ellos mismos, Generación Cero, es un poeta extraordinario que me ha confesado que él proviene de la línea de Lina Feria. Y no es que yo quiera imponer un estilo o una línea en la poesía, porque el estilo y la línea no pueden ser, y esto lo dijo el poeta granadino José Carlos Rosales, en una conferencia que dio en La Habana, nunca los imitadores o los seguidores de una línea determinada superan a su maestro. Esa es una realidad. No es que yo crea que están imitando a determinado Bukowski, es que en realidad lo copian. Por eso pienso que hay una ligera crisis en la poesía. Digo ligera porque todavía hay creadores de la generación del ´80, de la generación del ´70, incluso de la del ´50, que siguen escribiendo y haciendo cosas interesantes, por ejemplo está César López, un hombre que anda ya por los ochenta años, que publicó, hace apenas dos años, un libro en Vigía muy bueno.

Mi aspiración es seguir haciendo una poesía que con respeto a la individualidad, dé libertad e independencia, tenga el derecho a decir las cosas como son y no negar la verdad de la vida. Ese es mi deseo, la norma que intento seguir para captar y reflejar las cosas que ocurren a mi alrededor, que tal vez pueda ser renovadora en cierto sentido.

¿Qué has escrito en los últimos tiempos?

En estos momentos tengo dos libros que están editando en España, uno en la Editorial Betania, en Madrid, y el otro en León, y ambos tienen un estilo que rompe con el de *Jaque a la muerte*, un poemario que está en proceso de publicación en la Editorial Unicornio, aquí en Cuba. Estos son libros que hablan de un realismo básico. Tal vez porque cuando estuve en España, hace dos años, me contaminé con la pintura que se está haciendo por allá, de tendencia realista y eso le ha dado a esta última producción un tono muy diáfano, pero contundente, para dar la realidad del país. Yo no puedo evitar ir a contracorriente. Soy, como me ha calificado David Curbelo, alguien que ha venido a contracorriente desde sus inicios, que no ha tenido más vinculación con los grupos que lo típico que sucede con los jóvenes que se agrupan en determinados moldes, pero yo me he hecho de forma individual, he sido como una línea que ha corrido a través de los años, en la cultura cubana, de forma atípica porque me desmarco de los moldes de la poesía que se viene haciendo de diez años en diez años. En ese sentido me siento como una personalidad bien definida; no sé hasta dónde llegue esa dimensión, no lo puedo decir yo, pero sí puedo prever que seguiré buscando sentimientos, pequeños gigantes de esos que abruman al ser humano. Eso es lo que da lugar a las metáforas que identifican mi poética y definen lo que hasta ahora he escrito. Tengo hoy la admiración de mi pueblo, que es tácita. He sido abordada en la calle por personas que no sé quiénes son, y me demuestran con sus palabras un reconocimiento que me aleja de mi soledad, pues me considero un lobo estepario. A mí no me interesa la fama, ni siquiera la trascendencia, porque considero que tengo una misión verdadera a la hora de escribir. Y escribo porque no tengo otra opción, soy una poeta hecha de la necesidad y no de la casualidad sino de la causalidad, es decir, soy el resultado de alguien que vino al mundo para escribir y es lo que he logrado hacer. Me siento realizada. Ya con veinticuatro libros publicados me siento totalmente hecha.[8]

Muchas gracias Lina, por este tiempo que has robado a tu escritura.

---

[8] Entre sus libros se encuentran: *Casa que no existía .A mansalva de los años. Espiral en tierra, El ojo milenario, Ritual del inocente.*

CAZADORA DE PAISAJES MUSICALES. DIANA BALBOA
(Cienfuegos, Cuba, 1945)

(Entrevista grabada en El Jardín de la Gorda, calle C y 25 El Vedado, La Habana. Febrero 21, 2016)

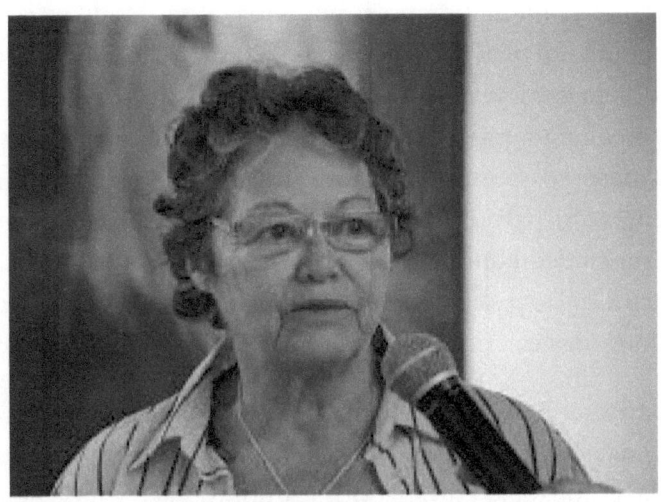

Una artista de las artes plásticas, grabadora, promotora cultural. Esta mujer incansable ha expuesto su arte en su país y en otros espacios del mundo. Junto con Sara González, fue fundadora de la peña "El Jardín de la Gorda", un proyecto comunitario al cual acude la gente del barrio cada último domingo del mes para seguir rindiendo homenaje a su fundadora, al tiempo que disfrutan de la música de la nueva trova en las voces de los ya iniciados como de las que van surgiendo cada día.

Aunque Diana Balboa vive en La Habana desde hace décadas, siempre recuerda su terruño, ubicado al centro de esta islita que todavía se identifica como la Perla de las Antillas. Y en La Habana tiene su taller y allí expone, orgullosa de ser grabadora.

Buenas tardes, Diana. Vamos a hablar de los inicios: tu lugar de nacimiento, tus estudios, tu vínculo con la cultura...

Pues yo nací en Cienfuegos, la Perla del Sur, la Novia del Mar, en el año 1945. Realmente vine al mundo en un pueblito que está entre Cienfuegos y Rodas, llamado Limones. Dicen que las guaguas de turismo cuando llegan a Limones, la guía anuncia a los viajeros: "entre y mire a su izquierda, está usted entrando y saliendo de Limones". Es que ya no da tiempo a más nada, el recorrido se resume en esa frase. Pues ahí nací yo, gracias a una partera de campo que asistió a mi madre en esa faena, el 4 de agosto, por tanto soy Leo. Me trajeron muy pequeñita para La Habana, apenas tenía dos años y medio de edad, pero yo siempre digo que soy cienfueguera, aunque realmente tengo otra patria chiquita que es La Habana. Prácticamente me crié en esta ciudad aunque, como se estilaba en aquella época, todas mis vacaciones las pasaba entre Limones y Cienfuegos. Seguramente esas prolongadas estancias me hicieron tan arraigada a Cienfuegos.

Cuando surge la campaña de alfabetización fui a alfabetizar, primero a Pinar del Río y después al Escambray, quizás añorando a la recordada Trinidad, al entrañado Escambray, al cercano Cienfuegos. No pensaba yo estudiar magisterio, pero durante esa campaña se nos planteó la necesidad de formar nuevos maestros, pues algunos habían emigrado y había que cubrir muchas nuevas aulas y yo di el paso al frente y estudié magisterio. Siempre evocando las artes plásticas. Mientras trabajé en las aulas me divertía cuando hacía los recursos visuales utilizados en la enseñanza, es decir, esas láminas, mapas y toda esa parte de las manualidades; me daba mucho gusto elaborarlas. Tanto fue así que me fui a estudiar pintura en la Academia San Alejandro. De la pintura salté al grabado. Del magisterio pasé a trabajar en Salud Pública, en un taller de pintura…

Disculpa, Diana, ¿Un taller de pintura en Salud Pública?

Sí, en el Ministerio de Salud Pública existía un taller de decoración para los hospitales, policlínicos y otras dependencias de ese Ministerio que llevaban cierto decorado. Y ahí fui a parar yo. En ese sitio conocí a personas que fueron muy importantes en mi vida, como

Roger Aguilar o Juan Boza, porque ellos me llevaron al Taller de Grabados de la Catedral, ese que está en el Callejón del Chorro. En ese taller definí lo que yo quería ser exactamente: quería ser grabadora. El grabado es un arte interesante y muy curioso, en algún momento fue algo así como "Anita la huerfanita" de las Artes Plásticas. La gente lo veía como un arte menor, porque se le utilizaba para ilustrar libros, para reproducir estampas de cuadros famosos, el grabado era una apoyatura para el resto de las expresiones artísticas. Y, como además tiene al papel como soporte, algo tan efímero, pues no era apreciado. Sin embargo, el grabado tiene una magia tremenda, una vez que te metes en ese mundo, te enamoras de él. El grabado es ingobernable, tú puedes aprender todas las técnicas del mundo y tratar de dominarla y decir: "esto es lo que yo quiero hacer", pero al final el grabado te da la sorpresa. Él te invoca a seguir sobre él y a seguir haciendo unas cosas y otras cosas. Ese fue el motivo que me hizo seguir yendo al taller de la Plaza. He pintado, he hecho cerámica, he hecho un arte matérico cercano a la escultura. Viví mucho tiempo de ser diseñadora gráfica, porque hubo una época en que era imposible sobrevivir económicamente si no tenías otro vínculo. Los que estudiamos artes plásticas, éramos maestros y hacíamos nuestro arte. O éramos diseñadores gráficos y hacíamos arte, o dibujantes técnicos y hacíamos arte, en fin. A mí me tocó el camino de las Artes gráficas y hacía diseños gráficos y también creaba mi arte. Ya en estos tiempos la vida me ha permitido darme el lujo de, a mis 70 años, poder decidir qué quiero hacer y cómo lo quiero hacer. También, algún reconocimiento social me ha permitido dedicarme por entero a la creación de mi obra artística. Y eso es lo que hago: pintar, grabar. Sigo yendo al Taller de gráfica de la Plaza de la Catedral, un lugar del cual soy asidua visitante desde 1969, por esos años no estaba en el Callejón del Chorro sino en el Palacio, que estaba enfrente, pero en la misma plaza. En el Taller hago litografía fundamentalmente. En casa tengo algunas máquinas que me permiten hacer el grabado en superficie de madera, en superficie de plástico, grabados en técnicas experimentales de coleografía, no obstante, no pierdo nunca el camino hacia la Plaza de la Catedral.

La Habana Vieja tiene un encanto y un imán que hace que no pierda ese camino. En casa imprimo algunas matrices. Las preparo, las elaboro y entonces en el Taller hago las ediciones definitivas.

Puede parecer una pregunta pueril, pero como espero que esto sea leído también por personas que no te conocen, tengo que preguntarte: ¿Cuántas exposiciones has hecho, individual o colectivamente?

¡Figúrate! En tantísimos años, ya podrás imaginarte. En exposiciones colectivas son más de trescientas. Y en las personales he perdido la cuenta, pueden ser sesenta o cien porque son muchos años trabajando y exponiendo indistintamente, lo mismo en pintura que en grabados. En Cuba he expuesto tanto en uno como en otro. Creo que mi primera exposición personal fue en dibujo, en una galería que tenía el Ministerio de Salud Pública, justamente en su edificio principal, dirigida por el Dr. Vidal Yebra. Posteriormente hice exposiciones de pintura solamente, de pintura y dibujo, de grabado, de cerámica y grabado. Últimamente he hecho mucha cerámica.

Empecé a hacer cerámica con Evelio Lecourt, en el taller que tenía aquí en La Habana, cuando vivía en Cuba. Ese taller era muy instructivo para todos los que queríamos aprender esa técnica. Evelio era un gran maestro y con él aprendí mucho. Después hice cerámica con el maestro Feria, en el taller que tiene en la calle San Lázaro y, en los últimos tiempos, he trabajado con Amelia y Angelito, los fabulosos seres mágicos de Terracota 4, cuyo taller está en La Habana Vieja. Ahí aprendí una técnica para mí desconocida: el racú, una técnica japonesa, que tiene unos resultados extraordinarios y tiene mucho de espectáculo, porque cuando se saca la pieza del horno, al rojo vivo, y la metes en un recipiente con aserrín, éste se incendia y sale una llamarada tremenda, y cuando metes la pieza en el agua ese sonido del freír del agua es como si estuvieras ante un acto de magia.

Imagino que tengas también varios premios

Sí, sí. Al principio mandaba a los salones, pero tuve un maestro grabador, Armando Pose, ya fallecido, que me dijo que toda su vida había enviado sus obras a los salones, fuera de concurso. A mí me llamó la atención aquello y le pregunté el por qué y me dijo: "cuando tú mandas tu obra a un salón, estás sometiendo tu obra al criterio de un jurado de cinco, seis personas, que pueden ser muy ilustradas, pero detrás de esos cinco o seis van a visitar la galería cincuenta, o cinco o cinco mil personas que no están en ese jurado y que pueden tener una opinión contraria. Por eso yo mando mis obras fuera de concurso". Aquello me hizo reflexionar y decidí asumir la misma teoría de Armando. Y sí, tengo premios de algunos salones juveniles de artes plásticas y otros premios obtenidos que de alguna manera reconocen mi obra. Tengo la Distinción por la Cultura Nacional, La Perla de Cienfuegos, de Camagüey; he recibido también otras distinciones, es decir, he recibido varios reconocimientos a lo largo de mi quehacer, aunque no son premios de artes plásticas propiamente, por esta razón que te dije: la mayoría de las veces enviaba mi obra a participar en el salón, pero fuera de concurso.

¿Tienes el Premio Nacional de Artes Plásticas?

Ese premio existe, pero yo creo que a mí me falta muchísimo por caminar todavía para tener ese premio. Falta mucho por andar.

Me has dicho casi las mismas palabras que Lesbia...

Sí, yo sé que me falta, pero me siento muy satisfecha con lo que he recibido. Hace poco me dieron un reconocimiento de la Jiribilla. Mira, me siento muy contenta cuando me reconocen por mi obra de toda la vista, eso me produce mayor satisfacción que cuando me entregan un premio por un solo cuadro o una pieza que haya enviado a un salón. Yo creo que es muy bonito que te premien por una cosa que tú hagas, no estoy criticando a nadie, creo también que es muy honroso para todos los colegas que reciban premios, eso me parece fabuloso. Pero no va conmigo. Yo sigo con la espiritualidad de Armando Pose.

Supongo que has viajado con tu obra

Sí, cómo no. He viajado a Perú donde he hecho talleres. Cuando los grabadores decimos hacer talleres queremos decir dar clases magistrales, conferencias, incorporarnos a los talleres de los grabadores del sitio visitado. También estuve en Venezuela; en Carabobo, específicamente, tuve una clase con estudiantes de arte. Fue una cosa preciosa porque hicimos el taller en un parque abierto. En otro viaje, también a Venezuela, pintamos murales, además de la conferencia. He impartido clases sobre el grabado cubano en diferentes lugares de España, adonde he ido varias veces, incluyendo Canarias. En ese país tengo grandes amores y puedo decir que un mercado de interés profesional, por utilizar un término de moda, aunque la palabra mercado no me gusta mucho. A Portugal también llevé exposición y en Cuba, no puedo dejar de mencionarla, porque he trabajado en algo fascinante que son los niños. Con los niños el disfrute es muy especial. No hay artista que se dedique al trabajo de la imagen visual que no se quede alucinado y muy contento al dar clases con niños. Yo trabajé en un círculo de interés conformado por niños y me quedé fascinada, porque ellos sobrepasan la capacidad de imaginación de cualquier adulto. Trabajé en una biblioteca, aquí en la calle Obispo, la Enrique Hart, donde existía un círculo de interés de artes plásticas y lo disfruté durante mucho tiempo. El artista de artes visuales siempre es un maestro. Yo sigo siendo una maestra porque estudié magisterio pero, aunque no lo hubiera estudiado, pienso que nosotros los artistas de artes plásticas siempre estamos practicando la enseñanza, porque mostrar cosas a diario, es enseñar.

¿Y ahora qué estás haciendo?

Ahora estoy en casa. Hace más o menos un mes hice una exposición en la Casa Carmen Montilla, en La Habana Vieja. Para mí fue muy hermoso que de la Oficina del Historiador, Magda Resic, me pidieran que hiciera esa exposición en homenaje a un Aniversario de Habana Radio, y Estrella Díaz junto con el equipo de audiovisuales de la Oficina del Historiador, me grabó un Video Arte que se estrenó en la Sala Teatro del Museo de Bellas Artes. Creo que esto es lo más importante que voy a hacer este año. Cualquier otra cosa que haga no va a sobrepasarlo. El año pasado hice lo que ahora llaman un Open House, esto es una casa-taller abierta, durante la Bienal de La Habana. Me gustó muchísimo porque no solamente fue visitada por los artistas participantes en la Bienal, sino que los estudiantes del barrio subían de mi taller. Yo vivo en un penhouse, en Línea y 10, y me tocaban para ver la casa-taller, tuve que poner un horario porque era constante la llegada de estos vecinos que querían ver las obras que exponía. Eso realmente fue muy bonito. Esto fue el año pasado; en este 2016 hice esa exposición en la Carmen Montilla.

Ahora tengo una locura metida en la cabeza, algo que no es novedoso, porque en las Artes Plásticas, ser novedoso es bien difícil, creo que hay que beber de distintas fuentes y saber asumirlas. Yo fui a España el año pasado y en ese país, cuando llegas a cualquier lugar, te dan un mapa para que te orientes. Y si te encuentras con alguien que acaba de inaugurar cualquier negocio, un bar o lo que sea, te dice: "Toma este mapa para que llegues bien y no te pierdas". Y de pronto tenía deseos de dibujar y no tenía papel donde hacerlo y comencé a hacerlo en esos mapas. Y me entusiasmó tanto que hice una colección y la llamé *Apuntes de viaje*. Y por razones de vida, de esta vida que he vivido, he tenido que viajar bastante, tenía muchos mapas guardados y decidí completar esos apuntes de viaje en esos mapas y quiero ahora buscar un espacio, no sé cuál, y quiero forrar toda la galería con esos mapas dibujados por mí y, además, montar algunos cuadros con mapas dibujados. Esa es la última cosa que me traigo entre manos. Vamos a ver si lo logro, cómo lo hago.

Creo que es una idea muy bonita y original ¿No?

Mira, no sé, te decía hace un momento que en artes plásticas es difícil ser novedoso y sí hay gente que ha dibujado mapas. Rafael, un pintor amigo, es uno de ellos y se también de otra persona, ahora no recuerdo el nombre, que también lo hace. Por eso te decía, lo de los mapas no es nada nuevo, tal vez lo novedoso sería la interpretación de los apuntes de viaje a partir de los mapas de los lugares donde he estado. En España compré un facsímil de un mapamundi de mil seiscientos no sé cuánto. Y ya hice un dibujo sobre él. Y el otro día visitó mi galería un joven norteamericano y me llevó el primer mapamundi árabe que es el primero que se conoce en la historia de la humanidad. Es una cosa fabulosa. Y, por supuesto, también lo voy a dibujar. Como te decía, he dado muchas vueltas y he viajado mucho porque mi vida se vinculó a Sara González[9] cuando comencé a ayudarla en cuanto a su imagen, su poster y demás. En aquellos años a la gente del mundo artístico le dio por tener representante y como ella era muy loca, un día me dijo: "¿Tú quieres ser mi representante? Porque ahora todo el mundo tiene su representante". Y le respondí que yo no sabía nada de eso. Y ella me dijo "Y los demás tampoco, aquí nadie sabe de eso, pero todos son representantes". Y decidí probar. Había un señor, por cierto era venezolano, ya fallecido, que era el representante de Pablo Milanés, y nos fuimos las dos a verlo para que nos instruyera en lo que había que hacer. Y así empezó esa vida trashumante, de juglar, viajando por el mundo entero. Nos ayudábamos mutuamente, porque yo me iba con mi obra bajo el brazo, en tiempos muy difíciles. En pleno período especial fue una gran suerte poder viajar con Sara llevando una obra porque nos aseguraba los frijoles. Compartí momentos maravillosos con ella por todo el mundo. Desde Pyongyang hasta un lugar pegadito a Alaska, a Irlanda, he dado tantas vueltas con Sara que se han quedado para siempre en mi vida.

---

[9] Sara González (1951-2012) Fue integrante del Movimiento de la Nueva Trova Cubana, junto a Pablo Milanés, Noel Nicola y Silvio Rodríguez, fue la primera y más representativa voz femenina de ese movimiento musical.

Y también porque lograron imbricar la obra de cada una. Y tú eras más que su representante.

¡Sí, cómo no! Fue una vida muy linda. Ella llevaba su música, yo exponía mi obra, a veces impartía una conferencia. Incluso esta relación me hizo cambiar los temas de mi obra, porque llegó el momento en que había una dicotomía entre el concepto presente en mi obra y lo que estaba haciendo. Porque ser representante no es decir, "ven, que vas a ser mi representante". Para serlo tienes que prepararte. Tuve que asistir a los cursos que organizaba el Instituto de la Música, y la UNEAC sobre producción artística musical, sobre maquillaje, sobre escenarios, luces, es decir, todo lo que aparecía que me sirviera para enfrentar las tareas que un representante tiene que asumir para apoyar en todo al artista. Y esos conocimientos eran, además, los que garantizaban mi estancia en el grupo. Recuerda que la burocracia tiene unos tentáculos muy grandes, y si no tenías un título de Productora artística, graduada en el curso de... no podías ocupar la plaza, tampoco podía viajar con ella, así me defendí, algo que uno tiene que hacer en la vida. Aprendí mucho y me gustó el trabajo de dirección artística. Me iba con Sarita y su grupo musical. Muchas veces compartimos giras nacionales con Marta Campos y Heidi Igualada, aquí en Cuba; puedo decir que conozco esta Isla casi, casi totalmente gracias a esas giras que hicimos con estas trovadoras, y el Grupo Guaicán. En una ocasión hicimos un encuentro que yo le puse "formato roto"; ya no quería pintar sobre bastidor, sino sobre artefactos que yo misma fabricaba con intenciones de luthier, o sea, con intenciones musicales. Hicimos una gira nacional con Ángel Quintero, Estrella Díaz, Sara González y yo con "el formato roto", esto es, se hacía la exposición y se daban los conciertos. Con Sara todo fue muy intenso. ¡Qué te puedo decir! Era desde salir corriendo desde un cementerio en Santiago de Chile, donde Sara estaba cantando "Yo pisaré las calles nuevamente" junto a la tumba de Salvador Allende, en una misa que se le hacía, y llegaron los milicos y comenzaron a tirar con balas de goma. Así que podrás imaginarte cómo tuvimos que salir de allí. Y a Sara, con lo poco deportiva que era, tuve que arrastrarla para poder salir de aquel caos. Con esto quiero decirte que con Sara vivimos momentos extremos y experiencias maravillosas de vida.

¿Y ahora qué planes tienes?

Pues, los mismos de siempre. Sigo pintando, sigo haciendo grabados y entre las cosas que nos hemos propuesto, los más cercanos a Sara, es mantener El Jardín de la Gorda, fue ella quien fundó este lugar hace quince años y se ha convertido en un lugar de citas con la literatura, la música y otras artes. Por aquí han pasado importantísimas figuras de la literatura, de la música, de la danza, porque esto no es una peña convencional donde yo vengo y toco lo mío y tú vienes y tocas lo tuyo y cada cual se va para su casa; esto Sara lo hizo como un proyecto cultural importante para la comunidad y ha sido comunitario siempre. En este lugar ni se vende ni se cobra nada, ni siquiera la entrada, es un espacio abierto para todos, aquí todo es a capella. Y cada vez es más a capella, pero aquí estamos, rodilla en tierra. Por suerte, he tenido a Marta Campos a mi vera, sosteniendo el espacio como anfitriona, ayudándome a sostenerlo, contra vientos y mareas y presupuestos y no presupuestos, y sillas y no sillas y así nos hemos mantenido porque Sara se lo merece.

Tuve un triste privilegio. El triste privilegio de que Fidel me diera el pésame por haber sido la compañera en la vida de Sara González. Fueron treinta años junto a ella, y de eso me siento muy orgullosa. Eso es lo mejor que me ha pasado en la vida: fue un premio. A la vida le agradezco eso y los amigos que tengo.

Muchas gracias Diana, por esta bonitea conversación donde también hemos recordado a Sara González.

EL IDIOMA ESPAÑOL ES NUESTRA GRAN PATRIA.
IRMA EMILIOZZI (Buenos Aires, Argentina, 1945)

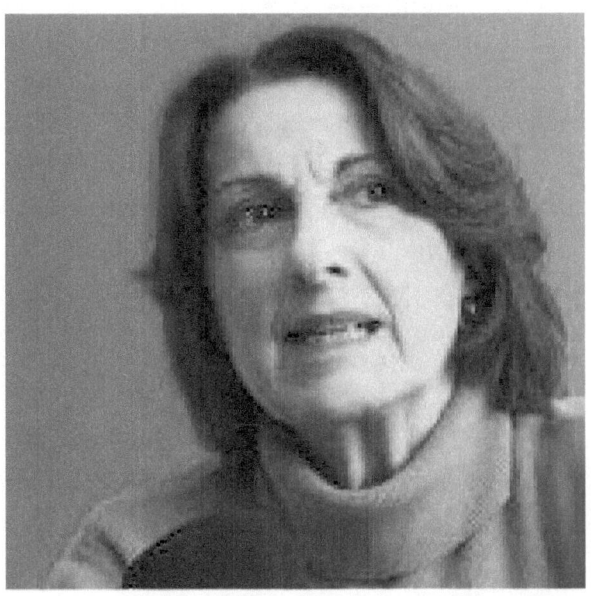

Irma recibió a comienzos de 2015 la Cruz de la Real Orden de Isabel la Católica por la investigación desarrollada en España sobre la Generación del '27. Durante el mes de febrero vino a La Habana por muy pocos días. Ya nos conocíamos virtualmente, gracias a su hijo Frank quien viajara a La Habana tres años atrás. Aquí la conocí personalmente y le pedí una entrevista pues sabía de su importante premio. Tengo el privilegio de haber grabado la entrevista que ahora les presento, la única que ella le regalara a Cuba.

Irma, ¿cómo te llega la noticia de este premio?

Unos días antes del 12 de octubre me llamaron de la Embajada de España, en Buenos Aires, para darme la inesperada y gratísima noticia de que me habían otorgado la Cruz de la Real Orden de Isabel la Católica.[10] Esta orden es muy significativa, viene acompañada de un diploma y fue otorgada, todavía, por Juan Carlos I de España. Bueno, la verdad es que sentí como un rayo que me atravesaba, porque realmente no la esperaba. Por otro lado, sentí algo que puede parecer vanidoso pero que se va a entender enseguida: yo sentí que la merecía, he trabajado intensamente y quienes me conocen o conocen mis libros lo saben. Esta Cruz fue creada hace más de doscientos años por Fernando VII, es una orden civil que distingue a diferentes personas, pueden ser investigadores, intelectuales, empresarios, presidentes, en fin, todas aquellas personas que han contribuido a la difusión de la cultura española y al afianzamiento de los lazos hispanoamericanos. El idioma es una de nuestras grandes patrias.

Cuando yo tenía 17 años leí un poema de Vicente Aleixandre y esto decidió lo que yo iba a ser. Luego de su lectura sentí que ahí me quedaba. Son muchos años dedicados al estudio, en primer lugar, de la obra de ese gran poeta español. Tuve la fortuna de conocerlo. Y, para mi felicidad le llevé, el último proyecto que tuvo en vida, integrado por poemas dispersos que yo había ido encontrando en revistas, sobre todo las de entre guerras, algunos de ellos publicados en el lapso de la Guerra Civil y otros en la pos guerra. Fueron horas y horas investigando en la Biblioteca Nacional de Madrid, y fui de a poco descubriendo esas perlas. Ya con la investigación bien adelantada, yo regreso a Argentina y él muere poco después, en 1984. Pero con la colaboración de otro hispanista que vive en España, se terminó de armar la selección y recibí una carta maravillosa de la hermana de Vicente Aleixandre en la que me decía: "yo sé con qué ilusión mi

---

[10] La Real Orden de Isabel la Católica es una distinción de España, instituida por el rey Fernando VII el 14 de marzo de 1815, con el nombre de *Real y Americana Orden de Isabel la Católica*, con el fin de «premiar la lealtad acrisolada y los méritos contraídos en favor de la prosperidad de aquellos territorios". La Orden de Isabel la Católica consta de los siguientes grados: Collar, Gran Cruz, Encomienda de número, Cruz de Oficial, Cruz, Cruz de Plata, Medalla de Plata, Medalla de Bronce.

hermano se había abocado a este último proyecto". Y de ahí en adelante todo lo que he hecho ha sido trabajar. He realizado varias ediciones, además de la de *Historia del corazón,* una nueva edición para Biblioteca Nueva, y he editado otros libros muy importantes. Me he ocupado mucho de la correspondencia de Aleixandre: fue Jaime Salinas (hijo del poeta Pedro Salinas) quien a finales de los años 80, como director Editorial del sello Aguilar, que más tarde desaparece, el que me abre al mundo de la correspondencia de Aleixandre, algo que yo no tenía para nada presente en mis planes.

Esto quiere decir que te enamoraste por completo de ese magnífico poeta.

En ese sentido creo que mi labor más valiosa fue, primero, buscar esa correspondencia, muy abundante, porque este andaluz escribía muchas cartas por día y llegué a un acuerdo con Jaime Salinas para sistematizar tanta correspondencia. Las cartas en principio seleccionadas están dirigidas a sus compañeros de generación, algunos muy amigos. Con el paso de los años decidí dedicar mi tesis doctoral justamente a la correspondencia inédita de Vicente Aleixandre escrita a todos sus colegas de la generación del 27. De esos años tengo recuerdos maravillosos, por ejemplo, llegar a la casa de Dámaso Alonso y ser recibida por su esposa, Eulalia Galvarriato, una mujer que cuando uno la conocía también se daba cuenta de porqué Dámaso era Dámaso. Mi trabajo fue, fundamentalmente, en los archivos madrileños, porque casi todas las cartas estaban dirigidas a los poetas que vivían allí. Yo viajaba de España a Buenos Aires, con las maletas llenas de fotocopias y de libros, hasta el año 88 cuando ya me vi obligada a trabajar con un ordenador, gracias a lo cual pude sistematizar y ordenar todos aquellos valiosísimos documentos, en Buenos Aires. Recaudé tanto material que alcanzó para realizar otras dos ediciones de cartas muy significativas. Se me quedó en el tintero la correspondencia de Aleixandre a Claudio Rodríguez, un poeta excepcional, a quien Aleixandre adoraba: es una correspondencia muy valiosa y espero que algún día otro hispanista lo haga.

Virgen Gutiérrez

Irma, nombra a algunos de los receptores de esas cartas de Aleixandre incluidos en los libros que preparaste.

De todos los epistolarios que he editado, el que a mí más me gusta, el que más disfruto, es el que reúne las cartas al poeta José Antonio Muñoz Rojas, una figura que descubrió la Editorial Pre-Textos. En la Biblioteca Nacional me topé con un libro de prosa lírica de José Antonio sobre temas del campo, y quedé impactada con la lectura, porque vi en él un gran poeta; poco a poco me fui acercando a su quehacer y, cuando lo conocí, le solicité una reunión y le pedí las cartas: durante la larga charla con seguridad él me estudió y le inspiré confianza y me entregó las cartas que guardaba de Aleixandre. Así pude armar el libro que fuera calificado por mi amigo argentino especialista en Victoria Ocampo, Eduardo Paz Leston, como un acto de amor. Este es realmente un libro muy hermoso porque refleja esa amistad de dos personas que, pese a estar separadas, porque Muñoz Rojas vivía parte del año en Madrid pero pasaba tiempo en Antequera, (Andalucía), no dejaban de comunicarse, además, por supuesto, de muchos datos y comentarios significativos sobre libros, ediciones, premios, etc.. Esas cartas se prolongan hasta el final de la vida de Aleixandre y se puede valorar el cariño y la felicidad que existía entre ellos. Y como conocí a los dos y sé que eran excelentes poetas, parar mí es uno de los trabajos que más disfruto. José Antonio llegó a recibir en la Universidad de Salamanca el Premio de Poesía Reina Sofía y yo estuve allí.

Como ves, mi vida está llena de experiencias agradables, he tenido encuentros con personas talentosas, maravillosas.

En 2002 me invitaron a coordinar las jornadas de homenaje a Rafael Alberti y María Teresa León en Buenos Aires, y cuando empecé a preparar mi trabajo, descubrí que los archivos de los exiliados españoles estaban prácticamente intactos. Allí encontré mucha documentación sobre ellos, hasta películas con los guiones escritos por María Teresa, como *La dama duende*, en el cual está también el aporte de Rafael. Recaudé mucha información sobre ellos y otros importantes escritores de la generación del 27, fundamentalmente. Y en este caso, diríamos desde el 2002 en adelante, las cosas funcionaron al revés, porque entonces viajaba a España desde Argentina, para participar allá en Congresos que se celebraban en Madrid sobre alguna de estas personalidades, y mis maletas iban repletas de libros y documentos de los archivos de Buenos Aires. Trabajé sobre varios poetas, al único prosista de esa generación que dediqué bastante tiempo, alrededor de cinco años, fue al granadino Francisco Ayala, Premio Cervantes, muerto en Madrid a los 102 años. Trabajé con inmenso placer buscando qué había dejado Ayala en el periódico La Nación, de Buenos Aires. Fue una experiencia hasta divertida, porque yo llegaba al periódico cuando ya se habían marchado los demás empleados y sólo quedaban los que atendían los archivos, si no, hubiera sido imposible hacer mi trabajo, allí permanecía desde las cinco o seis de la tarde hasta muy tarde, a veces hasta las dos de la madrugada, pero bien valió la pena porque el resultado fue un libro que publicó la Editorial Pre-Textos, que ya había publicado otros tres libros míos, el mismo de la correspondencia de Aleixandre con Muñoz Rojas, o *El 27 en Buenos Aires*, que es un compendio de charlas de un Congreso que coordiné sobre esa generación, donde incluyo no sólo escritores sino también pintores y otras personalidades de esa generación exiliados en Buenos Aires. Y luego este libro dedicado a Ayala, que considero muy importante porque reúne una serie de treinta y tantos artículos de este autor, publicados en este periódico pero literalmente desconocidos o perdidos. Titulé el libro *Francisco Ayala en* La Nación *de Buenos Aires*.

A partir de todo este trabajo realizado sobre la relación entre Buenos Aires y España, en el año 2012 tuve la inmensa dicha de que me recibiera la Real Academia Iberoamericana de Artes, Ciencias y Letras de Cádiz, como académica correspondiente en Buenos Aires, en una maravillosa noche gaditana, pues el día anterior se había conmemorado el bicentenario de La Pepa, una noche magnífica, rodeada de académicos y amigos en el gran salón de la Diputación.

Podrías explicar, por favor, qué es La Pepa.

Nosotros tenemos un refrán que repetimos en ocasiones diversas que dice "¡Viva la Pepa!" Es un refrán que viene justamente de Cádiz. Se han dado varias explicaciones para su surgimiento, pero resumo el hecho: el día de San José, el 19 de marzo de 1812, en Cádiz se convoca a las Cortes Constituyentes, justamente para aprobar una constitución, la primera que se propuso poner límites a la monarquía, en este sentido era una ley orgánica de avanzada. Y como era el día de San José y a los José les decimos Pepe, se cuenta que la gente corría por las calles diciendo ¡Viva la Pepa!, que era el modo de darle vivas a la Constitución, sin buscarse problemas, vamos a decir. Y como por Cádiz entraba el aire de Europa y de América, ya sabes, la expresión se expandió por nuestro mundo.

Para ti, fue entonces una doble alegría estar en Cádiz en esa fecha.

Yo siempre supe que iba a estar en el bicentenario, era un deseo que tenía. Lo que no sabía es que iba a estar en una ceremonia para ingresar en la Real Academia Iberoamericana, pienso que ese fue el antecedente que dio lugar a mi nominación al premio que vino después, éste del que hablábamos al comienzo, el de la Cruz de Isabel la Católica, una condecoración que resume años de intenso trabajo.

¿Tú naciste en Buenos Aires? ¿Tus padres son argentinos?

Yo nací en el Centro de la provincia de Buenos Aires, no nací en la Capital Federal. Hice estudios en la Universidad de La Plata donde me recibí como Licenciada en Letras. Más tarde, ya viviendo en Buenos Aires, hice en su universidad un primer posgrado sobre estudios hispánicos y luego hice en España el doctorado en Filología hispánica. Curiosamente, yo soy hija de un campeón de automovilismo, y me di cuenta, luego de algunos años, pues cuando era pequeña y paseaba por las calles justamente en la Capital o en las vacaciones con mi madre, mi hermana y mi padre, la gente se acercaba para pedirle un autógrafo. Entonces empecé a sospechar que había algo distinto en mi padre con relación a los padres de mis amigas. Vaya usted a saber en qué momento me di cuenta de que toda esa popularidad que tenía mi padre procedía de su trabajo frente a casa, donde desde siempre, primero con mi abuelo y luego con sus hijos, había un taller mecánico. Mi papá y mi tío (su hermano) eran grandes artesanos, modificaron motores originales y participaban en competencias de automovilismo. Llegaron a ser campeones argentinos.[11] Hoy hay un museo en homenaje a ellos. Así que en mi vida, junto a mi costado tan académico, está este otro costado, maravilloso, tan divertido y popular que me ha permitido escribir un primer libro de memorias, sobre la vida de mi padre, que titulé *Los Emiliozzi, testimonios y recuerdos,* que apareció primero en Olavarría, allí lo presentó el intendente de ese pequeño pueblo, aunque no es tan pequeño, tiene cien mil habitantes. Y luego en Buenos Aires, donde tuve el gusto de tener nada más y nada menos que a Juan Manuel Fangio como su presentador. Con este libro quiero dar una idea de quiénes fueron estos corredores que pertenecían a la categoría nacional, no llegaron a correr en el extranjero. Tanto mi padre como su hermano eran mecánicos de automóviles, ellos provenían de una familia de artesanos, que inicia mi bisabuelo, luego mi abuelo sigue esa tradición. Y ahora con la inauguración de este museo que te cuento, he escrito un segundo libro que he titulado *Los Emiliozzi, de la historia a la leyenda,* que pienso presentar en el mes de marzo. Para mí es muy bonito y me hace muy feliz ver cómo todavía está en la memoria colectiva ese ejemplo de un trabajo a base de dignidad, de esfuerzo y de increíble humildad, porque eran dos hombres como cualquiera de nosotros. Y los pueblos necesitan buenas lecciones, de modo que éste es un libro de ética también.

---

[11] En el primer lustro del siglo xx llega, proveniente de Italia, la familia Emiliozzi a Buenos Aires. En 1923, se instaló definitivamente en la ciudad de Olavarría donde compran una casa; allí funcionó un taller de mecánica para automóviles y la residencia familiar. Torcuato y Dante, los hijos del matrimonio, comenzaron a correr el 23 de abril de 1950 en la carrera de Mar y Sierras con Dante Emiliozzi al volante. Ganaron los campeonatos del 62, 63, 64 y 65 del pasado siglo veinte.

¿Y sigues trabajando como profesora y escritora?

Ya estoy jubilada de la Universidad donde fui profesora durante muchos años, pero sigo trabajando. Estoy impartiendo algunos cursos en forma privada. Y quiero aclarar algo, porque como he hablado tanto de España y de todo lo que he escrito sobre literatura de aquel país, debo decir que tengo mezcla en mi sangre de dos países, pues tengo una abuela vasca y, por parte de mi padre, está la rama italiana. Y en estas clases que he estado impartiendo los alumnos me han pedido ir a España a conocer los lugares donde nacieron esos escritores que leemos. Y he organizado unas excursiones que yo llamé "Por los caminos de Antonio Machado y de Federico García Lorca", y lo hemos pasado fantásticamente bien. Y este año pensamos ir a Madrid. Como ves, sigo activa.

ALGUNAS OBRAS de Irma Emiliozzi:

Carlos Bousoño: *Oda en la ceniza. Las monedas contra la losa.* Edición de Irma Emiliozzi. Castalia. Madrid, 1991.

Emiliozzi, Irma. *Los Emiliozzi. Testimonios y recuerdos.* Argentina: Ediciones Movimiento, 1992.

Vicente Aleixandre: *Nuevos poemas varios*, B., Plaza y Janés, 1987. (Edic. Alejandro Duque Amusco; recopilación: el mismo e Irma Emiliozzi)

CREO QUE HE VIVIDO MUCHAS VIDAS.
SANDRA GONZÁLEZ (La Habana, Cuba, 1947)

(Entrevista grabada en la casa de Sandra González, en el Vedado. Febrero de 2015)

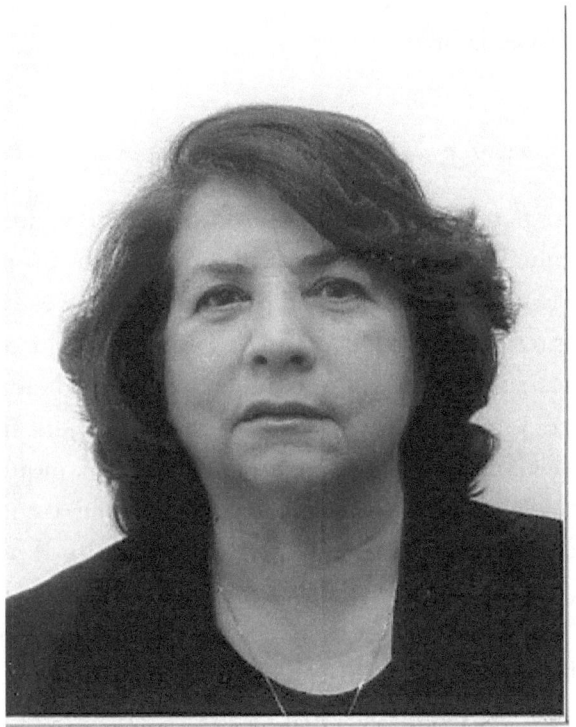

Aunque no coincidimos en la misma aula, Sandra González fue compañera de estudios en la Escuela de Letras de la Universidad de la Habana en aquellos maravillosos años sesenta cuando escuchar a los Beatles era poco menos que un pecado de lesa humanidad. Yo terminé mi carrera en la Universidad de Oriente y durante varios años dejamos de vernos. Volvimos a rencontrarnos a comienzos del siglo que vivimos en un centro cultural donde ambas desarrollábamos diversos trabajos y, aunque hubo lenguas mal intencionadas que intentaron crear cizañas para interferir en nuestra armoniosa relación, la amistad siguió vigente.

Finalmente ella marchó a Italia donde vive hace un lustro. Como ha desarrollado un interesante trabajo dentro de la esfera cultural, tanto escribiendo como promoviendo la cultura, me pareció justo que la especialista en arte, galerista, traductora y promotora cultural, Sandra González, apareciera en este libro que preparo con el fin de que algún día vea la luz.

Sandra, vamos a comenzar hablando de los inicios de tu vida.

A mí me parece, cuando pienso en lo que he vivido, en lo que soy, pienso que he vivido muchas vidas diferentes. Lo primero que estudié al terminar el pre universitario fue Física, pese a que en la enseñanza anterior amaba locamente la literatura, incluso había dado algunas clases sobre Baudelaire o Julián del Casal. Nadie me había explicado que lo que yo llamaba física en realidad era filosofía. Así matriculé física, permanecí un año en aquella aula, aunque no atendía mucho a las clases porque en ese momento estaba enamorada de Henry James y me pasaba todo el tiempo leyéndolo, al punto de que el profesor de Geometría Analítica me pidió el libro que yo estaba leyendo en su clase. Parece que él también se enamoró de la lectura porque se lo leyó y me pidió otros títulos de ese autor. Pese a no atender mucho, saqué buenas notas pero me convencí de que allí yo era un elemento perturbador y decidí cambiar de carrera. Mientras estudiaba Física había llegado al Instituto del Vedado una convocatoria para estudiar un curso de Astronomía que otorgaba puntos a la emulación y me escogieron a mí para pasar ese curso pues, como yo pretendía ser Madame Curie y sacrificar mi vida a la ciencia, pensaron que era yo la indicada para abrirme el camino como gran genio dentro de la Física. Era un curso grande, con bastante gente, de las cuales un profesor soviético escogió ocho personas, entre las que estaba yo, tenía entonces 16 años y era la única mujer. Y siendo fiel a las doctrinas leninistas de la emancipación de la mujer, dentro de las que mi padre me había criado (él era comunista desde 1925), ese profesor me puso a mí de jefa de aquellos chicos. Cosa muy agradable pues me sentí siempre muy atendida. Por ejemplo, si se me caía un lápiz, los siete muchachos emulaban entre sí para recogerlo primero. A esa edad comencé a trabajar en la recién creada Academia de Ciencias de Cuba en el grupo de rastreo de satélites. Ese era el único punto de observación de los satélites artificiales que tenía la Unión Soviética en este lado del mundo. Era un trabajo muy atractivo. Mandaban desde allá todos los datos cifrados que nosotros debíamos descifrar para situar la trayectoria de esos satélites en mapas celestes, perseguir ese satélite, marcar la hora y, en ese tiempo, también oír a unos muchachos muy jóvenes que cantaban unas canciones muy sugestivas, que más tarde supe que las cantaba un grupo llamado Beatles, que yo no podía ni repetir ni decir que los había oído porque me hubieran botado de la Universidad.

Y como ya estaba en ese mundo, tratando de aprenderme las constelaciones, los nombres de las estrellas, me parecía que la escuela de Física era el lugar que me correspondía. Cuando me di cuenta de que no era así, hablé con el entonces joven capitán Antonio Núñez Jiménez y le dije que quería cambiar de carrera, que había decido estudiar Literatura Inglesa y Norteamericana, esto porque había estudiado la enseñanza primaria en un colegio norteamericano llamado Colombo School, quería hacer el cambio de carrera para la Escuela de Letras. Núñez Jiménez era un hombre muy comprensivo y atento a los deseos de sus subordinados, realmente era una persona fantástica, yo lo recuerdo con mucho afecto, me mandó inmediatamente al Instituto de Literatura y Lingüística. En una semana ya estaba allí. Era la más joven del grupo. En esos momentos el Instituto estaba dirigido por José Antonio Portuondo que encontró "¡Fabuloso!" que yo empezara a trabajar ahí. Claro, fabuloso era su palabra preferida, él la repetía constantemente.

Hice todos los exámenes que se exigían entonces para entrar a la Escuela de Letras, no era tan fácil como decirlo, lo difícil era lograrlo. Además de aquellas pruebas de ingreso estaba la entrevista con la

Dra. Mirta Aguirre. Pasé bien todo aquello y comencé mis estudios sin otra dificultad. Mis recuerdos de la etapa en esta escuela pueden parecer contradictoria pues tengo un recuerdo muy bueno de los profesores, del buen ambiente que existía entre ciertos alumnos; al mismo tiempo guardo recuerdos muy terribles, justamente por otro grupo de alumnos que siempre he pensado que eran arribistas, oportunistas. Independientemente de estas contradicciones, esa escuela fue un punto importante en mi vida.

Y paseando un día por el capitolio, donde radicaba la estación de rastreo de satélites adonde yo había trabajado, vi unos bajos relieves firmados por Janni de Muzi y fechados en una ciudad extraña llamada Bérgamo. Cuando se lo dije a mi padre, él tenía delirio por Italia, pues él siempre pensó que su madre era de origen italiano (después yo pude comprobar que era de origen genovés); pues mi padre decía que esa ciudad no era Bérgamo sino Pérgamo, que Bérgamo no existía. Entonces lo buscamos en el mapa y efectivamente, sí existía Bérgamo. Y por esas extrañas cosas que tiene la vida, de esas vidas que he vivido, ahora una de esas la vivo en Bérgamo. Es increíble que a los dieciséis años haya descubierto a donde iba a vivir a los 68 años, pero así fue.

En la Escuela de Letra estudiaba Literatura Inglesa y Norteamericana, pero después de la muerte de una de las profesoras a causa de un accidente y de otras cosas que sucedieron, yo cambié y empecé a trabajar con Francisco Martínez Mota, quien había sido uno de los autores de la Enciclopedia Espasa Calpe y escribía bibliografías; esa idea me gustó, tal vez por esa idea que yo tenía de ser madame Curie, y por esa atracción por la ciencia, me dediqué durante un tiempo a trabajar con Martínez Mota. Sin embargo, de pronto descubrí que me gustaba la Historia del Arte. Nunca me había sentido atraída por la pintura, en mi casa nadie sabía pintar ni yo tenía la menor idea de cómo hacer un cuadro, como tampoco tenía idea de la música ni cantaba, porque en mi casa ni se practicaba ni se conocía nada relacionado con el arte. Una vez un amigo me dijo: "En tu casa son gallegos". Pero como yo tenía tantas vidas que vivir, en esa vuelta de mi vida pues estudié Historia del Arte. Y no me fue mal. Estudiaba bastante, sacaba buenas notas y me puse la meta de, por ejemplo, con la profesora Adelaida de Juan, sacar siempre cien. Y lo logré. También publiqué algunos trabajos, por ejemplo, sobre la pintora Antonia Eiriz y su labor desarrollada con el Papel Marché. Y después de haber pasado tantos años trabajando en el Instituto de Literatura y Lingüística y haber vivido aquellos procesos relacionados con Lezama Lima, Heberto Padilla y todos los acontecimientos que vivimos en el quinquenio gris o de todos los colores habidos y por haber, fui a trabajar al Museo Nacional de Bellas Artes, como directora del Departamento de Investigaciones. Era un trabajo bastante complejo porque allí se celebraban las Bienales y diferentes eventos de mucha responsabilidad. Ya a mí lo único que me faltaba no era ni dormir en el Museo, porque muchas veces tuve que hacerlo, sino buscar una soga y ahorcarme para poder salir de aquel lugar. Por supuesto, no puedo negar que allí también aprendí mucho porque estaba rodeada de mucho arte, me paseaba por todos los departamentos, incluso aprendí elementos sobre las restauraciones con especialistas muy capaces y muy dedicados a ese oficio que es también un arte. Muchos de ellos se convirtieron en amigos que aún conservo. Pero llegó un momento en que ya no pude más. Creo que mis cambios de vida se producen por saturación. Y de ahí me fui a trabajar a la Cámara de Comercio donde andaban buscando a alguien que supiera escribir. Allí comencé a escribir lo mismo de azúcar que sobre bombas de agua, o tabaco o medicamentos. Ese fue también un trabajo muy bonito, porque me permitió viajar por Cuba, descubrí saltos de agua que no conocía. Allí me convertí en especialista de desarrollo de nuevos fondos exportables, para ello pasé cursos de marketing, de relaciones públicas, es decir, posgrados de años. Igual que había pasado aquel posgrado de filosofía, pasé estos posgrados de Comercio Exterior y también aprendí muchísimo sobre transporte marítimo, aprendí acerca de canastas de divisa, de economía internacional, de psicología y de un millón de cosas en ese trabajo, o sea, me gustó muchísimo.

Y así, por otro giro de la vida, mi única hija que había ido a estudiar con una beca a Leningrado, en la entonces Unión Soviética, regresó al terminar su beca y casada, sin haberle dado almohadilla de olor a nadie, vino con su marido, un peruano y, por supuesto, a vivir en mi casa. Pero él llegó a su punto de saturación y se fue con ella, nada menos que a Bérgamo. En ese momento comienza una etapa un poco difícil para mí. En primer lugar, porque no estuve presente en el matrimonio de mi única hija; en segundo lugar, porque se fue a vivir a Bérgamo, aquel lugar del cual supe por primera vez en el capitolio, tantos años atrás. A todas éstas mi madre era una anciana y yo no la podía dejar sola, por lo tanto se inició mi peregrinaje a Bérgamo para estar con mi hija una vez al año y regresar a cuidar a mi madre. Así fue pasando el tiempo. Mientras tanto yo hice en Bérgamo muchas cosas: impartí clases de inglés, de italiano, tuve una galería en el Hotel Presidente. Un día me presenté en este Hotel y le dije al gerente que quería hacer una galería allí. El hombre me dijo: "Usted es capaz de hacer aquí una galería". Y le respondí: "absolutamente" Y así hice esa galería que mantuve alrededor de siete años. Ya me había ido de la Cámara de Comercio debido a una larga historia de incomprensiones del Departamento de Publicidad donde yo era especialista principal. Me fui a trabajar entonces como gerente de marketing de San Pelegrino, vendiendo refrescos y aguas italianas. Tenía contenedores y contenedores llenos de esas bebidas para vender, pero eran bebidas que no gustaban a los cubanos porque sabían a medicina. De modo que tuve que usar toda mi imaginación para inventar concursos entre los barman, regalar cosas a quien comprara más, en fin, un montón de cosas para salir de aquello. Esa vida mía, como gerente de marketing, fue muy interesante y conservo como trofeo de esa etapa mi amistad con el gerente italiano que he reencontrado en Bérgamo. Por esas vueltas de la vida un día lo descubrí en aquella ciudad y me dijo: "Usted no sabe cómo le agradezco todo lo que usted me aconsejaba sobre que no fuera tan explícito en cuanto a mis sentimientos. Usted tenía razón en cuanto me decía, ahora me doy cuenta de que yo era un cretino". Eso me sirvió de mucha satisfacción porque son los afectos que perduran y son de las cosas importantes para mí. En todas estas vidas he conservado esos afectos perdurables, desde aquella etapa de la Escuela de Letras. En cambio he tratado de olvidar los viejos agravios, todas las cosas desagradables que por supuesto existieron y conservar solo los buenos afectos que surgieron en todos los lugares por los que he pasado.

Pero sé que has dedicado, en alguna de esas vidas, un buen tiempo al estudio de la presencia italiana en nuestra cultura.

Sí, en todo este peregrinaje de ir y venir qué podía hacer mejor que dedicarme al estudio de la huella o el legado de Italia en Cuba. Y comencé por Janni de Muzi, por el Capitolio, por Ángelo Sannelli, el autor de las esculturas de ese famoso edificio, a los autores de la Fuente de la India, de la Fuente de los Leones, al autor del monumento a Antonio Maceo, o del monumento a Máximo Gómez. Así fui descubriendo que en una determinada época, los artistas italianos aprovecharon muy bien el mármol de Carrara y supieron aprovechar muy bien el nacimiento de las nuevas repúblicas americanas que querían honrar a sus próceres, construyendo monumentos y esculturas que sustituyeran los espacios antes dedicados a los colonizadores por los nuevos valores de su patria. En ese sentido los italianos fueron muy hábiles y lograron situar en este mundo americano, toda esa riqueza que ellos tenían, y que tienen, pero que en aquella época supieron aprovecharla muy bien. De esos estudios e investigaciones he publicado algunas, o casi todas, en una colección editada por una asociación italiana, que es la encargada de organizar, cada año, la Semana de la Cultura Italiana en Cuba. En la etapa en que estuve yendo y viniendo de La Habana a Bérgamo y coincidía mi estancia aquí con esa fecha, recibí varias distinciones. Una de ellas, con la cual me sentí muy honrada, fue haber sido escogida para develar la tarja erigida a Meuchi en el Teatro Nacional, hoy Federico García Lorca. La otra por haber sido elegida también para colocar una ofrenda floral en la tumba de El Cacahual, que guarda los restos de los mambises italianos, todo esto como representante de la Unión de Italia y Cuba. Y es que mi familia Mayoli es verdaderamente de origen italiano, aunque no sé qué cantidad de sangre italiana tendré yo, porque en mi caso se trata de mi tatarabuelo Mayoli. En realidad, en mi casa Italia siempre fue un mito. Mi padre se sentía muy ligado a los italianos. Mi padre había sido anarco sindicalista y sufría mucho porque en Italia se había perdido la posibilidad de haber sido comunista a causa de haber perdido la guerra. Él contaba que si mi madre no le hubiera dado el sí cuando la pidió en matrimonio, él se hubiera ido a pelear a la Guerra Civil Española. Fíjate que el primer dinero que él le dio a mi madre para la boda, fue el producto de la venta de una pistola que él había comprado para irse a luchar a España. Estas ideas románticas en torno a mi familia siempre han sido una constante.

Yo puedo decir como Sartre, que nací entre libros, no porque mi padre fuera un hombre culto, sino porque era encuadernador, por eso mi casa estaba llena de libros. Claro, hay que reconocer algo: de los obreros, los tipógrafos y los encuadernadores siempre fueron los más cultos. Generalmente mi padre leía los libros que encuadernaba. También él había sido tipógrafo, junto a Alfredo López y todos los tipógrafos leen, por eso tienen buena ortografía. Después que Batista dio el golpe de estado, a mi padre lo dejaron cesante porque en la imprenta donde trabajaba como tipógrafo sabían que era comunista, entonces se convirtió en encuadernador por cuenta propia, trabajo en el que le fue muy bien. Con él yo aprendí mucho porque hay veces que cuando se tiene un problema, uno se acomoda, pero lo que hay que hacer es enfrentarlo y crecerse, y eso me lo enseñó mi padre con su actitud ante la situación que enfrentó, él supo crecerse.

Ahora que vives en Italia creo que también has sabido crecer para llevar adelante tu vida.

Sí, ahora ya estoy viviendo en Italia, porque cuando mi madre murió, decidí estar más cerca de mi hija, pero sin ninguna intención de emigrar. Nunca me he sentido como una emigrada, ni que me he ido para no volver. Siempre he sentido que estoy aquí y allá. Puedo estar en dos lugares a la vez, tengo ese don de sentirme en los dos lugares. Me siento tanto de acá como de allá. Pues claro, estando allá llegó un momento que no me bastaba con ir a las bibliotecas buscando datos y escribiendo algunos artículos, que incluso me han publicado en el Eco de Bérgamo, el periódico local, que sí publica todo lo que yo le mando pero no paga nada y esto, por supuesto, le quita a uno los deseos de publicar. Prefiero publicar aquí. Y entonces se me ocurrió hacer allí una galería, como ya tenía la experiencia de la que había montado aquí en el Hotel Presidente... Tuve la suerte de dar con una persona maravillosa, magnífica, que aceptó mi idea. Me siento una persona afortunada porque he encontrado en mi vida muchas personas maravillosas. Y esa persona me abrió su galería para que yo montara las exposiciones que yo quisiera. Pero esa señora tuvo que cerrar la galería porque tenía problemas personales y no podía seguir manteniéndola. Yo, la verdad, me eché a llorar cuando ella me lo dijo. Iba por la calle llorando hasta un momento en que me dije: "No. No hay que llorar. ¡Ave Fénix, resucita de tus cenizas!" y seguí caminando y en el trayecto descubrí otra galería y me dije: "Yo voy a estar en esta galería" Toqué a la puerta y vi a la señora que trabajaba allí y le propuse hacer una muestra. Ella me dijo que tenía ya otra persona, no obstante me permitió hacer una prueba. Y lamentablemente para la otra persona, me quedé yo, porque fui capaz de hacer muchas más exposiciones que las que hasta entonces se habían realizado. Ya sabes que el mundo de la competencia es muy difícil, pero gané la competencia. Y aunque lo sentí por la otra, me compensaba pensando que a ella no le hacía falta ese trabajo, en tanto a los pintores cubanos sí les hacía falta estar en ese lugar, allí en el centro de Bérgamo. Hicimos lo que se ha llamado Arting Centro, que es una asociación cultural que promueve la formación, la investigación, la creación. Y ahí están los pintores cubanos. Claro, también han estado de otros países como España, Alemania, Austria, México. Incluso de Estados Unidos. No sólo pintores, también escultores

¿Cómo se las han arreglado para convocar a personas de tan diversos lugares?

Bueno, pues las encuentro yo. Las busco a través del correo electrónico. Yo les escribo, les explico y creen en mí y recorren kilómetros y kilómetros para hacer una exposición en Arting Centro. Y creo que no se sienten defraudadas, pienso que la pasan bien. Y, por supuesto, esto me hace muy feliz: ver cómo la gente, sin conocerme, cree en mí, creen lo que les explico del lugar, de las características de la institución y cuando viajan, ven que todo lo que les dije era cierto, incluso que vendan allí sus obras. Esto para mí resulta muy gratificante. Por supuesto, en medio de todo esto, siempre dejo un espacio para mis pintores cubanos. Trato de que sean artistas ya conocidos. Allí han expuesto sus obras Choko, Minerva López, Pedro Pablo Oliva, Héctor Cepero Lazo, Ernesto Cancio, Eduardo Marín Potrillé, Pedro García Espinosa, Sandra Pérez. Allí han estado conocidos y no conocidos. Han expuesto también, como era lógico, grandes pintores italianos como Lucciano Bocardini, que estuvo en una Bienal de La Habana, organizada por el Centro Wifredo Lam. También han estado otros artistas desconocidos porque la idea es que todos tengan un espacio donde tengan la posibilidad de exponer.

Después de cinco años puedo hacer un balance del trabajo que hemos hecho allí, donde cada mes se ha abierto una exposición distinta. Pienso que éste ha sido un gran trabajo. Arting Centro es un centro independiente, no tenemos respaldo estatal ni ayuda de nadie. Todo lo hacemos nosotros, es algo muy satisfactorio y sobre todo porque hemos logrado que estén presentes los cubanos.

Yo quiero ahora entrar en contacto con artistas jóvenes. Uno de mis planes, ahora cuando regrese a Italia es aprovechar que en la Exposición Universal de Milán, que se celebrará de mayo a octubre y va a estar dedicada a la alimentación, van a estar algunos jóvenes cubanos que queremos que vayan también a Bérgamo. Para eso ya hablé con la Cónsul cubana para que inaugure la exposición en Bérgamo, algo de mucha importancia para nosotros tener a estos jóvenes poco conocidos en nuestra galería. Darle esa posibilidad a ese pueblo italiano de entrar en contacto con estos jóvenes artistas para que conozcan que, en otras partes del mundo, hay gente que ama el arte y la cultura. Esa es nuestra función y el objetivo de nuestro trabajo, o sea, contribuir al entendimiento humano, a las posibilidades que hay de desarrollar puntos comunes. Esa es nuestra divisa, nuestro interés principal. Por lo demás, siempre hay millones de planes, millones de cosas por hacer. Seguramente tendré otra vida que vivir, seguramente aquí no se acaba la historia. Siempre estoy dispuesta a vivir todas las vidas que vengan.

Sandra, después de terminar con el recuento de tus vidas quiero que te detengas, por favor, en las publicaciones que has hecho, porque has ido mencionando algunas, pero ahora intenta resumirlas, independientemente de las vidas donde hayan ocurrido.

El primer trabajo lo publiqué en El caimán barbudo y fue el artículo sobre Antonia Eiriz y el Papel Macheé. Los artículos que escribí mientras trabajaba en el Instituto de Literatura y Lingüística fueron publicados en el Anuario de esa institución. En la Revista Santiago salieron algunos trabajos míos. Todos los catálogos de las exposiciones que hice, tanto en Bellas Artes como en el Hotel Presidente, son míos y fueron publicados por esas instituciones. En Bellas Artes encontré unos cuadros de la escritora cubana Juana Borrero y con ellos hice una exposición con su correspondiente catálogo. Escribí unas palabras para una exposición de pintura que se efectuó en San Alejandro. Cuando trabajaba en la Cámara de Comercio de La Habana gané un concurso de poesía y el sindicato me publicó ese librito de poemas. También gané un concurso Trece de Marzo, con un testimonio sobre la recogida de café, donde estuve en 1962 como revancha contra mi familia que no me dejó participar en la campaña de alfabetización. En ese año 1962 ocurrió la Crisis de octubre y la familia me pedía que regresara y no quise volver. También en la Cámara de Comercio hice muchos catálogos con el resultado de todas mis investigaciones, desde la medicina hasta la guayaba Conchita. También tuve a mi cargo un survey que se hizo sobre Cuba en el Finanzas Times y otro survey para una revista húngara. Escribí en varias revistas, como Arte Cubano, en la Cartelera. Las investigaciones sobre los escultores italianos se publicaron en los resúmenes de las Semanas de la Cultura Italiana que todos los años asumía una sociedad italiana liderada por Doménico Capolongo, que ha sido y continúa siendo el organizador de ese evento. Es un hombre que trabaja por amor. Y en Italia, pues, también he publicado todos los catálogos de las exposiciones que se han hecho en esa galería de la que antes te hablaba.

Pues, muchas gracias Sandra por ese recuento de tus tantas vidas y que vengan muchas más.

EL CUERPO SE CANSA PERO LA CABEZA NO DESCANSA. ISABEL BUSTOS (Santiago de Chile, Cuba, 1948)

(Entrevista grabada en la sede de Danza Retazos, en La Habana Vieja. Marzo 21, 2016)

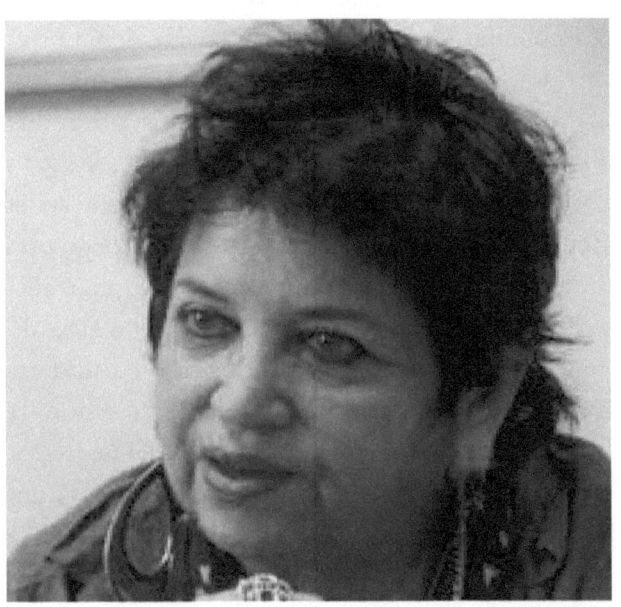

Aunque nacida en Chile, Isabel Bustos ha transitado por varios países, entre ellos Ecuador, cuya nacionalidad ostenta. Y, por supuesto, Cuba, donde vive, hace casi tres décadas. Conocía su trabajo con el grupo danzario Retazos, mas, nunca nos habían presentado. Fue a través de mi amiga, la ecuatoriana Patricia Yépez, que tuve finalmente el contacto personal que me permitió grabar esta conversación, un día en que vine a interrumpir su descanso, luego de una larga jornada de ensayos con sus danzarines. Isabel ha obtenido numerosos premios y reconocimientos, el mayor de ellos fue el Premio Nacional de Danza 2012.

Isabel, tu trabajo en Cuba me permite incluirte en un libro que estoy armando con mujeres del mundo de la cultura. Así que comencemos por el principio. Tu infancia, tus estudios, tu vocación.

Soy hija de una ecuatoriana con un chileno, nací en Santiago de Chile, pero vengo a terminar mi vida en Cuba. Así que soy chilena-ecutoriana-cubana. Mi vida ha sido un poco gitana porque mi madre iba mucho de Ecuador a Chile y viceversa, así que esa vocación de gitanería me viene de familia. Mis estudios primarios los hice en Ecuador pero vine a Cuba siendo adolescente y aquí estudié en la Escuela Nacional de Arte (ENA). Cuando terminé estos estudios, regresé a Ecuador y desde allí me fui a México. Luego obtuve una beca para estudiar coreografía en Francia y al terminar allí mis estudios regresé a Cuba. Durante una de mis estancias en Ecuador estudié Sociología en la Universidad durante dos años, estudios que me han servido para la creación, porque para hacer un guión, la dramaturgia de una obra danzaría, es muy diferente a la del teatro, porque es mucho más emotiva, a partir de las imágenes se cuenta una historia, así el conocimiento sociológico me ha ayudado mucho para hacer mi trabajo.

¿No has vuelto a Chile?

Yo estaba allí cuando el golpe militar y naturalmente tuve que salir y nunca más he vuelto. Me gustaría ir porque tengo familias allí: un hermano, primos, familiares por parte de padre que no he visto en muchos años y creo que es importante no olvidar los orígenes. Por otro lado, yo he hecho mi vida aquí en Cuba. En 1987 fundé la agrupación danzaria Retazos y, a partir de esa fecha, he estado por las calles, por las plazas, en diferentes centros, en teatros. He realizado muchas obras, he trabajado con las diferentes piezas de teatro de Lorca y también con el *Romancero Gitano*, ese trabajo es mi homenaje a ese poeta tan sensible, pienso (y otras personas me lo han dicho) que he logrado en mi trabajo reflejar su temperamento, su sensibilidad.

¿Qué música usaste para este trabajo tan especial sobre Lorca?

He puesto varios autores. Tengo un músico que es brasileño, medio árabe, que hizo la música de una película muy famosa *El pagador de promesas*,[12] el músico se llama Gabriel Migliori, él me compuso una música muy especial, no es la típica música gitana, ni la típica sevillana, no es algo tan tan definido; sin embargo, tiene una fuerza tremenda que me permitió usarla en esta obra y verla como un buen aporte, esa música expresa lo que yo quería resaltar.

¿Dónde presentaste ese homenaje a Federico?

Esa obra la estrené aquí en La Habana, hace ya bastante tiempo que no la pongo, ahora estamos pensando desenterrarla. He hecho algunas obras sobre Silvio Rodríguez, sobre el pintor colombiano Fernando Botero, en este caso la obra se llamó "Naturaleza muerta con gallina blanca", porque es una obra danzaria inspirada en los cuadros de Botero, que ha hecho una pintura un tanto costumbrista, con canon diferente al canon latinoamericano, en él prevalece la redondez de la figura humana. A partir de esos cuadros armé una historia para un espectáculo que defiende esos valores, esa estética, me gustó mucho hacer ese trabajo. En estos momentos estoy haciendo una obra sobre la cubanía, empleando la música de diferentes épocas, donde rescato esa parte poética de la cubanía que va en contra de lo que ahora se estila, que es un poquito violento, un poquito vulgar. Y es justamente defender la otra parte, hablar de los Orishas de una forma diferente, con el respeto que se merece hablar de las creencias desde una óptica distinta. Creo que no estaría mal que la gente la viera porque hay una búsqueda sobre lo que es la cubanía en este momento. También he trabajado la figura de Miguel Hernández, la obra la titulé "Mis ojos son tu ojos" y está inspirada, por supuesto, en los poemas

---

[12] Dirigida por Anselmo Duarte, en 1962, año en que obtuvo la Palma de Oro en el Festival de Cannes.

de ese maravilloso poeta, que me emociona muchísimo, me impactó desde la primera vez que lo leí y decidí que tenía que rendirle ese homenaje. Y el resultado me gusta, quedé complacida, pese a que tiene un poco de tristeza porque su vida estuvo llena de vicisitudes, de angustias y dolores. Y sigo trabajando en diversos temas. En este momento estamos trabajando con Miguel Ascue en obras bastante contemporáneas como *Crisálida*, que es la cubanía vista desde una óptica diferente, pero sigue siendo la cubanía. Y *Posible Imposible*, que es lo que sería Europa, el distanciamiento y la alienación de la gente en un contexto muy individualista. Esta es una puesta que trabaja con los medios, sobre todo el video, de una manera muy inteligente, muy armoniosa, es decir, no se descontextualiza la obra porque estén presentes esos medios, sino todo lo contrario, son un aporte a la concepción general. De modo que, como ves, Retazos es un laboratorio de ideas, de puestas en escenas.

Y hacen también un Festival muy importante.

Tenemos dos festivales. Uno más grande que se llama "Habana Vieja Ciudad en Movimiento", adonde acuden, al menos, mil trescientos artistas entre nacionales y de otros países: de Estados Unidos, latinoamericanos y europeos. Una vez vinieron personas de la Nueva Caledonia, tuve que averiguar dónde quedaba ese lugar, porque no lo sabía, y resultó ser un territorio ubicado en Oceanía. A mí me parece muy enriquecedor el encuentro de personas de diferentes culturas. Y por supuesto, enriquecedor no solo para nosotros que podemos nutrirnos de otras culturas sino también para los visitantes que conocen así nuestra cubanía y se propicia el intercambio de ideas, de conocimientos. El resultado de estos encuentros siempre es muy beneficioso: se desarrollan proyectos, se sueña la posibilidad de hacer cosas juntos, se transmiten conocimientos a través de los talleres y las clases magistrales que se imparten y, naturalmente, con las mismas obras, es decir, con esas puestas danzarias, se estimula a sus creadores. Ya los moradores de la ciudad se interesan y muchas veces participan. También hay un espacio para los niños con obras tanto nuestras como de otras agrupaciones de la capital, o de otras provincias. Es un evento que llama a participar y que incluye a todas las provincias, sin importar la mirada que tengan sobre la danza. Hay gente que hace folclor, otros hacen danza árabe, o española, otros hacen danza contemporánea, y así. Y La Habana Vieja se convierte en una gran escenografía para todo tipo de agrupaciones. También tiene ese atractivo para los jóvenes que quieren hacer sus propias coreografías y aquí encuentran abiertas las puertas para apoyarlos y se premian las obras que son más consistentes, que tienen una estética interesante, una dramaturgia bien definida, novedosa. Teníamos otro evento menos grande, pero ya este año no se va a hacer. Además tenemos los talleres que se realizan para la comunidad, uno para los jóvenes, de catorce en adelante, y otro para los niños entre doce y trece años. Los jóvenes aprenden la técnica y hacemos coreografías con ellos, en diferentes lugares de la ciudad, para darles la oportunidad de, por lo menos, que conozcan su cuerpo y sepan qué quieren hacer. Si quieren ser bailarines o simplemente algo que les armoniza y los apoya en su vida o descubren la pintura, la escultura, o sencillamente aprenden a apreciar el arte. En fin, que Retazos es una ventana abierta para que la gente decida o defina lo que quiere hacer.

¿A qué edad descubriste o te inclinaste hacia esta vocación?

Realmente a mí me hubiera gustado ser música, me gusta mucho la música, tanto componerla como tocar algún instrumento. Mi madre era una gran bailarina y bailadora y quería que sus hijas fueran artistas y de alguna manera lo logró. Tal vez yo debía haberme inclinado por las artes plásticas y mi hermana a la danza, porque a ella le encanta bailar. Y yo, prefiero pintar que bailar. Pero bueno, no fue así, lo importante es que las dos estamos en el mundo del arte. Mi mamá siempre estuvo muy interesada en que sus hijas fueran artistas y finalmente lo logró.

¿Tú viniste a estudiar danza a Cuba o cuando llegaste ya traías ese conocimiento?

No, yo vine porque mi madre y mi padrastro eran diplomáticos de Ecuador en Cuba. Mi madre se enamoró de Fidel Castro, se enamoró de la revolución, se enamoró de todo lo que pasaba aquí, y cuando terminó el tiempo de estancia le dijo a su esposo: "Jaime, yo me quedo aquí". Eso fue un poquito escandaloso, sobre todo para él. Entonces él se fue y ella se quedó aquí a vivir con sus hijas. Y yo fui a estudiar con una beca a la ENA. Mi madre fue una de las pocas diplomáticas que se quedaron en Cuba cuando todos los países rompieron relaciones, porque ella estaba cien por ciento con la revolución y no hizo lo que otros diplomáticos, que ayudaban a salir a la gente que se iba o que querían sacar dinero o joyas, mi madre no, por ese amor que le provocó la revolución y su líder. Claro, pasado un tiempo, regresó a Ecuador. Y yo me quedé, como quien dice, para siempre. Mis hermanos no, pero yo me he quedado, me he aplatanado.

¿Y aquí creaste una familia?

Sí, yo me casé aquí con un cubano, médico cirujano de cabeza y cuello. Trabaja en el Oncológico, es profesor de los profesores. Allí es muy querido y respetado. Aquí también nació mi hija y se casó también con un cubano.

¿Para ti qué significa la danza?

Es una manera de divertirme. Es una manera de hacer poesía, es una manera de ver la vida misma, es una forma de realización, aunque quisiera dedicarme al video ahora y no a la danza. Bueno, esto es algo que ya estoy haciendo. Hago los videos de mis propias presentaciones, hago el afiche también porque yo dibujo. Los cuadros que ves allá abajo en la sala son míos también.

Veo que andas en muchas cosas, Isabel, ¿no te cansas?

Pues, puedo decirte que, el cuerpo se cansa pero la cabeza no descansa.

Ya te dejo descansar, sé que estabas ensayando. Muchas gracias por todo y mucha suerte con tu s danzas.

UNA LEO TRASNOCHADA. MAYDA PÉREZ GALLEGO
(Holguín, Cuba, 1948)

(Entrevista grabada en un parque, en un portal y terminada en el patio de la Casa del Historiador holguinero. Abril 9 de 2014)

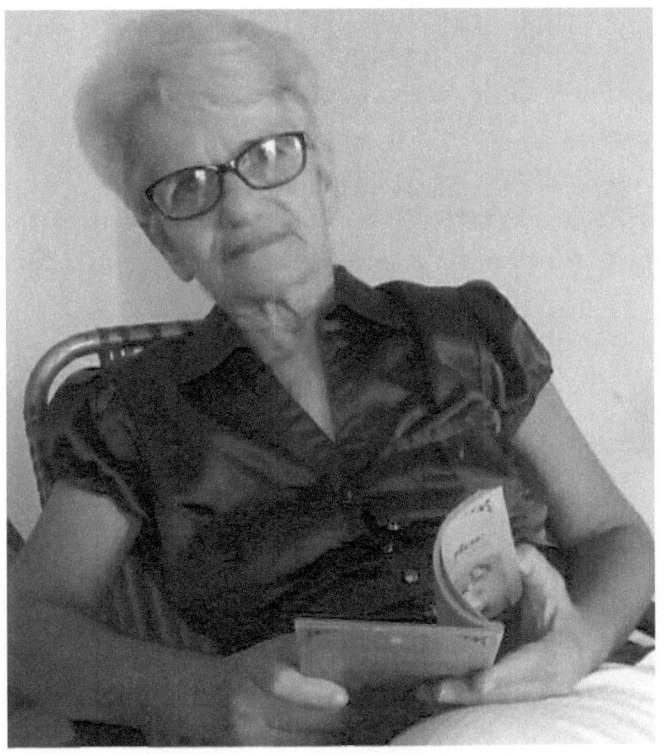

Aunque Mayda es tan holguinera como yo, no nos conocimos en esta ciudad sino en Santiago de Cuba, específicamente en la Universidad, donde ambas cursábamos la Licenciatura en Letras. Tuvimos la suerte de tener como profesor al Dr. Ricardo Repilado, con quien además compartimos una larga amistad. Un privilegio que nos ha permitido traer su memoria a otros ámbitos, para que no se pierda el quehacer de aquel Maestro inolvidable.

A Mayda dejé de verla durante muchísimos años pues al terminar mi carrera, en 1970, regresé a La Habana, donde vivía desde hacía casi veinte años. Y en la década de los noventa nos reencontramos Mayda y yo en circunstancias muy diferentes, pero con el mismo cariño que nos mantuvo unidas en aquellos dos inolvidables años de estudios en Santiago, donde completé mi carrera comenzada en La Habana.

Esta entrevista con la poeta, escritora radial y trasnochada Leo, Mayda Pérez Gallego, fue comenzada más de una vez, pues tuvimos que cambiar de sitio al no encontrar silencio en ninguna parte. Al final hubo que grabar de todos modos y salió ñla entrevista llena de ruidos, que por suerte no saldrán aquí, pero se verán reflejados en la voz de la entrevistada que terminó con los nervios disparados.

Mi querida amiga, vamos a comenzar por tu fecha de nacimiento, si no tienes, como algunas mujeres, el vanidoso deseo de ocultarla. Y seguimos con tu infancia, tus recuerdos, tu escritura.

¿Ocultarla? No. Para nada. Yo nací el 11 de agosto de 1948, aquí en Holguín. Soy Leo, pero según algunos amigos, y según yo misma, no tengo ninguna de las características de los leos, soy una leo trasnochada. Toda mi infancia y parte de mi juventud las viví aquí, por tanto, muchos de mis mejores y peores recuerdos de aquí son. Entre los mejores está una casa grandísima: la casa de mi abuela materna. Era una casa holguinera típica, de madera, con techo de zinc que sonaba muy fuerte cuando llovía mucho. En aquella casa se oía la radio, especialmente un programa de música mexicana, los llamados ranchos mexicanos y, por la tarde, una tía mía oía música latinoamericana: los valses peruanos, música de Chabuca Granda, las canciones de María Grever, en fin, desde muy niña ya estuve relacionada con la música tanto como con la poesía. Estas dos materias: la música y la poesía me llevaron después a lo que fue mi trabajo que es escribir, escribir poesía y sobre todo escribir guiones para la radio, que es con lo que me he ganado la vida durante todo este tiempo. Déjame aclararte algo, escribir poesía a veces, no soy una escritora de muchos libros. Hasta el presente tengo uno publicado en 1990: *Territorio de sueños*, un libro conformado con poemas escritos a lo largo de mi estancia en la secundaria básica hasta la universidad, papeles que fui guardando en gavetas hasta un día cuando decidí reunirlos y salieron en ese libro que te acabo de nombrar. Años más tarde, esto es, en 1996 preparé un libro ya con el fin de que fuera un libro, y considero que es lo mejor que he escrito. Se llama *Entre el grito y la página en blanco*. Por supuesto, hay poemas en *Territorio de sueños* que quiero mucho, como también los hay en este segundo libro. Entre estos poemas hay uno que es el más conocido, el más publicado, el que ha estado incluso en una cafetería, donde se reunían los poetas, los músicos, los locos, los diletantes, allí iba a parar toda la gente a tomar café, incluso cuando estábamos en pleno período especial que ni café había para vender, servían un té espantoso de caña santa y, pese a eso, nos seguíamos reuniendo allí y tomábamos aquel té y nos leíamos nuestros poemas. Allí, en una de las paredes está el mío que dice:

> mis amigos son como los sellos
> su valor no radica, fundamentalmente
> en su antigüedad, sino en su rareza
> han ido llegando
> de todas partes, llegando
> trayéndome un aluvión de poesía
> canciones, secretos y sugerencias
>   algunos con el mucho o poco tiempo
> han ido cayendo pero hay otros
> que desarman o reafirman mis tristezas
> a cualquier hora tocan en mi memoria
> y yo los dejo entrar
> ir derechito al corazón que los espera
> allí anidan, allí saben ser cálidos
> con mis huesos.

Y no es porque yo esté vinculada con la gastronomía, es pura casualidad que haya otro poema mío en un café de aquí de Holguín donde se hacen actividades de cine y está ambientado justamente con elementos que tienen que ver con el séptimo arte. Es para nosotros el más famoso, se llama Las Tres Lucías, y allí en un cristal está escrito este poema que yo dediqué a la Cinemateca porque, entre otras muchas cosas, aquí en Holguín yo recuerdo que había unas cuantas salas de cine, me parece que eran seis, y teníamos un público muy disfrutador de ese arte. Lamentablemente, en la actualidad ya no tenemos ni una sola de aquellas salas, de modo que hemos perdido la posibilidad de disfrutar de un estreno, ni siquiera de una vieja película. Lo único que tenemos son las actividades que se hacen en Las Tres Lucías, donde se proyectan algunos cortos o videos nacionales, de música, se exponen libros o charlas. En fin, que me insistieron para que pusiera en los cristales de un gran espejo que tiene el salón al fondo, uno de mis poemas dedicados al cine, tengo varios, y escogí este que está referido al cine sonoro en especial y se llama así: "Cine Sonoro" y dice:

>
> Si el tren no hubiera pitado
> Ana Karenina terminaría como una distraída fatal.
> Si el viento no aullara en el páramo
> Catalina y Heatchcliff serían dos abuelos neblinosos
> Si la tropa no se aliviara silbando
> la marcha sobre el río Kwai se extendería hasta el infinito.
> Y si el piano no quisiera tocar
> si no quisiera   Sam
> Casablanca sería un embuste más
> uno de tantos.

En fin, para mí la radio y la poesía me llegaron casi a la vez. Yo leí una frase en un poemario que a mí me despertó aquello de que se podía decir un montón de cosas. Se podía decir lo que uno sentía, lo que uno pensaba, se podía decir en otro lenguaje que no fuera el habitual. No recuerdo cómo se llama el poema pero sí la frase que decía: "Rebélate Pozo, no dejes que el agua te cubra la nariz". Yo, a estas alturas todavía no entiendo bien qué era lo que quería decir la autora, pero a mí, en el momento en que lo descubrí, en medio de mis rebeliones, me abrió un paraíso y empecé a escribir poemas. Al poquito tiempo empecé a trabajar en una secundaria básica como profesora de español. Y estando trabajando en esa escuela, se hizo la llamada Ofensiva Revolucionaria. Se hizo una movilización nacional tremenda, movieron a todo el mundo de un lugar para otro. Yo pertenecía a las Milicias femeninas y de allí de esa escuela me movilizaron para la emisora de radio, esa fue la primera vez que pisé una emisora. Siempre había sido una oyente fanática de la programación radial. Y cuando llego a la emisora, se llamaba, y así sigue llamándose, Radio Angulo, me pusieron a hacer, y digo me pusieron, porque yo era una "movilizada", es decir, estaba allí como un soldado, y me designaron para realizar programas juveniles, otros dedicados a los campesinos. Allí estuve un tiempo, alrededor de un año, porque de ahí pasé a la Universidad de Oriente, en Santiago de Cuba y, lo que es la vida, cuando entré a la Universidad comencé a trabajar en Extensión Universitaria y allí justamente fui a trabajar en la programación radial. Como ves, la radio ha sido para mí una constante. En esta etapa universitaria realizaba dos programas: uno de cine llamado "Algo más que cine", para la emisora Radio Siboney, y otro programa que titulé "Así es Latinoamérica", que viene siendo la temática constante en mi quehacer en este medio. Fíjate si es así que cuando termino mis estudios en Santiago de Cuba me mudo para la Isla de la Juventud y allí voy a trabajar en la emisora radial y creo un programa que titulé "Nuestra América". Pero ahí no para ese constante quehacer, pues cuando después de varios años de permanencia en la Isla regreso a Holguín, vuelvo a vincularme con la emisora de acá y creo "Ritmos de nuestra América". Este programa me regaló, ya no sale al aire, muchas satisfacciones porque ganó durante cinco o seis años consecutivos Premios Nacionales en los correspondientes Festivales de la

Radio. Recuerdo el primer programa que obtuvo un primer premio, fue el dedicado a Atahualpa Yupanqui. Ese programa se lo agradezco al periodista, muy conocido en Cuba y fuera de aquí, Orlando Castellanos. Siempre se lo agradeceré, porque fue él quien me grabó la música de Yupanqui, me regaló la casete y me dio muchos consejos para mi futura labor. Los otros programas premiados fueron, uno sobre la quena, ese peculiar instrumento pre hispánico, otro sobre La flor de la canela, y otros no sólo sobre música de Latinoamérica, también sobre música cubana, recuerdo uno que titulé "Hay todavía una canción", como una composición de Marta Valdés.

¿Y ahora sigues escribiendo poesía y haciendo programas radiales?

En estos momentos sigo escribiendo para la radio, aunque estuve varios años ausentes del medio debido a algunos problemas personales. He vuelto recientemente y estoy haciendo un programa de poesía después de elaborar el proyecto y que fuera aprobado. Lo titulé "Del puente a la Alameda". El programa tiene 28 minutos y en ese tiempo hace un recorrido del puente a la alameda y se puede conversar de cualquier cosa que atañe a nuestra América, lo mismo del mundial de fútbol en Brasil que de un escritor como García Márquez, o un intérprete como Barbarito Diez, en fin, son diversos temas y la música siempre va acompañando esos temas.

Imagino que sea un tanto difícil, con tal diversidad temática, encontrar la música adecuada.

Imaginas bien, paso muchísimo trabajo para encontrar la música para cada programa porque ya no se escucha tanto por la radio esa música. Yo recuerdo que en mi infancia había varios programas de música latinoamericana, sí hay algunos ahora, pero en sentido general ya no se escucha tanto como en épocas pasadas.

Y en cuanto a la poesía, después que escribí *Entre el grito y la página en blanco*, que fue Premio de la Ciudad, en 1996, hace dos o tres años armé otro del cual te cuento después. *Entre el grito y la página en blanco*[13] tiene una estructura muy definida, empieza con un poema que se llama "Errata". La dedicatoria no está al principio sino al final del libro y tiene un entramado que permite que se vayan cohesionando una cosa con la otra, así el que lo lea irá descubriendo ese entramado. Voy a leer ese primer poema.

Errata

Este libro amor mío
es para ti.
Pero como es de mí para ti
tiene efectos especiales
(y he ahí su primera errata
pues donde dice efectos debes leer   más bien
afectos).
La dedicatoria queda al final
(como esperando).
esperando que cruces
entre el grito y la página en blanco
entre el autor y esta mujer que mira el título
piensa
y apenas osa escribir:
este libro amor mío es para ti.

Y el final que es la "Dedicatoria" dice:

Todos los poemas no son tuyos
            (sólo el 97 por ciento)
Reconócete en los que puedas.
Conoce mejor a esta mujer

---

[13] El libro fue publicado también en Bilbao en julio de 2002 por Eguzki Argitaldaria. Colección Poesía Indefensa Número 5.

a este ser humano silencioso y ácido
           enemigo de palabras
capaz de ofrecértelas todas a cambio
           de tu comprensión.
No creas en todos
(sólo en el 97 por ciento   repito)
y menos en las dedicatorias.
Pero cree en esta
escrita en la inmensidad del silencio
                              para ti.
(que tampoco crees en mucho   claro).

Y lo último publicado, hace dos o tres años fue una selección de poemas de los dos libros ya conocidos con el añadido de poemas escritos durante varios años, por eso titulé esa selección *Poemas rescatados*.

Yo sigo viviendo, escribiendo y disfrutando lo que se pueda, en esta ciudad que, en este mes, justamente, cumplió sus primeros 469 años de haber sido fundada en un minúsculo hato, pero que con los siglos ha crecido mucho. Espero que cuando la ciudad llegue al medio milenio la voz de Habana Radio podamos escucharla por acá.

Esperemos que así sea. Pero que ya esté llegando, oyéndose. Muchas gracias, mi querida amiga.

PARA SOBREVIVIR A LA FRAGILIDAD DE LA MEMORIA: CONVERSANDO CON FEFÉ DIEGO (La Habana, Cuba, 1951)

(Entrevista grabada en la casa de Fefé Diego, en el Vedado, la misma donde viviera con sus padres y hermanos. 9 de agosto de 2015)

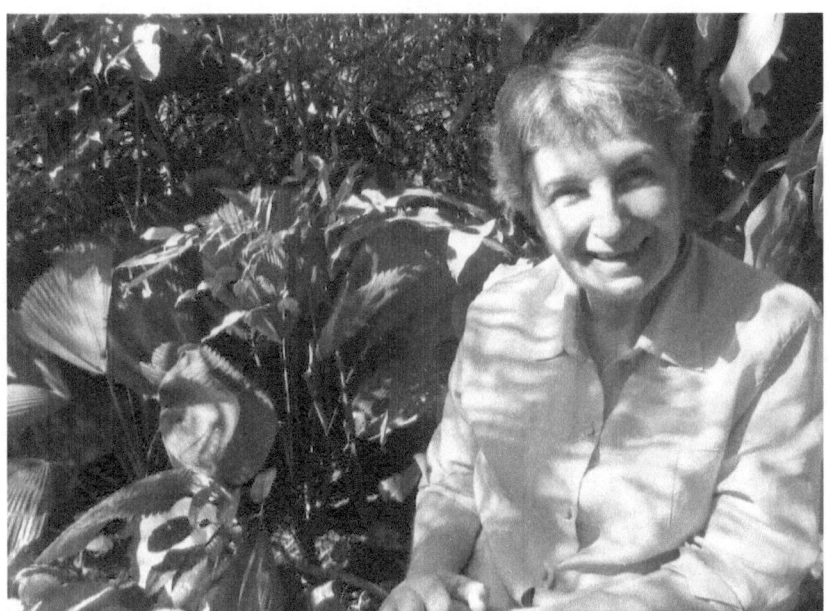

Foto: Susana Méndez.

Aunque sabía que el poeta Eliseo Diego tenía tres hijos y conocía (no personalmente, sí por sus obras) a Rapi y a Lichi, sus dos hijos varones, poco sabía y menos conocía de Fefé, hasta que la vi personalmente en unas circunstancias poco felices: en el velatorio de su tío Cintio Vitier, momento inapropiado para presentarme.

Realmente, vine a conocer a Josefina Diego García - Marruz cinco años después de esa aciaga fecha. En julio de 2015 asistí a la conferencia que ella impartiera en la UNEAC sobre la biblioteca de su padre. Le pedí permiso para grabar aquella interesante conferencia donde aprendí mucho sobre Eliseo Diego y su mundo cultural. Entonces sentí la apremiante necesidad de conocer al único descendiente (sin género) de ese fabuloso escritor habanero.

Al terminar su conferencia me acerqué para pedirle a Fefé, como todas la llaman, esta entrevista que pude grabarle en su casa apenas un mes más tarde.

Me gustaría, Fefé, que empezáramos hablando de tu infancia, que contaras sobre tus hermanos, de tu entorno familiar. De esa finca donde sé que ustedes vivieron, en las afueras de La Habana.

Somos tres hermanos, hijos de Eliseo Diego y Bella García Marruz: Rapi, el mayor, y Lichi y yo, que somos jimaguas. Rapi se llamaba Constante Alejandro, era un niño muy lindo. Mi abuelo paterno era español, mi abuela paterna era hija de españoles. Cuando Rapi nació, abuela decía que parecía un rapacín (de rapaz), como se le dice a los niños en algunas zonas de España, y de rapacín se quedó en Rapi. Mi hermano Lichi se llamaba Eliseo Alberto, pero según me explicó mi mamá, de niño le decían Eliseíto, y Rapi, dos años mayor que nosotros, parece que no sabía decirlo y comenzó a llamarlo Lichi, él fue quien le puso así. Y yo me llamo María Josefina, por mi abuelita materna, que se llamaba Josefina, fue ella quien decidió que yo iba a ser niña (cuando todavía estaba en la barriga de mamá) y que me llamaría como ella. Pero como le decían Fifí, pues ella no solo escogió mi nombre, sino también mi apodo. Siempre bromeaba con mis padres y les decía que nos habían puesto esos nombres tan rimbombantes, más los apellidos compuestos, para terminar llamándonos Rapi, Fefé y Lichi, y así es como nos conoce la gente.

Mi padre tenía un medio hermano. Su padre, español, era viudo y ya tenía un hijo cuando se casó con mi abuela. Mi abuelo se llamaba Constante. Bueno, él decía que se llamaba Constante, pero, en realidad, su nombre era Constantino. Al parecer, cuando llegó de Asturias a Cuba, decidió que el Constantino no le gustaba. Y ahora viene una anécdota simpática. Como sabe, mi padre fue fundador del grupo *Orígenes*, y era muy amigo del padre Ángel Gaztelu. Y cuando mis padres le dijeron que le iban a poner Constante a Rapi, Gaztelu dijo que no podían ponerle ese nombre al niño, porque no era nombre de cristiano, por eso le tuvieron que añadir el Alejandro.

Mi padre fue el único hijo del matrimonio de Constante con mi abuela, Berta Fernández-Cuervo y Giberga. Mi abuelo, cuando llegó a Cuba, muy jovencito, comenzó a trabajar en una mueblería, cuyo dueño, el señor Borbolla, también asturiano, no tenía hijos. Cuando este señor murió, le dejó en herencia a mi abuelo esa mueblería y joyería, llamada La Casa Borbolla. Yo aún conservo algunos muebles de esa mueblería. Mi abuelo, podría decirse, fue un innovador, hacía exposiciones de los jóvenes pintores de la época en su mueblería, sus exposiciones se anunciaban en la revista *Social*. Reneé Méndez Capote lo menciona en su libro *Amables figuras del pasado*. No conocí a mi abuelo, pero mi padre me decía que era de origen campesino, no pudo estudiar en la universidad. Tuve la suerte de ir con mi padre al sitio donde nació: Infiesto, en Asturias. A mi abuelo le gustaba mucho la literatura, incluso escribió una novela, llamada *Gesto de hidalgo*. También escribió poemas, conservo un soneto suyo, precioso, dedicado a 'Villa Berta', aquella quinta maravillosa en la que vivió mi padre de niño, y luego nosotros tres, en Arroyo Naranjo. Mi abuelita procedía de una familia más intelectual, de más recursos. Su madre era catalana, Amelia Giberga; y su padre, asturiano, Sandalio Fernández-Cuervo, abogado. Mi bisabuela no pudo estudiar en la universidad. Tuvo una hermana, Margarita, y varios hermanos, ellos sí estudiaron, algunos ingeniería y medicina, otros fueron abogados. Es decir, los varones pudieron estudiar pero en aquella época, mediados y finales del siglo XIX, las mujeres, por lo general, no podían hacerlo. A mi bisabuela, obviamente, le gustaba escribir, encontré unas décimas escritas por ella cuando era una niña, muy lindas. Uno de sus hermanos, Eliseo Giberga, llegó a ser Presidente del Partido Autonomista de Cuba. Pero hubo de todo, dos tíos de mi abuela fueron mambises, Octavio y Benjamín, este último, muy amigo de José Martí.

Mi abuela también fue una gran lectora, le enseñó a mi padre inglés, porque ella y sus hermanos pasaron los primeros años de su vida en Estados Unidos, emigraron a ese país con motivo de la guerra entre Cuba y España. Mi abuela llegó aquí con diez o doce años y lo que hablaba era inglés. A mí me impresionaba mucho ver que ella rezaba en inglés, algo tan íntimo como la oración, necesitaba hacerlo en ese idioma, no en español. Incluso, cuando le escribía a papá, mezclaba siempre los dos idiomas, pasaba de uno a otro con mucha naturalidad. En una conferencia que yo leí el año pasado sobre la influencia del inglés y la literatura inglesa en la vida y obra de mi padre hablaba sobre esto. Ella se dedicó a la enseñanza del idioma inglés en Cuba, llegó a ser Inspectora General de los Centros Especiales de Inglés en toda la Isla, fue una persona muy respetada, escribió libros sobre la enseñanza del idioma.

Estos son los recuerdos, así muy rápido, por parte de mi padre. Por parte de mamá, era otra familia totalmente diferente. Mi abuelo, Sergio García Marruz y Marruz, que tampoco conocí, era médico, ginecólogo y obstetra, un hombre muy temperamental, según contaba mi madre y mi tía Fina, con tendencia a la melancolía y la depresión. Y mi abuelita, Josefina Badía Baeza, era todo lo contrario, muy alegre y optimista, era pianista. Mi abuelo nació en Regla y mi abuela en Cárdenas. Era hija de un catalán, Rosendo, y una valenciana, Josefa. Él era maestro y tocaba piano, por eso sus hijas estudiaron música, se graduaron en el Conservatorio Orbón, abuela de piano y su hermana Loló, de violín. En estas investigaciones que he estado haciendo sobre mi familia, para escribir las conferencias sobre mi padre, he tenido que adentrarme un poco en la historia de España. Los catalanes que vinieron a Cuba en el siglo XIX, eran, la mayoría, muy liberales, pues en Barcelona hubo un importante movimiento liberal y progresista, las guerras Carlistas, la Revolución de 1868, fue una época muy interesante. Y estos abuelos míos, bisabuelos y tatarabuelos, participaron en esos movimientos. Muchos de esos catalanes que vinieron a Cuba se radicaron principalmente en Matanzas y Santiago de Cuba. Esa influencia se ve en mis dos abuelas. Abuela Berta comenzó a trabajar cuando mi abuelito quebró debido a la crisis económica de 1929, algo que ninguna mujer en su familia había hecho con anterioridad.

Y los cuentos de mi abuelita Josefina dan para hacer una novela. Esa actitud es producto de las enseñanzas de su padre catalán. Cuando el machadato, hubo una crisis económica brutal, había comida pero no había dinero. Mi abuela Josefina, junto con su hermana, una cuñada y dos amigas músicos, fundó un quinteto de mujeres que tocaba en los hoteles y los llamados "aires libres" del Capitolio y así pudieron mantener a sus respectivas familias. Ella tenía un álbum con recortes de periódicos de sus presentaciones con este quinteto y de ella como solista y pianista acompañante. Yo escaneé todos esos periódicos, que ya tienen más de cien años. Uno de los hoteles en los que se presentaron fue el Hotel Regina, ya desaparecido, frente al Teatro Campoamor, que está a punto de correr la misma suerte...

Mi abuela Josefina se casó muy jovencita, a los quince años. Su primer hijito murió y también el segundo. Y sé, por lo que cuenta la familia, que cuando regresó del entierro de este segundo hijo, se sentó al piano y empezó a tocar todas las canciones que ella le tocaba a su hijito, tocaba el piano y lloraba, pero seguía tocando. Y parece que en Cárdenas se escandalizaron, decían que estaba loca, porque tocaba el piano el día del entierro de su hijo. Ella y su hermana eran rebeldes, nada convencionales, se adelantaron a su tiempo. Por supuesto, estaban siempre "a la moda", pelo corto, falda corta, etc., todas esas cosas mal vistas en aquella época. Al punto que su hermana Loló, según contaba mi madre, vivió toda la vida con el mismo hombre, Gaspar, pero nunca quiso casarse con él, porque ella estaba en contra del matrimonio como institución. Y mi abuelita se casó tres veces, mire usted qué clase de mujeres eran, nacidas a finales del siglo XIX (mi abuela nació en 1895). Y según contaba mamá, cuando Gaspar estaba ya en el lecho de muerte, le suplicó a Loló que se casara con él, por asuntos de herencia, testamento y esas cosas legales, y ella, ya ciega, muy viejita, a regañadientes, se casó con su marido. Y así hay muchas anécdotas de esta familia.

Hablemos ahora de ese libro, El reino del abuelo, *en el que cuentas sobre tu casa de Arroyo Naranjo, por el cual veo que sientes mucho amor.*

Es un libro escrito en prosa poética, y trata sobre nuestra infancia en esa casa-quinta, 'Villa Berta'. Era muy bonito el jardín, estaba como dividido en recintos, unos más cuidados que otros, y nosotros tres siempre andábamos haciendo travesuras por todo el jardín, sobre todo los domingos, que eran muy divertidos porque iban los primos, los amiguitos del barrio. Nosotros formamos parte de ese pueblo, nos integramos a él, estudiamos la primaria y la secundaria en escuelas de allí. Estos recuerdos de mi infancia están recogidos en ese libro. Mi abuelo y mi abuela paternos, cuando papá nació, vivían en La Habana, en la calle Compostela, pero se fueron a vivir a Arroyo Naranjo. Mi abuelo le puso 'Villa Berta', en honor a mi abuela. Era una casa muy grande, tenía dos plantas, el jardín ocupaba como una manzana, y había otro edificio, de dos plantas: en los altos estaba el estudio de papá y en los bajos el garaje. Allí vivieron hasta que papá tuvo nueve años, pues vino la crisis y se tuvieron que mudar y alquilar esa propiedad. Años después, cuando mi madre y mi padre se casaron y nacimos nosotros tres, mamá quiso que viviéramos allá, donde estuvimos hasta los 16 o 17 años de nuestras vidas. Ese lugar es muy importante para mí y también para mis hermanos y mis primos. Y para toda la familia. *El reino del abuelo* ha tenido tres ediciones: México, 1993; Colombia, 2007 y España, 2012. Pero en Cuba, por razones inexplicables y absurdas para mí, nunca se ha publicado.[14]

---

[14] Finalmente se publicó en La Habana, por la Colección Sur, en 2017.

En el libro cuento cómo era la vida en esa casa, que era visitada por la familia y los amigos de mis padres. Mamá tenía tres hermanos: Fina, Sergio, médico igual que mi abuelo, y Felipe Dulzaides, que muchas personas no lo asocian con mi familia, porque era hijo del primer matrimonio de mi abuelita, él era Dulzaides Badía y los otros García-Marruz Badía. Felipe fue músico, pianista, jazzista, iba con sus músicos a esa casa. Tío Sergio tenía dos hijos, Chelita, cinco años mayor que yo, y Sergio, a quien llamábamos Cuchi. Tía Fina tuvo dos hijos: Sergio, mayor que Rapi, y José María, menor que nosotros. Tío Felipe tenía también dos hijos: Pochi, mayor que yo, y Eddy, el mayor de todos los primos. Todos ellos se reunían regularmente en aquella casa. O sea, primas con quienes jugar yo no tenía, porque mis primas me llevaban seis años, con quienes yo jugaba era con mis hermanos, mis primos y mis amiguitas del barrio.

Mis hermanos, desde muy temprano, Rapi casi desde niño, empezó a dibujar, y Lichi a escribir desde muy jovencito. Cuando nos mudamos de esa casa, en 1968, teníamos entonces Lichi y yo 17 años, ya él había escrito su primer libro, llamado *La quinta de los comienzos*, está inédito, el título es tomado de un verso de Octavio Smith, que nosotros le decíamos tío, a él y a Agustín Pi, les decíamos tío. Ese libro yo lo mandé a mecanografiar pero él nunca hizo nada por publicarlo. Es un libro bellísimo, su hija quiere publicarlo ahora. Está escrito también en prosa poética, es mucho más extenso que el mío. Tratamos el mismo tema, yo sin saberlo, vine a descubrirlo después que escribí el mío, porque ese cuaderno estaba extraviado en una gaveta y no sabía que existía. Pero indudablemente los temas vienen a ser los mismos, porque vivimos la misma infancia, estudiamos juntos hasta la Universidad, recuerde que Lichi y yo somos jimaguas. Su libro es muy lindo, muy evocador. Pero mi hermano fue cambiando mucho su estilo, creo que por eso no quiso publicarlo. Soy de la opinión que, después de su muerte, ese libro podría resultar muy interesante para los estudiosos de su obra. A veces la gente muere y los familiares publican los inéditos que nada aportan al escritor, pero creo que en este caso ocurriría lo contrario.

De los primos, tres se dedicaron a la música, Sergio y José María Vitier[15] y Sergio García-Marruz, el hijo del médico. Rapi, desde muy pequeño, comenzó a dibujar, y Lichi, también, se veía que tenía una vocación profunda como escritor. Yo sentí un cierto complejo en algún momento, porque la gente no se da cuenta… y cuando llegaban a casa preguntaban a los varones: "tú pintas, tú escribes, tú tocas la tumbadora, las maracas", y a mí me preguntaban, "¿y tú qué haces?". Y yo decía: "No, yo no hago nada". Imagínese, en una familia como esta... Aunque mi madre y mi padre no eran de esos padres que pensaran que yo tenía que ser "creadora", no, a ellos no les preocupaba eso. Pienso que lo que ellos deseaban era, simplemente, que fuéramos felices. Ya nada de eso me preocupa, creo que todas las personas, de una forma u otra, son creadoras, si sienten respeto y amor por lo que hacen, ya sea el trabajo más humilde. Mi madre, que siempre estuvo rodeada de intelectuales y artistas, jamás escribió un verso, y eso nunca le quitó el sueño. Fue una mujer muy "realizada", como se dice ahora. Se graduó de Pedagogía, fue maestra de inglés en una Secundaria Básica y maestra de literatura en la Escuela de Bibliotecarios. Era una gran lectora, fue editora de la revista *Clavileño*, y tenía un exquisito gusto literario. Hace poco, en un programa de la televisión (no lo he visto, me lo han contado), dedicado a papá, cometieron un error muy grande al decir que "en 1948 Eliseo Diego se casó con la poetisa Bella García-Marruz", obviamente se confundieron con Fina.

¿Qué estudiaste en la Universidad?

Yo matriculé Literatura en Lengua Inglesa y Literaturas Inglesa y Norteamericana porque era el mundo que a mí me gustaba, pero lo dejé. Me trasladé para Economía y me gradué. Soy Licenciada en Economía, trabajé algunos años como economista, pero ya no me acuerdo de nada, ¡incluso ya hasta me cuesta trabajo hacer una suma sencilla en el agro! Fueron varias las razones que tuve para cambiar de carrera, una de ellas fue para alejarme un poco del mundo de la

---

[15] Sergio y José María Vitier, excelentes músicos ambos, son hijos de los poetas Cintio Vitier y Fina García- Marruz, hermana de Bella, la madre de Fefé.

literatura. Fue años más tarde, en 1990-1991, que sentí la necesidad de escribir mis recuerdos de la infancia porque fue una época muy feliz y muy importante en mi vida y en la de toda mi familia, y escribí *El reino del abuelo*, porque sentí la imperiosa necesidad de hacerlo, como decía Rilke. Mi padre siempre citaba a Rainer María Rilke en *Carta a un joven poeta*, donde le dice: "usted escriba cuando sienta la imperiosa necesidad de hacerlo".[16] Y eso fue lo que me ocurrió. Después no escribí más, pero siempre trabajé en el mundo de la cultura, que es el mundo que yo amo.

Fui la primera directora del Centro de Documentación de la Escuela Internacional de Cine y Televisión de San Antonio de los Baños y, después, del Centro de Documentación de la Fundación del Nuevo Cine Latinoamericano. En 1991 tuve que dejar de trabajar fuera de mi casa, porque mis hermanos marcharon a México, mamá y papá ya estaban mal, vivíamos en esos años del Período Especial, el transporte estaba difícil y no podía dejar solos a mis padres. Cuando yo llegaba del trabajo encontraba un caos en casa. Mamá, con sus hipoglicemias, porque era diabética, papá con su falta de aire y sus serios problemas respiratorios. Y me dediqué entonces a trabajar en mi casa, traduciendo del inglés al español. No lo hablo bien pero lo que aprendí con las enseñanzas de mi abuela Berta y en la universidad, sí me sirve para traducir. De eso es de lo que he vivido hasta ahora,

---

[16] Le aconseja Rilke, textualmente: "Usted pregunta si sus versos son buenos. Me lo pregunta a mí, como antes lo preguntó a otras personas. Envía sus versos a las revistas literarias, los compara con otros versos, y siente inquietud cuando ciertas redacciones rechazan sus ensayos poéticos. Pues bien -ya que me permite darle consejo- he de rogarle que renuncie a todo eso. Está usted mirando hacia fuera, y precisamente esto es lo que ahora no debería hacer. Nadie le puede aconsejar ni ayudar. Nadie... No hay más que un solo remedio: adéntrese en sí mismo. Escudriñe hasta descubrir el móvil que le impele a escribir. Averigüe si ese móvil extiende sus raíces en lo más hondo de su alma. Y, procediendo a su propia confesión, inquiera y reconozca si tendría que morirse en cuanto ya no le fuere permitido escribir. Ante todo, esto: pregúntese en la hora más callada de su noche: "¿Debo yo escribir?" Vaya cavando y ahondando, en busca de una respuesta profunda. Y si es afirmativa, si usted puede ir al encuentro de tan seria pregunta con un "Si debo" firme y sencillo, entonces, conforme a esta necesidad, erija el edificio de su vida. Que hasta en su hora de menor interés y de menor importancia, debe llegar a ser signo y testimonio de ese apremiante impulso".[nota de Fefé Diego]

porque los derechos de autor de los libros de mi padre ¡no dan ni para tres agros! De los derechos de autor yo creo que solo puede vivir un escritor como García Márquez, ni siquiera Vargas Llosa u otros Premios Nobel, siempre tienen que hacer otra cosa, se dedican al periodismo, por ejemplo. A los novelistas les va mejor en términos de ventas que a los poetas. Y ahora, con la crisis internacional, menos. Papá, que yo sé que fue un grandísimo poeta, en España apenas se le publica, o sea, de los derechos de autor de España se hubiera muerto de hambre. Las editoriales están "deprimidas", por la crisis, se publica poco porque la gente tiene que priorizar en qué gasta el dinero. Y, por tanto, se traduce poco. En México se ha publicado a mi padre, pero muy esporádicamente. El famoso Premio Juan Rulfo de 1993 se redujo a la mitad, de la noche a la mañana, en 1994, por la terrible devaluación del peso mexicano ocurrida en ese año. Y ya han transcurrido veintiún años.

Ahora Fefé, dime cuándo escribes tu primera obra, no cuándo la publicaste, sino cuándo la escribiste. Y si has recibido algún premio.

Lo primero que escribí fue esa obra de la cual ya le conté, *El reino del abuelo*, entre 1991 y 1992 y se publicó al año siguiente. Son los recuerdos de mi infancia. El título está tomado de unos versos de mi tía Fina que dicen así: "Los que engendran por siempre la poesía, no son los que la hacen. Hizo el reino el abuelo que hoy duerme, no en la fría tierra del cementerio, si no en los pinos que sembró para todos...". Ella escribió poemas desgarradores cuando nosotros nos mudamos de esa finca. En 2007 publiqué un libro para niños, *Un gato siberian husky*, que obtuvo el Premio de la Crítica. En este libro se incluyen quince décimas que ayudan a contar la historia. Esas décimas se musicalizaron y se hizo un disco, *Décimas del gato Simón*, que fue nominado a un Cuba disco. El libro y el disco están dedicados a mi hermano Rapi, y todos los músicos que participaron en él lo hicieron con muchísimo cariño. En España acaba de salir una continuación de ese primer cuaderno, *El gato Simón y la ogresita Grunilda*. Tengo otros dos libros para niños, *Rimas y divertimentos* y *Como un duende en mi jardín*.

El primero está compuesto por décimas y "limericks". Esta palabra proviene del pueblo irlandés de Limerick donde, en tabernas y bares se cantaban canciones un poco subidas de tono, de doble sentido, que comenzaron a llamarse como el pueblo. Los limericks tienen cinco renglones. Los versos 1, 2 y 5 de un limerick tienen de siete a diez sílabas y riman unos con otros. Los versos 3 y 4 tienen de cinco a seis sílabas y también riman entre ellos, aunque esto puede variar un poco. El escritor y dibujante inglés Edward Lear se hizo famoso escribiendo limericks que él mismo ilustraba. Una característica de los limericks de Lear es el juego constante con el absurdo. Le voy a leer uno de mis limericks, para que tenga una idea:

Quería una vez un señor / tocar con sus manos el sol.

En ágil cohete, / con grácil bonete, / subió hasta el cielo el señor.

El segundo libro que le mencioné es solo de décimas. Y tengo uno inédito, *Los juegos de aquellos días*, que está compuesto por décimas y limericks. En revistas he publicado recuerdos de la familia, que formarán parte de un libro que estoy armando, es en un estilo diferente al de *El reino del abuelo*, una prosa menos contenida, se titula *¿Y ya no tocan valses de Strauss?* Eso es lo que estoy haciendo en estos momentos. Como ya le comenté, me gano la vida traduciendo del inglés al español. He traducido para le Editorial Turner, de España, y aquí en Cuba traduje y se publicó *Winnie the Pooh*, que era uno de los libros preferidos de papá, considerado uno de los grandes clásicos de la literatura para niños.

¿Qué te motivó a escribir para los niños?

Mi padre, toda su vida, fue un defensor de la literatura para niños y jóvenes, siempre insistía en que debía ser de la mejor calidad, tanto el texto como las ilustraciones. Fue director del Departamento de Literatura Infantil y Juvenil de la Biblioteca Nacional en la década del sesenta (han puesto una tarja a la entrada de ese departamento en recuerdo de aquellos años y del trabajo que él desempeñó). Realizó traducciones y versiones de los clásicos, como Andersen y los hermanos Grimm. Formó parte de un equipo de escritores que trabajó en conjunto con el Ministerio de Educación para la elaboración de los libros de lectura de los primeros grados en las escuelas primarias. Citaba siempre al gran poeta inglés, Walter de la Mare, quien decía que "para los niños, ni lo mejor es suficientemente bueno". Mis dos hermanos escribieron libros para niños. Y Rapi fue un gran ilustrador de libros infantiles.

Cuando fuimos niños nuestros padres nos proporcionaron muy buenos libros, de gran calidad. Eso es muy importante, que los niños lean mucho y lean buena literatura. Si usted de muy pequeño tiene acceso a buenos libros y lee mucho, será muy difícil que de adulto escriba mal. Hay que tener siempre en cuenta la edad del niño, para que pueda entender lo que lee, que el texto no rebase su capacidad de comprensión. Y no hay que tenerle miedo a la imaginación ni a la fantasía. Ahora hay una tendencia en algunos sectores de nuestro país y del mundo que incluyen temas muy serios, graves y tristes en los cuentos y relatos para niños. Eso está bien, pero siempre teniendo en cuenta la edad. A un niño de cuatro años, por ejemplo, si usted le habla del SIDA o del cáncer, no va a entender nada y lanzará el libro a un oscuro rincón. Igualmente, hace poco leí un cuento que comenzaba diciendo, algo así como: "en aquel momento descubrió que Santa Claus y los Reyes Magos eran una leyenda hermosa para alimentar los sueños de niños pobres como él". Me alegro mucho de no haberme tropezado con ese libro en la época en que creía en los Reyes y Santa Claus. La Biblia dice "todo tiene su hora y su momento". Está el momento de la fantasía y de la ilusión. Y está el otro, el de comenzar a enfrentarse con las realidades dolorosas de la vida como la muerte y las enfermedades. Violentarlas me parece un gran error. Al menos, esa es mi opinión.

Muchas gracias, Fefé por todos estos recuerdos.

PROMOTORA DE EXCELENCIA.
MARICELA MESSEGUER MERCADÉ (Holguín, Cuba, 1952)

(Entrevista grabada, en la sede de la UNEAC holguinera. Abril 4 de 2014)

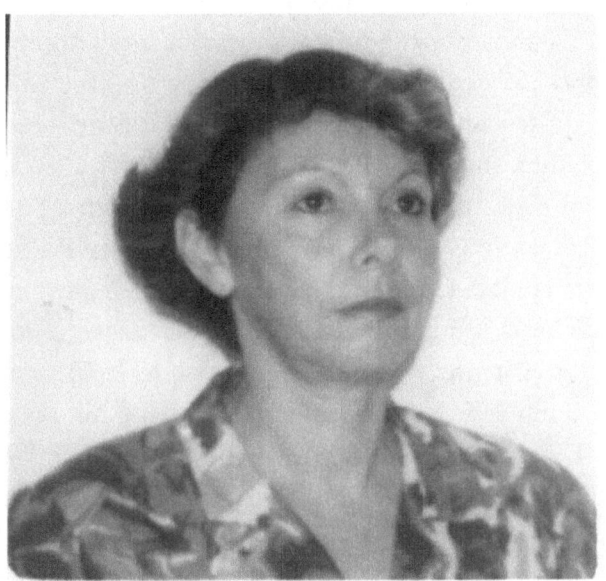

Investigadora, escritora y profesora de la Universidad Pedagógica José de la Luz y Caballero de Holguín, donde nació Maricela Messeguer, a quien descubrí en el viaje realizado a mi pequeña patria, en abril de 2014, para los festejos por un nuevo aniversario de la fundación de Holguín.

La entrevista se realiza en la UNEAC holguinera, momentos después de habérsele entregado un premio instituido por la provincia, como reconocimiento a la labor de Promoción Cultural. Por ello la primera pregunta, inevitablemente tiene que ver con ese hecho.

Acabo de llegar a la UNEAC y me entero de que estás siendo premiada. Comencemos entonces, hablando de este premio del cual no tenía conocimientos.

Estoy muy contenta porque acabo de recibir un premio muy importante: el *Beby Urbino*,[17] un premio que se otorga por la labor de Promoción Cultural, específicamente literaria, de toda una vida. Por tanto es un premio que cuando uno lo recibe, pues ya está un poco cargadito de años, y su significación radica en el nombre que lleva este premio. Te explico. Beby Urbino fue un excelente promotor cultural, no de esta etapa en que la revolución promociona toda nuestra cultura, sino desde los años cincuenta, aquí en nuestra querida ciudad. Era un hombre eminentemente culto. Te cuento una anécdota. Cuando Cintio Vitier y su esposa Fina García Marruz visitaron esta ciudad, él fue un magnífico anfitrión, les organizó conferencias y hasta le sugirió temas, de modo que dejó una magnífica huella en los visitantes origenistas. A esa sapiencia Beby Urbino unía una gran humildad. Era un lector impenitente, un solterón empedernido. Tenía los libros que nadie tenía en Holguín y él reunía en el patio de su casa a aquellos jóvenes que tenían inquietudes literarias y les prestaba libros, les oía las obras que estuvieran escribiendo, los aconsejaba. Como ves, era una suerte de Domingo del Monte holguinero, por eso todos lo respetaban, lo querían. Él tenía una frase que se hizo famosa. Él decía, cuando llegaban esos jóvenes a su casa: "Pasen mis valientes". Todavía quedan en esta ciudad escritores que ya peinan canas, que fueron discípulos de Urbino.

Beby Urbino era periodista, trabajaba en el periódico local. Cuando el gobierno de la ciudad decide crear esta distinción para las personas que habían dedicado su vida a la labor de promoción, coincide con la muerte de Urbino y entonces la persona encargada de esa labor decidió que el mejor nombre para el premio que se estaba

---

[17] El holguinero Rafael Urbino Nantes, conocido como Beby Urbino, fue un maestro, un filántropo, un fraternal amigo de los jóvenes escritores.

instituyendo era el de este hombre que, calladamente, tal como vivió y murió, había desarrollado esa labor filantrópica y que, de ese modo, se honraba su memoria. Y yo pienso también que fue una magnífica idea premiar a aquellas personas que tozudamente se empeñan en divulgar la literatura, dándole esa función que lleva implícita, de ennoblecer y compulsar la espiritualidad de los seres humanos. Por eso estoy tan contenta por haber recibido este premio que me honra.

Además de promotora cultural, eres profesora e investigadora. Háblame de esa labor que compartes con la de promoción.

Como sabes, porque sé que fuiste profesora, todo el que se dedica a la enseñanza universitaria debe ser un investigador, de hecho, ésa es una de las líneas de la Educación Superior. Y dentro de la investigación, cuando hice mi tesis de Maestría en la década de los noventa, elegí como tema La literatura holguinera, y cuando terminé la maestría en 1999, ya tenía suficiente material para hacer un libro sobre el desarrollo de la poesía en Holguín. Y una amiga y yo, que estábamos trabajando juntas en una línea de la literatura, el de la poesía (había otras compañeras que trabajan el teatro, otras investigaban sobre la literatura para niños), pues ella y yo decidimos preparar un libro que se llamó *Los senderos de la luz*, publicado en el año 2000. En él está plasmada la presencia de la poesía en Holguín desde 1927 hasta 1989. Ese libro, por suerte para nosotras, todavía se consulta y se emplea como bibliografía en la Secundaria Básica, en los grados octavo y noveno, pues una de las cosas que impulsamos fue que, en este nivel de enseñanza, se introdujera el estudio de la literatura del territorio, respondiendo al llamado que hizo la Revolución para que cada localidad rescatara sus propios valores culturales, de modo que tuvimos el apoyo del Ministerio de Educación Provincial para oficializar que esos estudios fueran incluidos en todas las secundarias de nuestra provincia. Más adelante, cuando emprendí mi tesis para el Doctorado, seguí profundizando en ese mismo tema;

gracias a esta segunda investigación armé un nuevo libro, en este caso es una antología titulada *Cuerpo secreto de la rosa,* un verso del poeta holguinero Gastón Baquero, nacido en Banes en 1914. Esta antología reúne las voces más sobresalientes de la literatura holguinera, específicamente los poetas. Este trabajo llamó la atención al metodólogo nacional, que cuando vino a Holguín me propuso que llevara estos trabajos al Congreso Nacional que iba a celebrarse próximamente, pues el Ministerio tenía la intención de incluir ese tipo de trabajo como una unidad más dentro de los estudios literarios de la enseñanza media, en otras localidades del país. Fue así como participé en el Congreso Internacional de Educación que se celebró en La Habana por esos años, con ese trabajo y, para mi sorpresa, gustó mucho. Después he tenido la suerte de viajar a otros países donde se desarrolla este tipo de eventos y siempre pregunto si los escritores vivos, los que no forman parte de la capital, sino los que viven en las provincias, son conocidos por los estudiantes de sus localidades, porque, lamentablemente, en casi todos los planes de estudios literarios hay una suerte de capital centrismo y se margina a los que no viven o no se publican en sus regiones de origen. Creo que fue el santiaguero José Antonio Portuondo quien dijo que, en Cuba, el escritor podía nacer en cualquier lugar pero tenía que morir en La Habana para trascender a la posteridad. En resumen, he encausado este tipo de investigación en Panamá y en Venezuela, porque he tenido la gloria de ir a trabajar a esos países y me he encontrado con la misma situación en que nos vimos las investigadoras holguineras ante ese fenómeno de desconocimiento de los autores locales vivos, que pese a publicar e incluso, haber obtenido premios importantes, no aparecen en los textos de enseñanza.

¿Fueron publicados estos libros?

Sí. Yo he tenido mucha suerte. En 1992, cuando se cumplían los 500 años del encuentro entre dos mundos, Enrique Núñez Jiménez le dio la tarea al Pedagógico de aquí, que todavía no era Universidad sino Instituto Superior, de escribir un libro con el tema de Europa y Cuba, encuentro entre dos mundos. Entonces se formó un colectivo integrado por profesores de Historia, de Español-literatura y de Historia del Arte y me escogieron para integrarlo pues, justamente, la asignatura que impartía era Español-literatura. Ese fue mi primer libro, un trabajo colectivo que tuvo como resultado un libro publicado por la Editorial Letras Cubanas con el mismo título: *Europa-Cuba, encuentro de dos mundos*. Un libro que yo quiero mucho. Después vinieron estos dos libros de los cuales ya hablamos, publicados por Ediciones Holguín. Además tengo algunos libros sobre textos escolares. Por ejemplo, aquí se hizo una maestría para elevar el nivel cultural y profesional de los maestros, llamada: Maestría en Ciencias de la Educación, y me seleccionaron para confeccionar uno de los tabloides de las asignaturas que se impartían en esa Maestría. Y en el pasado 2012 escribí un prólogo a una antología sobre escritores de Honduras y de Holguín. Me vinieron a ver para que escribiera el prólogo a los escritores holguineros porque sobre los hondureños escribió una profesora de aquel país. Ese ha sido mi último trabajo en lo que a publicaciones se refiere. Ah, se me olvidaba, tengo un capítulo escrito, que ya envié a La Habana donde se publicará, para un libro sobre Comunicación, conformado por un colectivo de autores y a mí me tocó integrarlo por esta provincia. Es un libro de texto para todos los Institutos Pedagógicos del país.

¿Actualmente sigues impartiendo docencia en Holguín?

En estos momentos estoy impartiendo un curso de Panorama de la Cultura Cubana a los trabajadores de la cultura de nuestra provincia, es un curso de superación para todos aquellos que se desempeñan en este medio. ¡Hay que salvar la literatura!

Mira, yo pienso que la gramática es muy importante, porque sin la forma no hay contenido, porque si no conoces el idioma no puedes expresarte bien ni puedes entender lo que dicen los libros. Pero ese sentir de lo que el escritor ha expresado en su obra, va más allá del análisis lingüístico, del análisis estructuralista o de cualquier otro tipo de análisis. Por experiencia sé que hay que preparar muy bien en gramática, en fonética, en lingüística, al profesor de literatura, no dividirlo, sino que sea un profesor de literatura que a la vez que sea capaz de descubrir la maravilla de la forma, transmita la maravilla espiritual del contenido.

Antes de comenzar esta entrevista alguien me habló de otro premio que tú habías recibido.

Como sabes, los maestros constantemente nos estamos superando y el sindicato anda detrás de uno para ver qué reconocimiento no ha recibido. Entonces tuve el honor de recibir la Orden José Tey y también, la Asociación de Pedagogos de Cuba, a la cual pertenezco, me otorgó hace dos años la orden Educadores Destacados del Siglo XX. A mí ese reconocimiento me emocionó muchísimo porque, los que estamos vivos en esa nómina, formamos parte de un colectivo de maestros geniales y yo jamás pensé estar en esa lista de personalidades del magisterio cubano. Creo que ya con eso me puedo sentir feliz por el resto de la vida.

Muchas gracias, Maricela, me has dado una hermosa imagen de cómo anda el magisterio en la tierra donde nací.

CORDOBESA Y GRANADINA. ANGELES MORA.[18]
(Rute, Córdoba, España, 1952)

Esta es la única entrevista que no fue grabada. El cuestionario fue enviado via internet entre junio-julio de 2014.

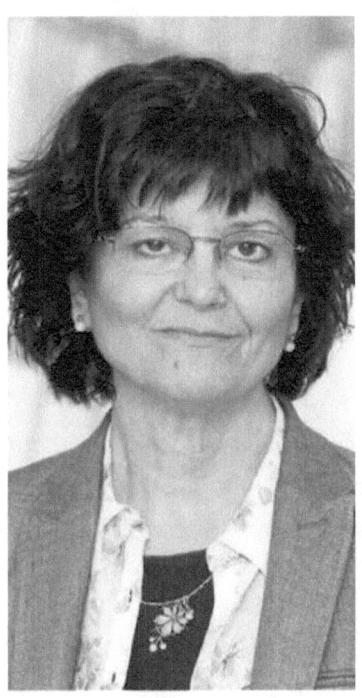

En 2013 estuve en Granada, España, y entre las muchas cosas que hice fue entrevistar a algunas amistades del mundo de la cultura. A Mariángeles la conozco desde 1999, cuando viajé por primera vez a la tierra de García Lorca, época en la que todavía no se me había encendido la pasión por la radio y específicamente por la entrevista.

---

[18] En junio de 2017 fue nombrada "Hija Predilecta" de la Villa de Rute, su tierra natal, en la preciosa Andalucía. Y en su homenaje publicaron una Plaquette muy singular, en forma de cartas de la baraja que titularon justamente *Juegos de Cartas* que reúne 12 poemas de la autora.

En 2013, durante mi estancia en Granada, vi a Mariángeles varias veces, en su casa o en actos culturales, de esos que abundan en aquella tierra, pero no se propició el momento para grabar. Cuando hubo tiempo, entonces ella fue intervenida quirúrgicamente y no pude grabar, como hubiera sido mi deseo. No conforme con su ausencia en este libro, le envié por escrito un cuestionario que ella amablemente me devolvió vía internet. No es lo mismo que esa conversación tête –à- tête como dicen los franceses, pero al menos tengo el gusto de compartir con ustedes el conocimiento de una excelente poeta. Gracias a esa labor creativa recibió el Premio Nacional de poesía en 2016.

Cuéntame sobre tus estudios y tus comienzos en la escritura.

Estudié Magisterio y Filología Hispánica. Comencé a escribir desde muy pronto, cuando estudiaba bachillerato, con 13 ó 14 años me sentí atraída por la poesía y comencé a escribir como siempre se empieza, imitando a los poetas que encontraba en mis libros de clase. Esa manera de decir tanto con tan pocas palabras, esa emoción especial que encontraba en la poesía, me atrapó enseguida. Pero fue un largo camino…

Vivo en Granada desde los años 80, y en Granada publiqué mis primeros libros. Sin embargo fue en Rute, donde comencé a escribir y donde realicé mis intentos poéticos iniciales. Después de varias tentativas que fui abandonando, reuní mis primeros poemas en un libro que no llegó a publicarse por entonces pero que, andando el tiempo y revisado, vio al fin la luz en el mismo pueblo que lo vio -y me vio- nacer. Fue en el año 2000. Se publicó, gracias al interés de José María Molina, en la editorial Ánfora Nova, con el título de *Caligrafía de ayer*.

Pero mi verdadero "caminar poético" comenzó en Granada en los años 80, mis años de estudios universitarios, con un libro que se tituló, precisamente, *Pensando que el camino iba derecho* (1982), luego vino *La canción del olvido* (1985). He publicado nueve libros, dos antologías y varias plaquettes y cuadernos. Ahora tengo un nuevo libro en vías de publicación: *Ficciones para una autobiografía*.

Pensando que el camino iba derecho, Granada, Diputación 1982.
La canción del olvido, Granada, Diputación 1985.
La guerra de los treinta años, Cádiz, 1990. Premio de poesía Rafael Alberti
La dama errante, Granada, La General 1990.
Cámara subjetiva, Palma de Mallorca, Monograma («El Cantor»), 1996.
Caligrafía de ayer, Rute, Ánfora Nova, 2000.
Contradicciones, pájaros, Madrid, Visor, 2001. Premio Internacional de poesía Ciudad de Melilla
Bajo la alfombra, Madrid, Visor, 2008.
Antología poética (1982-1995), edición de Luis Muñoz, Granada, 1995.
¿Las mujeres son mágicas?, prólogo de Miguel Ángel García, Lucena, 2000.
Ficciones para una autobiografía, 2015. Premio Nacional de la crítica y Premio Nacional de poesía.

Además de la poesía, ¿practicas otros géneros?

He publicado algunos cuentos y colaboro regularmente como columnista de opinión en el periódico Granada Hoy. También he publicado reseñas y críticas en distintas revistas literarias. Y coordino, junto con Antonia Ortega Urbino, el Ciclo "Memoria Joven". Encuentros, en la Mediateca Francisco Ayala de Caja Granada. Realicé la versión española de la Antología de Poemas *Piedra de luna*, de José Saramago. Pero principalmente escribo poesía.

¿De tus libros, cuál es el más querido?

Es difícil elegir, cada uno representa un momento diferente en mi vida poética y a cada uno lo quiero por lo que significó en ese momento. Pero quizá mi libro más querido sea *La canción del olvido* porque con él empecé a tener mi propia voz en la escritura y porque lo escribí en un tiempo de esperanza en nuestro país, cuando pasada la dictadura franquista parecía que íbamos a llegar a conseguir otra manera de vivir, otro mundo.

Creo que *La canción del olvido* es uno de los libros que he escrito con mayor pasión. En aquel tiempo tenía mucha necesidad de comprenderme, de analizar mi propia vida. Me daba cuenta del engaño que en el fondo había sido mi educación y me encontraba mal en el "papel" de mujer que hasta entonces había representado. Tenía necesidad de "construirme", de alguna manera, como una "mujer otra" en el poema y en la vida. Y aún queda otra razón para que sea mi libro más querido: cuando estaba escribiendo este libro conocí a Juan Carlos,[19] que luego se convirtió en mi compañero hasta hoy, y eso hizo que mi escritura se me fuera un poco por otros derroteros. Quiero decir, que *La canción del olvido* tiene dos partes muy definidas. En la primera trato de hacer un análisis de mi vida poniendo en duda las cosas que había creído hasta entonces. En la segunda parte, aunque sigo con la misma reflexión, el tono cambia, es más vivo, más feliz. Se podría titular, digo muchas veces, "poemas a un amor". También le tengo un cariño especial a mi antología *¿Las mujeres son mágicas?*

¿Qué temas abordas en tu poesía?

Todo lo que tenga que ver con la conciencia que tengo de mí y del mundo en que vivimos, la vida nuestra de todos los días, nuestra cotidianidad. Mi temática está en lo que me ofrece el tiempo en que vivo. Para mí, en principio, la poesía es una manera de pensar, de pensarme a mí misma y de pensar el mundo, una manera de tener conciencia de nuestra vida y de lo que nos rodea. Podríamos decir,

---

[19] Juan Carlos Rodríguez (1942-1916) Catedrático univeritario. Invetigador. Escritor. Tiene una veintena de libros publicados sobre literatura española y latinoamericana.

tratar de redescubrirnos, mirar con otros ojos lo que la rutina y también la "venda ideológica", nuestro propio inconsciente no nos deja ver muchas veces. Yo no escribo poesía como consuelo sino como búsqueda, como quien tiene necesidad de saber o de "saberse". El lector también transforma su conciencia en el poema, porque cada uno lee desde lo que es, desde su propia experiencia personal. Si el poema también consigue añadir algo nuevo a la vida del lector, entonces el poema habrá cumplido su cometido y será un poema válido para los dos: para el poeta y para el lector.

Algo que te gustaría destacar.

Quisiera resaltar tal vez la importancia que también ha tenido y tiene la ironía en mi poesía. En *La canción del olvido* empecé a utilizar este recurso, al que luego he solido recurrir. El distanciamiento que da la ironía te permite relativizarte a ti misma, analizar tus verdades, sacar a flote tus propias mentiras. No creerte nada de antemano. Una mirada irónica siempre es sana porque pone en cuestión aspectos de la realidad que de otro modo, sería más difícil cuestionar. El dolor también se hace más llevadero si lo arrancas del corazón para verlo desde otra distancia.

Quizá el poema "irónico" más conocido mío sea "Gastos fijos", del libro *La dama errante*:

GASTOS FIJOS

Estuve haciendo cuentas
pues no sé hacer milagros
ni esas cosas que dicen
sabemos las mujeres.

Y ahora que estás lejos me pregunto
si acaso vivir sola
no me cuesta más caro.

YO NO TENGO OCIO. LOURDES GONZÁLEZ HERRERO (Holguín, Cuba, 1952)

(Grabada en la sede de Ediciones Holguín. Noviembre 13 de 2015)

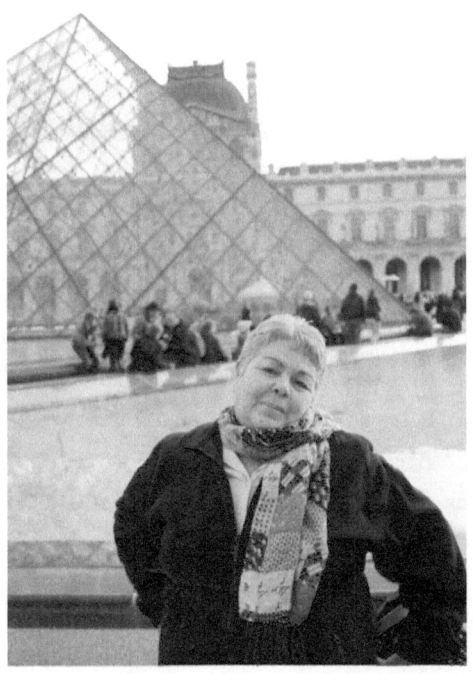

Esta singular holguinera, poeta y narradora, de quien había oído comentarios bien diferentes, en los extremos pudiera decir, y de quien apenas conocía algún que otro poema, era casi desconocida para mí. En los últimos dos viajes a Holguín habíamos coincidido en alguno de los espacios que la UNEAC holguinera celebra en su bella casona colonial, pero creo que nunca habíamos hablado, hasta que en el último periplo a mi tierra natal, en noviembre de 2015, decidí conocerla formalmente y pedirle una entrevista para mi programa radial VOCES. En medio de sus múltiples tareas me dio más de una fecha, finalmente el 13 de noviembre logré reunirme en su guarida, la sede de Ediciones Holguín y de la revista Diéresis, ambas bajo su dirección, en la calle de la Maqueta, la plaza más antigua, ahora en renovación, de la Ciudad de los Parques. Su relato es muy sintético, pero me comentó que ella es de naturaleza "aburrible" y no sé si yo también la aburrí. Pero escribe mucho, su bibliografía alcanza la veintena de títulos.

Mis saludos Lourdes, finalmente podemos grabar esta conversación. Y empezamos por el principio. Dónde y cuándo naciste, tus primeros estudios, tus comienzos en la escritura.

El nombre que me pusieron mis padres es Lourdes María González Herrero. Viví mi infancia en un central azucarero, próximo a Holguín, perteneciente a la provincia holguinera, llamado Báguanos, que ha dado mucho qué hablar. Pero, realmente no nací allí, porque uno no nace en los centrales: vengo a nacer a la ciudad y luego voy para el central. Tuve una infancia de la que no recuerdo casi nada. Debe haber sido muy feliz entonces, pero tengo ciertas anécdotas que he contado una que otra vez, que demuestran que yo por lo menos, era muy buena observadora.

Yo soy autodidacta. Aprendí mucho en la calle, en la libertad de la juventud. Yo nací en 1952, de modo que las décadas del ´60 y del ´70 fueron realmente maravillosas en cuanto a lo que referimos como libertad, o sea, hacer lo que a uno le da la gana. A los quince años fui para La Habana y no retorné al hogar hasta los veinticinco, esa estancia fue una escuela magnífica, porque conocí a mucha gente; de vez en cuando estudiaba, por ejemplo, estudie en la Escuela de Bibliotecología, mi profesor fue el poeta Eliseo Diego. Yo no escribía todavía, pero el intuía que, de algún modo, yo podría llegar a ser escritora. Guardo una carta que he exhibido, con mucho orgullo. Además de Eliseo conocí también a Salvador Bueno. Y cuando digo que estudié es porque lo hice, más o menos, durante un año porque me aburría con mucha facilidad. Y lo sigo haciendo. Lo que pasa es que la tenacidad que me acompaña me lleva a sobreponerme y lograr hacer realidad determinados proyectos y trabajos que incluyen al resto de los escritores, eso es gracias a la voluntad mía, pero mi naturaleza es muy "aburrible", yo sé que esa palabra no existe, pero llamémosle así. Me aburren las personas, me aburren los mismos objetos, me aburre casi todo, ahora me sobrepongo, en esa época no hacía ningún esfuerzo. Volviendo a la carta de Eliseo, en ella me dice que lea a los escritores del Siglo de Oro. Yo me quedé un poco impactada y cuando él vino a Holguín, a finales de los años 80, no recuerdo bien si fue a un homenaje a Orígenes que organizara Alejandro Querejeta, un tremendo promotor cultural que ahora vive en Ecuador, pues en esa visita suya, cuando nos encontramos, yo le mostré los primeros tres libros que ya tenía publicados.

Mi vida realmente no es contable, no por mala sino porque es, en poco tiempo, muy intensa. Por eso escribí un libro que se llama *María toda*, editado tres veces en Cuba, con mucho éxito de venta. Se editó también en Italia, en 2010, donde fue acogido muy bien. Mi vida, como te decía, fue muy intensa en los primeros años. Desde la Habana regresé a Holguín y luego me fui a estudiar, supuestamente, bibliotecología médica en Santiago de Cuba. La primera noche santiaguera, una colega mía que había ido a estudiar también y de hecho estudió, me dijo: "Vamos al parque, no quiero ir sola, que estas calles son muy difíciles". Y fui con ella. En el parque estaba Rodolfo de la Fuente, holguinero y baguanense, que ya yo conocía (él escribió esa hermosa canción "Mujer si la distancia es esa huella"). Él me dijo: "ven, para que conozcas a una figura genial". Y me presentó a Valerio Bringas Mompié, en ese momento un actor destacado de teatro. Y jamás estudié, me quedé con Valerio tres años en Santiago, viviendo al lado de la Isabelica [famosa cafetería de aquellos años donde vendían café en todas sus variedades] y fue en esa etapa cuando comencé a escribir, exactamente en 1972. Yo no soy romántica, creo más bien que soy reflexiva, pero pienso que el amor tuvo un peso muy grande porque me sentí acompañada realmente, él fue alguien muy importante en mi vida en ese sentido, y en muchos otros que no te voy a contar. Solo puedo decirte que me enseñó mucho sobre la materia cultura, sin proponérnoslo. No es que fuera maestro, pero tenía muchos conocimientos que sabía trasmitir. Llevamos una vida muy bohemia, muy interesante. Nos reuníamos con Augusto Blanca, en aquellos espacios santiagueros donde él hacía sus trabajos de canciones y teatro. Teníamos todo eso que necesita la poesía. Así que empecé a escribir; por suerte, esos primeros poemas están publicados. Ya tengo publicados como libros originales, no reediciones, veintiún títulos.

¿Puedes decir, entonces, que te sientes satisfecha con esa proliferación de tu escritura?

Satisfecha no estoy. No hay nadie que esté satisfecho con lo que ha hecho, incluso ya en el lecho mortuorio y hasta en la última exaltación, todo el mundo quiere seguir viviendo.

Ayer, en la UNEAC se presentó un libro mío. Un joven estudiante tocó una pieza en su violín y, al escucharla, a mí me dio mucha tristeza. Y yo me decía: "será posible que yo en algún momento, cuando vea y escuche el violín no me dé esta tristeza". Bueno, así me pude sobreponer. Ese es un verbo que hay que practicar, porque realmente uno lo que quiere es vivir, llegar al futuro porque ése es mucho más interesante que el pasado.

¿Publicas tu primer libro en los mismos años de la década del setenta?

Cuando empiezo a escribir en el '72 había una oralidad muy protagónica. Lo que uno hacía entonces era contarles los poemas a los amigos. Y todos nos conocíamos así. En Holguín había muchos poetas, y sigue habiéndolos. Yo adquirí de momento cierta fama nacional por un hecho fortuito. Es que escribí allá en Santiago unos poemas y Delfín Prats pasa, como lo que es él, un astro, un meteorito, y se lleva aquellos primeros poemas para La Habana y caen en manos de Pablo Armando Fernández, de Heberto Padilla, de César López. Y Pablo

Armando y Padilla hacen un viaje a Holguín para verme porque les parecía que "Pasajera la lluvia" era un poema monumental. Y no los atendí porque, no sé qué estaba haciendo, debe haber sido algo terrible, el caso es que no los atendí y siempre me ha pesado. Por suerte, después pude compartir con ambos. Con Padilla, en La Habana, en un nuevo éxodo, porque después de romper con Santiago regresé a La Habana por segunda vez, incluso me hospedé en su casa durante un tiempo. Visto desde acá aun no entiendo cómo logré llegar a esa intimidad, con él y su esposa, pero sí, yo a veces dormía allí. Más tarde me desinteresé de la literatura y estuve trece años sin escribir, sin visitar el mundo literario y sin echarle de menos. Pero en el ´85 empieza en Holguín un fenómeno muy interesante que se ha relatado mucho en libros. Es que Alejandro Querejeta decide que esta tiene que ser una *Provincia Universo*, es un título mío, lo empleo en una antología después y me lo han copiado mucho, sin pagarme nunca nada. Entonces, primero él hace un disco en los estudios Siboney de Santiago de Cuba: *Un lugar para la poesía*, con palabras de Manuel Díaz Martínez y crea, funda para siempre (si hay algo que sea para siempre) El Premio de la Ciudad que yo gano, junto con Alejandro Fonseca, que falleció el año pasado, la primera edición, en el ´86. Ese libro se tituló *Tenaces como el fuego*, con la mitad de aquellos poemas escritos en 1972 que estaban todos inéditos, incluso con la otra mitad y nuevos poemas salió otro libro que se publicó al año siguiente y fue Premio de la Ciudad en 1988: *La semejante costumbre que nos une*, que ni preparé yo, en realidad Querejeta es el que insiste. Yo tenía los papeles en una carpeta verde y Alberto Lauro inventó un cuento y se los di. En ese momento tenía mi hijo chiquito y no estaba puesta para eso de los poetas, entonces me parecía una cosa tan inútil…Gracias a ellos dos salió ese libro. El año pasado estuve en la Feria del Libro de Quito y pude agradecerle una vez más a Querejeta, porque él fue quien insistió en que yo escribiera. Para mí fue un esfuerzo terrible volver a escribir pues, cuando uno se distancia tanto tiempo del hecho creativo es muy difícil retornar. Al principio salían unas cosas espantosas, no servían para nada, pero insistí y un día escribí un texto que se llama

A la vuelta de todos mis días y ahí sí sentí que ya andaba bien enrumbada. De todas formas creo que no lo cogí tan en serio. Pienso que fui una poeta de circunstancias, o sea no tenía un sentido del oficio. En 1996, pleno Período Especial, escribo *Papeles del naufragio*.

He tenido una vida muy compleja y, en ese momento, la estábamos pasando bien mal... parecíamos tres fantasmas en la casa. Mi esposo, el escritor Teodoro Tapia, llega un día a mi casa, ya no estábamos casados, y me dice: "tú no te das cuenta que ustedes tres están moribundos". Realmente, no me había dado cuenta. Él me ayudó y abrí un paladar [un restaurante familiar]. Ese es un negocio que da mucho trabajo, no tenía tiempo para pensar en nada más, ahora tengo un cuarto de renta, que da menos trabajo. Cuando terminé ese libro lo mandé al Premio de la Ciudad. Si yo llego a saber que a la gente le iba a gustar tanto, hubiera optado por otro tipo de premio, quizás nacional. Pero no lo hice, en el jurado del Premio de la Ciudad estaban Redonet y Reinaldo González quienes lo premiaron y el libro se publicó en 1999. Y por la lectura que la gente hizo de ese libro, lo que me decían esos lectores, entonces empecé a pensar que realmente debía dedicarme a ser escritora a tiempo completo. O sea, tener una estructura mental que me permitiera estar inclinada a escribir aunque estuviera haciendo cualquier otra cosa. El libro también me sirvió para entrar al mundo de la narrativa.

Recuerdo que una vez fui a las Tunas, con mi amigo Abilio Estévez, y Garrido le dijo: "Toma, léete este libro, es la tercera versión que hago". Y dije: "Pero es que los narradores hacen versiones. ¡Qué horror!" Y mira, después vine a caer en ese mundo del mucho trabajar, ese inmenso trabajo de arquitectura que lleva la narrativa.

¿Tienes publicados otros títulos en ese género?

Sí, he publicado otros. *A la sombra del paisaje*, que ganó el concurso Guillermo Vidal que convoca Las Tunas aunque lo publica Unión, es un premio muy interesante porque lleva el nombre de ese gran narrador cubano, y el año antepasado salió publicado *La mirada del ciervo* en el sello de Matanzas, que es una editorial que tiene el mismo rango que la de Holguín, y que me gusta mucho, está muy bien llevada y tiene el buen oficio de congregar de Alfredo Zaldívar, que es holguinero y Joan Trujillo que me parece es el mejor diseñador del libro que en estos momentos tiene el país. De veras lo creo. Y en novela obtuve el Premio Soler Puig, de Santiago de Cuba, con *Edades transparentes,* que después ganó el Premio de la Crítica. Es una novela que me ha dado mucho placer haberla escrito y además ha tenido lecturas muy interesantes. Es una obra que leo de vez en cuando, porque me encanta, te lo confieso. Es el destino de cuatro jóvenes, tres hombres homosexuales y una mujer, ubicados en un pequeñísimo pueblo donde transcurre su existencia y es muy divertida, sin que me lo propusiera expresamente. Después escribí *El amanuense,* que fuera finalista en el Premio Casa de las Américas y este año se presentó *El ensayo,* una novela más pretenciosa. Antón Arrufat ese admirable escritor cubano, me dice: "Yo no debí haberme leído nunca *Las edades transparentes,* esa novela suya, porque ahora tengo que hablar bien de ella". Él habla muy bien de esa novela y, en general, bien de mí, pienso que él ha sido muy generoso con mi obra. Ahora estoy escribiendo una, desde hace cuatro años, porque para una novela uno tiene que tener serenidad mental y los tiempos están muy... los días hierven, desde que me levanto tengo montones de cosas que hacer.

Con tantas responsabilidades como he sabido que tienes, me doy cuenta de que el tiempo para escribir es muy escaso.

Yo dirijo varias cosas. Lo primero es mi casa, la más difícil de todas, porque esa también lleva presupuesto, recursos humanos como todo. En esa casa vivo con mi madre que ya está ciega, muy ancianita, y mi hijo que tiene treinta y tres años, o sea, estoy entre el horror de la vejez y el esplendor de la juventud. Si fuera Delfín diría "entre el esplendor y el caos". Dirijo Ediciones Holguín desde el '98 y dirigía también el Centro de Promoción, hace tres años que me quedé solo con Ediciones Holguín y también desde 2004, tengo un curso dinámico de poesía, que ha graduado a todos los jóvenes y no tan jóvenes, que escriben hoy en día en esta ciudad; no es que hayan aprendido mucho de mí, pero nos hemos sentido muy bien en el aula del Centro de Superación para la Cultura. Además, soy la editora del periódico La Luz, o sea, que cuando aquí hay un evento es a mí a la que le toca pasar la noche allí haciendo el periódico. Pese a todo, tengo montones de proyectos que no te voy a decir porque si no, no se me dan. Yo trabajo muchísimo. Todo lo que hago me gusta, excepto las labores domésticas y es lo que casi no hago. Nunca he cocinado. No sé. Puedo freír un huevo, pero montar un potaje me parece faena de alquimista. Antier estuve tratando de picar un boniato grande, y tuve que llamar a mi hijo para que lo hiciera, porque yo tenía una lucha cuerpo a cuerpo con aquella cosa. Realmente no desarrollé esa habilidad, no me gusta, lo encuentro todo muy aburrido. Friego porque no me queda otro remedio. Es que las labores domésticas son infinitas. Tú acabas de fregar y tienes que volver a empezar, acabas de barrer y vuelves a barrer. Por eso no lo soporto. Claro, cuando no queda más remedio, pues hay que hacerlo. Con todo eso, siempre hay un tiempo para escribir.

Terminé hace poco un cuento delicioso que se llama "Desciende Ícaro, pero no mucho" porque la gente siempre está muy atenta, con Ícaro, a que el sol no le queme las alas, pero si baja mucho el agua también se las echa a perder, siempre hay medida. Y terminé uno, que le leí a Rubén Rodríguez, que se llama "¿En el paraíso hay familia?" Sí, porque si en el paraíso hay familia, esto se complica mucho. La idea es que uno tiene aquí el paraíso. Nos divertimos los dos con esa lectura. Y como ya viste, porque estuviste con nosotros, presentamos ahora *Escripturas,* que es un poemario que ganó el Premio Heredia, en 2012. Y en la Feria de este año se presentó *Ensayo,* publicado por la Editorial Oriente, en la Colección Mariposa. Y para el año que viene tengo ya ubicado un libro de poesía que se llama *Mañana el cisne* que escribí antes que *Escripturas.*

Tengo un libro de cuentos inédito, debo usarlo para concursar pues la narrativa se presta mucho para concurso. Todo esto es lo que realmente me gusta. Tengo un espacio fijo aquí, donde me vienen a ver los que comienzan a escribir y yo recibo a todos de manera personal y profesional. Nunca he tenido un problema grave dirigiendo esta editorial, me llevo bien con todos los que trabajan aquí. Por lo menos me respetan, porque tampoco se puede pretender que todo el mundo lo quiera a uno, pero por lo menos que lo respeten sí es importante. Soy miembro del Consejo Nacional de la UNEAC. Siempre estoy haciendo algo. En el año 2000, así, a contra luz, Abilio Estévez me dijo: "Tú no tienes ocio". Y es verdad, yo no tengo ningún ocio.

Muchas gracias por este tiempo que te he robado, Lourdes, tienes una vida muy interesante, pese a lo sintético de tu relato

TODAVIA NO HE LOGRADO MI MEJOR FOTO. MARTHA VECINO ULLOA (La Habana, Cuba, 1953)

(Entrevista grabada en Centro Habana. Mayo 25 de 2015)

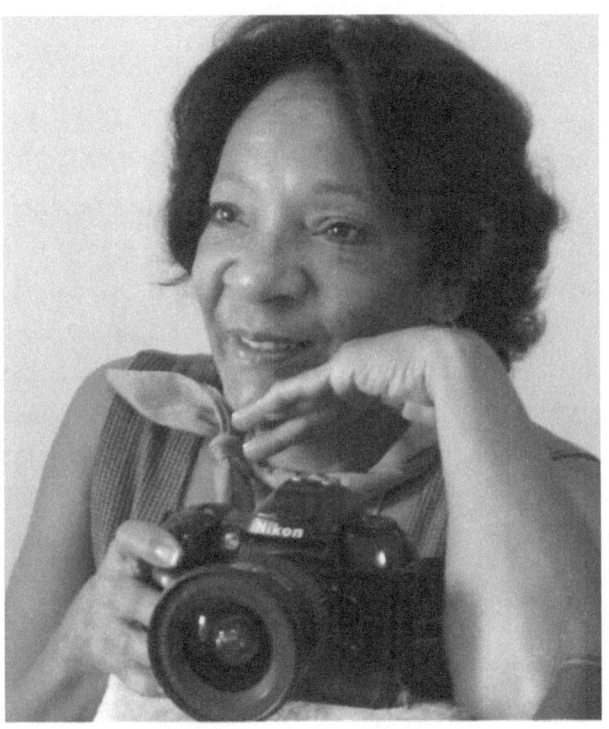

Conozco hace casi cuarenta años a Marta Vecino. Juntas trabajamos en los Estudios Fílmicos de las Fuerzas Armadas Revolucionarias (FAR) y, desde entonces, somos muy amigas. Luego ella estuvo en otros centros siempre con una cámara al hombro, fotografiando lo mismo el desastre causado por la penetración del mar en el malecón habanero, que el proceso de una maniobra militar, que la llegada de una figura de alto rango a nuestro país. Es también una experta en el trabajo de laboratorio que requiere el revelado de una película. En fin, mi amiga Marta es bien modesta y le cuesta trabajo reconocer los altos quilates de su trabajo. Hoy es una destacada fotógrafa de la Revista Bohemia, la más antigua de su clase en nuestro país. Estuve casi un año intentando entrevistarla para mi programa VOCES y para este libro que reúne a mujeres del mundo cultural. Finalmente Marta encontró el tiempo y éste es el resultado de esa conversación entre tazas de café y recuerdos compartidos.

Martha, cómo llegas a la Revista Bohemia.[20]

Después de haber trabajado veinte años en los Estudios Cinematográficos y de Televisión de las FAR (ECIFAR), hoy Trimagen, llego a la Revista Bohemia. Por supuesto, no comencé como fotógrafa en ECIFAR, sino como laboratorista y, poco a poco, fui ascendiendo hasta obtener la categoría de fotógrafa oficial de las FAR. Según tengo entendido soy la primera, dentro de las FAR, en ocupar esa categoría, pues sí había otras fotógrafas que trabajaban como tales, pero en instituciones civiles. Al desaparecer los ECIFAR, en el llamado Período Especial, me quedé en el aire, tuve que comenzar como *free lance*; sobre todo hice algunos trabajos en el ICRT (Instituto Cubano de Radio y Televisión) por contratación. Así estuve alrededor de nueve años, hasta que mi amiga, la periodista Sahili Tabares, a quien conozco desde que estudiaba Historia del Arte en la Universidad de La Habana, habló de una plaza de fotografía en la revista Bohemia, donde ella trabaja. Me presenté allí. Llevé algunos trabajos impresos de fotografía, y me pusieron a prueba durante un mes, la pasé bien porque me aceptaron y ocupé la plaza. Claro, cuando comencé en Bohemia, el trabajo lo hacía fundamentalmente con cámara analógica, porque no existían cámaras digitales para todos los fotógrafos. Y como fui la última en llegar, ésa fue la que me tocó. Pasaba un poco más de trabajo que los demás porque, ya sabes, cuando tiras tienes que ir al laboratorio a revelar el rollo, luego imprimir las fotos con unas características determinadas, exigidas por la revista, pues no es lo mismo imprimir para un órgano de difusión que las fotos hechas

---

[20] Revista Bohemia, fundada en 1908 por Miguel Ángel Quevedo. Salía semanalmente con informaciones e ilustraciones de la actualidad nacional. Está considerada la más antigua de su tipo en Cuba, aún sigue apareciendo.

para quedarse en familia, ni siquiera cuando tiras para hacer una exposición, cada sitio o destino conlleva un tipo determinado. Estuve trabajando un buen tiempo con la analógica hasta que, por fin, me tocó la digital, aunque no era de las mejores. Era una *Korti*, una cámara muy lenta, quiero decir, cuando enfocas y vas a disparar, si es una imagen en movimiento, no te da tiempo de tomar la imagen como tú quieres, está diseñada para recoger imágenes estáticas, por ejemplo de la arquitectura, es decir cosas fijas, porque si no la imagen tomada sale movida. Yo estaba un poco reacia a utilizarla, porque realmente las imágenes no quedaban como yo quería. Además, estaba acostumbrada a trabajar con la Nikón, una cámara bastante pesada pero muy buena. Trabajé con la F2, F3, con la sensabrónica 120. Siempre tuve buenos equipos para desarrollar mi trabajo en las FAR, allí realmente se podía trabajar a gusto porque los equipos eran de excelencia y tuve la dicha de que, cada vez que se renovaban, me llamaran para darme uno para mi trabajo. Mi jefe en aquellos años era Pedro Estévez y me tenía en cuenta porque sabía que yo era muy cuidadosa, cuando llegaban nuevos surtidos, la primera en probarlos era yo.

En la Revista, al principio, tuve algunas dificultades, porque no soy periodista y la fotografía periodística tiene sus propias características. Mi formación es de cine, ése era mi trabajo, tanto en la FAR como en el ICRT. Cada medio tiene sus propias características. Considero que la fotografía periodística tiene una peculiaridad y es que no puedes perder el momento de la noticia.

A veces entro en contradicción, porque se suele negar el valor artístico que pueda llevar implícita esa fotografía. Y, en mi opinión, aunque sea una fotografía de prensa para calzar una noticia, puede tener también valores estéticos. Por ejemplo, si vas a hacer una entrevista y quieres hacer una foto de ese entrevistado, por qué vas a llegar y tirar sin haber pensado y analizado cuáles son las características del personaje, porque la luz es fundamental a la hora de tirar, tienes que analizar los ángulos faciales de la persona; como se sabe, ambos no son iguales. Además, tienes que hacer un estudio visual del espacio para decidir cuál es el sitio más adecuado para ubicarlo dentro de ese determinado espacio. Y en cuanto a la persona, debes saber cuál es su profesión. Si es un pintor las manos deben estar en la foto, pues son sus herramientas de trabajo. Si es un cineasta o un fotógrafo los ojos son fundamentales. Todos estos detalles incorporan elementos de la psicología del personaje y le dan un valor artístico al retrato que vas a hacer. Esas contradicciones las tuve cuando comencé mi trabajo de fotografía periodística. Allí en la Revista me decían que yo todo lo tiraba horizontal, porque ésa es una característica del cine y la televisión; en realidad uno mira siempre horizontal. Además de eso, cuando sabes un poco de diseño, en mi caso en mi carrera yo lo estudié, y sé que cuando vas a fotografiar un objeto las líneas que lo definen o el espacio donde está ubicado, a gritos te está pidiendo el encuadre y este casi siempre debe ser horizontal, eso es lo que prevalece. Por ejemplo, si vas a retratar un edificio, y tomas distancia, es decir te alejas de él, te das cuenta que vertical no es, tiene que ser horizontal. A no ser que quieras tomar un detalle. Si quiero sacar un detalle, digamos del mezanini del cine Yara, ya me está pidiendo otra cosa. Si quiero sacar una foto del Habana Libre, me pide verticalidad. Pero si quiero sacar el mural de Amelia Peláez, ése del frente del Hotel, ya me está pidiendo horizontalidad. Estas cosas las explicaba cuando me hacían esos señalamientos.

Recuerdo una vez, en una de las primeras entrevistas, que fue a Nancy Morejón, yo tiro la foto y me gustó hacerla horizontal y cuando la llevo a la revista, me dicen: "le llevaste la tapa de los sesos" Y sí, le volé la tapa de los sesos como ellos decían, pero así es como yo la vi. ¿Quién dijo que yo no puedo hacer esta foto con este encuadre? No se me ocurrió cortarla, por cortarla sino lo que quería resaltar eran sus ojos, además incluí en el encuadre sus manos. Eso era lo que yo quería resaltar de ella.

¿Y los convenciste?

Sí, la publicaron así, porque realmente la foto quedó bien, no porque yo la haya hecho, sino porque otros compañeros se me acercaron para decirme que les gustaba la foto. Yo me he dado cuenta de que allí no había costumbre de verle un sentido estético a las fotos ilustrativas de una entrevista, pero poco a poco esa idea ha ido cambiando y, ahora, me buscan con mucha frecuencia cuando van a hacer una entrevista.

A mí no me gusta utilizar el flash. Por lo general, uno hace entrevistas de personalidades, gente que se destaca en la labor que realiza, por lo tanto, tú tratas de destacar en la foto esa labor que realiza. Y poco a poco en la Revista fueron aceptando mi forma de tirar mis fotos, que es la horizontal, porque de ese modo puedes dar la atmósfera, algo que aprendí en mi trabajo en el cine y la televisión, un trabajo bien difícil porque, cuando se está filmando, la imagen tiene también movimiento, tiene sonido, efectos, cosas que le dan otro valor a la imagen. Y resumir todo eso que llamamos atmósfera en una fotografía no es fácil. Tienes que saber escoger el momento culminante. Por eso, cuando trabajo cine o televisión, leo siempre los guiones para tener una idea de lo que va a pasar y con eso me preparo mentalmente para escoger lo mejor y entonces tirar... Por supuesto, voy a los ensayos donde busco el ángulo que me favorece a mí, eso es algo fundamental, comprobar si el ángulo que tiene la cámara es el que yo necesito, pues todo eso que va a pasar tengo que resumirlo en un cuadrito. Por lo tanto, tengo que escoger bien mi ubicación para lograr una foto que incluso, a veces, ha resultado mejor que la misma imagen que se está filmando. Y esta manera de trabajar la aplico también en las fotos que hago para la revista porque es mi modo de trabajar. Y he logrado que se acepte mi trabajo en la revista. Hace poco le dije a mi jefe "yo creo que me voy a retirar, ya cumplí 61 años..." y él me respondió: "¡Cómo te vas retirar, ahora que estás haciendo tus mejores fotografías!"

¿Cuánto tiempo llevas en la Revista Bohemia?

Ya llevo diez años

Pienso que sí has alcanzado ya un reconocimiento, porque haces no sólo fotos de interiores, también he visto fotos tuyas en la portada de la Revista.

Sí. La primera portada que hice nunca la olvidaré. Fue un trabajo sobre la enseñanza media; escogimos una secundaria para ver cómo andaba la educación, en sentido general, y yo llevé mis fotos para el trabajo que iba a salir y el director dijo: "Yo quiero una foto de esas para la portada" Y yo, por supuesto, no había hecho las fotos buscando una portada, porque esas sí tienen que ser verticales, por el formato de la revista. Y las fotos que yo tiré eran de un aula, con un profesor impartiendo su clase delante de un pizarrón, y ya ese elemento me estaba pidiendo un encuadre horizontal, por lo menos eso fue lo que yo vi. Ahora, si me hubieran dicho que querían la foto para una portada, trato de buscar una manera de enfoque vertical para que se adecue a la portada. Pero como no me habían especificado nada, saqué la foto horizontal y así salió en la Revista, gracias a que estaba tomada en digital me permitió rencuadrar, recortar un poco de los lados, utilizando el foto show pude adaptarla para que se ajustara a los requerimientos establecidos para una portada. Pero yo estaba sola en el departamento y no sabía si debía o no poner filtro. Por eso preparé dos: una con filtro y otra sin él. Al otro día, cuando llegó el jefe, me dijo que las fotos de portada no llevaban filtro porque le bajaba la definición. Así he ido aprendiendo en la práctica. Ahora cada vez que salgo lo hago con la intención de tener una portada, para no tener que transformarla. Siempre trato de tirar con alta resolución, ya con JPG obtienes una buena foto para portada

¿Cuándo trabajabas en la Fílmica tuviste alguna misión internacionalista?

Sí. El primer viaje fue muy interesante, pues trabajé como foto fija o foto still, como se conoce en el medio, para la serie *Algo más que soñar*. Y ese primer viaje fue a la República Popular de Angola como estímulo, justamente por mi trabajo en esa serie televisiva. Esa serie fue un encargo del entonces Ministro de las FAR, Raúl Castro. Se estrenó en la Sala Universal de las FAR y Raúl estaba con nosotros, muy atento y fraternal con todo el equipo. Y a pesar de los defectos que ese trabajo pueda tener, pienso que es una de los mejores seriales para la televisión que se han hecho en nuestro país. Sobre todo teniendo en cuenta que no existían los recursos con que se cuenta hoy en día. Se trabajaba, como digo yo, con cámaras de palo. Fue una coproducción entre la Fílmica de las FAR y el ICRT. Independientemente de haber sido un encargo, a todos nos tocaba muy de cerca su temática, porque el que no había perdido un familiar o un amigo en Angola, siempre tenía algún conocido, alguien que había estado allí cumpliendo misión. Y más nosotros que teníamos muchos compañeros que estuvieron en la Guerra desde el principio. En la Fílmica, todos los compañeros cumplieron misiones. Ellos son los primeros en ir a la Guerra en Angola, después se incorporan los del ICRT y los del ICAIC, pero los primeros son, como se les decía entonces, "los fílmicos de las FAR". Y esto ocurre cuando ya no teníamos a quien enviar y se les pide su cooperación a estos organismos para que se incorporen como Corresponsales de Guerra, a través de la Fílmica de las FAR. En esos momentos las mujeres no íbamos porque fuimos nosotras las que nos quedamos haciendo el trabajo de los hombres que habían respondido al llamado, que fueron prácticamente todos.

El primer viaje a Angola, como te dije antes, fue como estímulo por el trabajo realizado en *Algo más que soñar*. Porque en esa reunión que te contaba, el Ministro, Raúl Castro, preguntó quién no conocía a Angola y yo no dije nada, pero el sonidista, Omar Echavarría, ya tú sabes cómo es él, empezó a señalarme y a decir en alta voz: "ella, ella". Yo conocía Angola por todo el trabajo fotográfico que me tocó a hacer para los documentales sobre esa guerra que hicimos en la Fílmica, eso sí. Y cuando Omar terminó, el Ministro dijo: "al que no conozca a Angola, yo le voy a dar un viaje de estímulo para que la conozcan". Viajé con los artistas que habían trabajado en la Serie: Beatriz Valdés, Miguel Brito, Casín, Eduardo Moya, Raquel, su esposa que también trabajó en la Serie. Allí estuvimos 15 días, ése fue el primer grupo que salió. Creo que tuvimos más vuelo que un piloto porque recorrimos bastante aquel país. Fue muy bonito ese viaje porque muchas de las gentes que nos recibían habían visto la Serie y se emocionaban cuando veían a los actores. Hay un capítulo, creo que es el siete, donde muere Brito, muy emotivo. Fíjate que cuando estábamos filmando, nosotros, los que estábamos trabajando en la filmación, lloramos, porque es muy fuerte, tiene escenas muy dramáticas y sobre todo tan bien actuadas que te crees lo que estás viendo. Yo no sé cómo yo pude tirar las fotos, porque cuando estaba tirando, yo sentía cómo las lágrimas me corrían. El que estaba bien concentrado en lo que hacía era Ángel Alderete, el director de fotografía que supo sacarle partido al final del capítulo, que no terminaba como sale luego en pantalla, porque cuando muere Brito, Luis Alberto García, que era muy amigo del personaje, estaba tan metido en el papel que salió corriendo y se fue a sentar en una piedra y Alderete lo filmó así, eso no estaba en el guión, pero cuando él lo vio sentado, llorando sin consuelo, le dijo a Bozz: "sigue, sigue rodando". Y para sacar a Luis Alberto de su papel no fue fácil, hasta tuvieron que darle dos o tres manotazos para que saliera del personaje. Y hasta Brito tuvo que pararse y gritarle: "comemierda, mírame, estoy vivo". Te cuento esto para que se entienda por qué la gente se emocionaba, nos abrazaba y hasta lloraban cuando llegábamos a un sitio donde ya habían visto el serial. Eso fue algo muy lindo, inolvidable para mí. Y eso que, como tú sabes, todo se rodó en Cuba, se tuvo mucho cuidado al escoger los paisajes. En Angola no hay palmas reales, así que hubo que buscar locaciones rurales donde no hubiera una palma real. Allí hay unas palmas canas y el árbol nacional es el Monguéy, con un tronco muy grueso. Aquí solo en el Jardín Botánico hay uno de esa especie.

Como fotógrafa de las FAR también trabajaste con el Conjunto Artístico. Cuéntame sobre esa experiencia.

Sí, trabajé bastante tiempo con el Conjunto Artístico de las FAR. Por cierto, pienso que fue un crimen que desapareciera porque tenía muy buenos cantantes, como Liuba María Hevia, Raquel Hernández... Había un buen trío de guitarras, un grupo de teatro, otro de danza, o sea, ellos eran la representación de todo un movimiento artístico dentro de las FAR. El Conjunto presentaba sus espectáculos en las diferentes unidades. Y te voy a contar algo muy simpático, vamos a decirlo así. Ellos tenían una gira por Europa y yo iba a acompañarlos como fotógrafa, pero dos días antes del viaje me llaman y me dicen que ya no era yo la que los acompañaría sino un fotógrafo de Granma, el cual había dicho que por qué yo iba a ir a ese viaje, si yo solo era una fotógrafa de prensa. Lo único que dije fue: "yo no me fajo por viajes. Cuando vengan bien, si no, me da lo mismo". Por supuesto que me gustaría viajar como todo el mundo, para conocer lugares, pero no me dejo atrapar por las bajas pasiones. Si dije en esa reunión: "pregúntenle al compañero de Granma dónde estaba él cuando yo estaba haciendo toda la propaganda que se iba a llevar el Conjunto Artístico en su viaje", pues todas las fotos y toda la promoción del grupo que ellos llevaban las había hecho yo. Cuando ellos iban a las diferentes Unidades Militares quien los acompañaba era yo, para dejar constancia fotográfica de la labor que ellos hacían. Y, por supuesto, no fui a ese viaje. Pero como a los dos o tres días después me llama Bruno Rodríguez a mi casa, para decirme que la Dirección Política de las FAR quería hacer un trabajo en Etiopía y me habían designado a mí para ese viaje. Se trataba de filmar unos documentales sobre ese país para conocer sus características. Como sabes, en ese país la población no es homogénea, hay diversos grupos étnicos y diferentes idiomas. No todos hablan el amárico, hay también varios dialectos. El trabajo documental tenía el fin de dar a conocer a las tropas cubanas las características del país. Yo le dije a Bruno: "Bueno, si nadie quiere el viaje, yo voy, pero averigua bien si nadie lo quiere para no pasar por el mismo mal rato que tuve cuando no pude viajar con el Conjunto Artístico". Pero este sí se dio. Enseguida hicieron mi pasaporte, me pusieron las vacunas correspondientes y fui con un grupo pequeño: Miguel Ángel Oro, el camarógrafo; Plá, el sonidista y Reyes, el luminotécnico. Éramos solo los cuatro, como ves, yo, la única mujer. Allí hice mi trabajo como fotógrafa, que también hice en Angola, pese a que no era un viaje de trabajo propiamente, siempre tiré algunas imágenes que me parecieron interesantes.

Naturalmente, en Etiopía pude hacer fotos diferentes, por ejemplo hice fotos de una caravana que iba a buscar al puerto las provisiones que llegaban para las tropas cubanas. Esa caravana tenía que atravesar el desierto, la zona del conflicto con Eritrea. Además, habitaban animales salvajes, es decir viví una experiencia muy diferente. Como era la única mujer viví en el puesto médico donde estaban las doctoras. Una de ellas viajaba en la caravana y, como éramos las únicas mujeres, nos bañábamos vestidas, hasta un día que ella sacó todas las cosas de la ambulancia, y allí dentro nos bañamos, o al menos nos pudimos quitar la ropa para sentir el agua directo en el cuerpo.

Imagino que debe haber sido una etapa bien difícil.

Lo más difícil para mí fue estar más de un mes sin tener noticias de mi familia, fue la primera vez que pasé el Día de las madres fuera de mi casa. De todas formas son recuerdos muy gratificantes y hermosos.

Cuando comparo esa estancia con Angola puedo decir que me gustó más Etiopía, aunque tienen características comunes en cuanto a la presencia de su gente, el paisaje etíope es distinto. Y la ciudad es preciosa.

Marta, ¿tú naciste en La Habana? Háblame de tus padres, sé que estás emparentada con los Maceo.

Sí, nací en La Habana, el 7 de julio de 1953. Y nací a los siete meses de embarazo, porque mi mamá resbaló con una chapita, de esas que tapan las botellas de refresco y se le presentó el parto. Así nací yo: el día siete del mes siete a los siete meses, por eso considero que el siete es mi número de suerte. Mi padre nació en Holguín, pero vino chiquito para La Habana, tenía doce años cuando decidió venir solo para la capital. Él no estudió mucho, pero sí leía bastante. Fue un guajiro cultivado. Se leía cada día, al menos, diez palabras del diccionario, los que lo conocían pensaba que era universitario, porque podía hablar de todo. Para mí fue un padre maravilloso. Mi madre es una mujer que responde a su crianza. Ella nació en Honduras, igual que todos sus hermanos. Ellos son nietos de Dominga Maceo, una de las hermanas de Antonio.[21] Así Dominga Maceo Grajales, la hija de Mariana, son su abuela y bisabuela respectivamente. Como tú conoces, por la historia de nuestra patria, después de la Protesta de Baraguá, la mayor parte de los mambises tienen que salir del país, para preservar sus vidas y seguir preparándose para continuar la lucha. La familia Maceo Grajales es una de las que parte, se desparrama por Jamaica, Costa Rica, Honduras. Mariana se queda hasta su muerte en Jamaica, pero su hija Dominga se radica en Honduras, allí nacen algunos de sus hijos; en 1925 ella decide repatriarse, pero no trae consigo a todos sus descendientes pues ya eran mayores, algunos casados, con una vida hecha en aquel país. Pero entre los que sí regresan a Cuba está mi madre (hija de Baldovina, nieta de Dominga), que en ese momento tenía seis años. Estos repatriados, por supuesto, no se consideran hondureños, pues su sangre es cubana, el hecho de haber nacido fuera de su patria es coyuntural. Por eso todos se nacionalizan como nacidos en Santiago de Cuba. En el caso de mi madre, lleva ya 90 años viviendo en Cuba, ella dice que no recuerda nada de esos años hondureños, ni a sus hermanas mayores que se quedaron allá y allá murieron muy viejitas, dos de ellas con más de cien años. Esta familia Maceo Grajales tiene una historia larga y bien interesante. Este año se conmemora el bicentenario del nacimiento de Mariana que

---

[21] Antonio Maceo Grajales (Santiago de Cuba, 1845 – Pinar del Río, 1896) es uno de los catorce hijos que tuvo Mariana Grajales con su marido, Miguel Maceo. Todos los Maceo se incorporaron a las lucha por la independencia de Cuba, en el siglo XIX, pero el más destacado de todos es Antonio, que ocupa un lugar címero junto a José Martí (La Habana, 1853- Dos Ríos, 1895).

algunos consideran La Madre de la Patria. Como sabes, yo nunca hablo de estas cosas, me cuesta trabajo hablar de mi familia porque no me interesa que me vean como bisnieta o tataranieta de ellas porque, si no, perdería mi nombre y mi apellido. La gente no me diría "mira, esta es Marta Vecino", sino: "esta es la bisnieta o la tataranieta de…", te das cuenta. Y no es que quiera negar mis orígenes, pero quiero ser yo. Ellas hicieron lo que tenían que hacer en su momento y yo quiero también hacer lo que tengo que hacer por mí misma. Esta es otra etapa y quiero hacer lo que le toque a Marta Vecino. Y, por supuesto, me siento orgullosa de venir de donde vengo, de mujeres admirables, aunque no lleve sus apellidos justamente porque las mujeres lo van perdiendo, cosa que no ocurre con los hombres que sí legan el apellido Maceo a sus descendientes. Yo tengo una familia grande con una historia bonita. Es tan grande que no nos conocemos todos porque unos nacieron aquí y otros allá. Hace poco me ocurrió algo muy agradable. Fui a la UNEAC al estreno de un documental sobre Mariana y me encontré con una muchacha que me contó que su bisabuelo o tatarabuelo era Miguel Maceo. Y nos pusimos de acuerdo para volver a vernos, porque somos parientes. Nosotras, quiero decir mi mamá, mi hermana y yo, sí teníamos relaciones muy cercanas con un descendiente de José Maceo, José Antonio, a quien le decíamos Nene Maceo, ya fallecido. Y con Ulises Estrada Lescay, que también era un descendiente de Dominga, en este caso de su hija Baldomera. Ulises tiene una historia muy interesante. Él estuvo con el Che en el Congo, también en Bolivia…Tuvo una actividad revolucionaria tremenda. Ojalá que alguien escriba sobre él.

Mi tío Lázaro, hermano de mi mamá, conservaba muchos documentos de la familia. Yo quisiera seguir buscando datos sobre esta familia con tanta historia. Ese tío, ya fallecido, era el único que hacía reír, llorar, hacer hablar a Dominga, ya al final de su vida quedó inválida, falleció aquí en Centro Habana. Él le decía "Dominguita" o "Minguita", con mucha dulzura y lograba sacarle lo que quería, él era el único que lograba hacerlo, porque ella no hablaba mucho y tenía un carácter muy fuerte, igual que Mariana. Eran mujeres que tenían que sobreponerse a sus circunstancias, porque todas quedaron viudas jóvenes y volvían a casarse. Los hombres siempre morían en la guerra, creo que eso las hacía sobreponerse y endurecerle el carácter. Eran mujeres, MUJERES

Muchas gracias, Marta, por tu linda historia.

UNA DANZARINA DE CORAZÓN ABIERTO.
MARICEL GODOY (Guantánamo, Cuba, 1959)

(Entrevista grabada en la Editorial Papiro. Holguín, noviembre 13 de 2015)

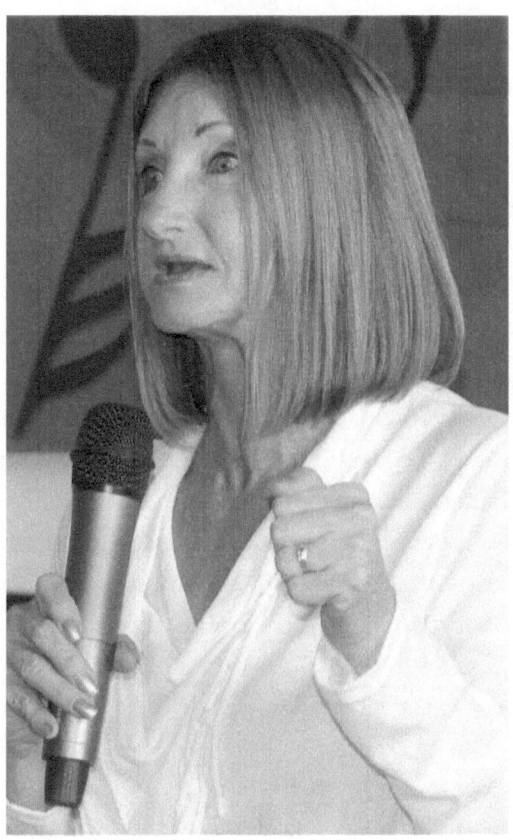

Desde hace algunos años venía oyendo hablar de la compañía Codanza de Holguín y de su directora Maricel Godoy. En varias ocasiones intenté contactarla, pero no lo logré hasta que en noviembre de 2015, conversando con la directora de la Editorial Papiro, Tatiana Zúñiga, supe que ambas eran amigas. Entonces, Tatiana me puso en contacto con Maricel. Nos presentó y de inmediato surgió una empatía que permitió grabar la entrevista que me concedió Maricel, una mujer que habla con mucha pasión sobre el trabajo de su compañía danzaría; sin embargo, es muy modesta a la hora de comentarme sobre los premios recibidos por la destacada labor del colectivo que dirige. Ella ha logrado elevar a categoría nacional el trabajo de su agrupación, instituyendo un certamen anual con el respaldo del brillante bailarín clásico Vladimir Malakhov.

Maricel, primero que todo hablemos de tu lugar de origen, de tus estudios y de tu trabajo en la formación de bailarines.

Nací en Guantánamo, pero a los siete años me fui a La Habana a estudiar y ya a los once comencé a estudiar la secundaria básica, pero en la Escuela Nacional de Arte (ENA), me sometí a un examen y lo aprobé para estudiar danza moderna. Me gradué en el año 78 y vine a trabajar a la ciudad de Holguín. Aquí fundé la Escuela de Danza Moderna que no existía. En la provincia sí existían las de ballet, música y artes plásticas, pero nada de danza. Aquí me enamoré, hice mi familia, han crecido mis dos hijas, que también son bailarinas. Años después de haber sido fundada la escuela de danza, comenzamos a recibir a esos graduados que continuaron sus estudios en la ENA, porque cuando aquello, aquí aún no teníamos nivel medio.

¿Cuándo fundas la Compañía?

En 1992 fundé la Compañía Codanza, por lo tanto tenemos ya 23 años; en 2000 fundé la escuela de nivel medio de danza y estuvimos trabajando y graduando estudiantes cerca de cinco años, porque por política del país, hubo que cerrar esa escuela ya que les interesaba priorizar Guantánamo y Santiago de Cuba en ese nivel de las escuelas de danza.

En esos 23 años de trabajo han pasado por aquí varias generaciones de artistas. Codanza es una compañía que se ha distinguido por el rigor técnico e interpretativo de sus bailarines. A mí me interesa formar artistas que no solamente dominen el lenguaje de la danza, sino que conozcan también la actuación, el canto, el uso de la palabra.

Ellos reciben esa formación a través de talleres de canto, de voz y dicción, y de actuación pues todas estas artes contribuyen a realzar la eficacia expresiva del bailarín en la escena. Estos talleres se imparten anualmente. Ya desde su entrenamiento se les empieza a estimular para provocarles emociones y sentimientos que ellos deben de expresar a través del cuerpo.

Codanza está reconocida en el país como una de las mejores compañías de danza contemporánea. Y categóricamente está considerada una escuela. Todas las compañías cubanas que han recibido bailarines formados en esta escuela holguinera me reiteran que Codanza es una escuela. Ciertamente es una escuela que forma excelentes bailarines, hago mucho hincapié en la formación y en la disciplina de los bailarines miembros de la compañía. En estos momentos está integrada por 18 bailarines mixtos. Cuando surgió Codanza era una compañía casi totalmente de hombres, podían ser 10 hombres y 2 mujeres, cuando comenzó a conocerse era una compañía netamente masculina. Esos muchachos tenían excelentes aptitudes para la danza, con cabellos largos, a mí me gusta el cabello largo para los bailarines. Ya en estos momentos es más difícil hacerlos permanecer con su pelo largo, pues ellos quieren estar pelados y peinados a la moda, así que, con esta juventud hay que ser un poco más flexible y respetar el gusto personal de cada uno. Aunque el cabello largo duró hasta hace muy poco y fue parte de la imagen de la compañía.

¿Y actualmente mantiene esa misma composición?

No, actualmente estamos casi parejos, tenemos casi la misma cantidad de hombres que de mujeres. Después de esa etapa con predominio masculino que comenzó desde su fundación, en 2006 me llegaron 9 bailarinas, unas mujeres altas y con unas aptitudes físicas extraordinarias. Ellas habían estudiado aquí y se graduaron de nivel medio en la escuela holguinera. De modo que con su arribo a la compañía las fuerzas se invirtieron, pero después hemos seguido creciendo de forma pareja en ambos sexos. En estos momentos tenemos

18 integrantes, pero esa cantidad es variable. A veces hemos tenido 22 bailarines, otras nos hemos quedado en 9. Y es que está pasando algo que nos perjudica como compañía pero que, desde el punto de vista económico, es muy atractivo para ellos: se están haciendo unas audiciones para Rusia, para China, para Turquía, pero eso no es oficial ni por convenios, son personas que vienen a título individual a hacer esas audiciones. Y si les gustan los resultados de los bailarines, estas personas les hacen los trámites y se los llevan contratados para esos países. Esto viene sucediendo desde hace tres años y Holguín viene sufriendo con la salida en masa de sus bailarines. Yo plantee esa situación al Ministro del Turismo, que estuvo aquí hace poco con Abel Prieto [Ministro de Cultura] en una reunión, porque me parece que hay que saber qué está pasando con eso. Claro, yo sé que hay un problema económico, pero es que estamos sufriendo el desmembramiento de grupos formados ya con una larga trayectoria y con magníficos resultados. Pese a ello el bailarín es el artista peor remunerado. Cuando un bailarín se gradúa le pagan 290 pesos después de 8 años de estudio. Luego tiene que esperar dos años por una evaluación para poder subir su salario. En estos tiempos tan difíciles económicamente, en que tantos bailarines y artistas en general, emigran, generalmente las compañías están más nutridas de recién graduados que de artistas experimentados y con ese salario que está recibiendo, si le aparece algo que le favorezca económicamente, lógicamente se va. Ese es un problema que está confrontando el país hace ya unos cuantos años. Por eso yo pedí, en esta reunión que te mencioné, que se valorara el salario de estos bailarines, pues realmente tienen que dedicar muchas horas de estudio y de trabajo y no hay una correspondencia entre ese trabajo y lo que percibe como salario. Algunos buscan otras alternativas, como bailar en algún espectáculo de cabaret, pero entonces no se concentran bien en el trabajo que hacen en la compañía. Con esto no quiero decir que cuando están en su trabajo no rindan, al menos ese no es mi caso, porque nosotros bailamos en danza contemporánea, pero también bailamos en el polo turístico dos

o tres veces por semana, allí bailamos música popular, hacemos espectáculos internacionales también, porque tenemos que vivir y ésa es la manera más digna que hemos encontrado para hacerlo, porque con el salario que ganamos nadie vive.

Maricel, hablemos ahora de ese concurso tan importante que viene celebrándose en esta provincia hace muy poco tiempo.

Desde hace dos años estamos celebrando en Holguín el Concurso de Danza del Atlántico Norte Codanza y Gran Prix Vladimir Malakhov.[22] Yo tuve la dicha de conocer, hace cuatro años, a Paul Siguist, el manager de Malakhov. Lo conocí en La Habana, en una función de Danza Contemporánea de Cuba, en el Gran Teatro de la Habana. En el intermedio de la función nos presentan y él me pregunta qué genero danzario yo trabajo, cómo funcionaba mi compañía. Le expliqué que es una compañía de danza contemporánea, que todos los años recibíamos maestros y coreógrafos de otros lugares de Cuba y también del mundo. Hemos trabajado con coreógrafos mexicanos, argentinos, la conversación fue más larga, la abrevio: lo invité a venir a Holguín para que conociera personalmente lo que hacíamos. Cuando le dije Holguín, él me preguntó: "Dónde queda eso" y le respondí: "En la parte oriental de Cuba y ven, que vas a conocer a la mejor compañía de este país". Claro, quien mejor que yo para vender a mi compañía. Él me siguió y vino una semana para acá. Yo hice una temporada pequeña aquí en el teatro Suñol y se quedó enamorado de Codanza. Me dijo que era una excelente compañía, muy linda, muy buena. Empezamos a hacer planes de trabajo. Él quería traer coreógrafos y maestros europeos para que trabajaran con Codanza, pero yo tenía que correr con algunos de los gastos, pero nosotros no tenemos ningún respaldo económico. Pedí ayuda al Consejo Nacional para, al menos, hospedajes y alimentación, mas no había precedentes

---

[22] Vladimir Malakhov. Una de las cinco estrellas universales del ballet clásico. Nacido en Ucrania, estudió en el famoso ballet Bolshoi ruso. Ha seguido auspiciando el evento holguinero que va por su 4ª edición.

de esto en el país y no se podía hacer, de modo que los coreógrafos que habíamos planificado que vinieran a Holguín, no pudieron viajar. No obstante, nuestras relaciones siguieron estrechándose y tratábamos de inventar cómo lograr hacer algo de lo que queríamos hasta un día, en que Paul me dice: "Maricel, Malakhov quiere hacerle un regalo a Cuba. ¿Qué te parece si tú lo recibes y hacemos el regalo que él quiere hacer aquí en Holguín?" Y le respondí: "Mis brazos abiertos y mi corazón también. Aquí serán bienvenidos". Y entonces convoqué rápidamente a un mini festival al cual invité al Ballet de Camagüey, a Danza del Alma, a Danza Fragmentada, Danza Libre, Ballet Contemporáneo Andidans. Hicimos cinco días de presentaciones, en los cuales Malakhov bailó todas las noches. Quiero decirte que realmente delirábamos porque ver una estrella del ballet mundial, un bailarín clásico en esta ciudad... Fue para mí como un regalo de Dios. Yo pensé: "Esto me lo envió Dios". Porque cuando llegué a Holguín, yo era graduada de danza contemporánea. Yo empecé aquí como maestra de ballet. En la escuela de ballet, yo era maestra de folclor, de repertorio... Y me llega de pronto este bailarín clásico, esta estrella... Para mí, un príncipe. Y con su presencia aquí y los resultados de este pequeño festival, por la respuesta de este público; tú sabes que Holguín ama la cultura, es un público seguidor de las artes, pues surge la idea del concurso. Ya yo venía haciendo desde hacía algunos años un concurso que se llamaba Codanza, era territorial, su idea era más bien potenciar el movimiento danzario en la provincia, e invitábamos coreógrafos, maestros de otros sitios, para que los bailarines se entrenaran en otras técnicas, experimentaran en su cuerpo otros géneros, también dábamos conferencias y los bailarines se presentaban en los cuerpos de baile del polo turístico, era algo muy bonito pero era solo eso, que los bailarines del territorio se entrenaran aquí. Yo le hablo de esta experiencia a Vladimir y le digo que podíamos pensar en hacerlo más grande. Y tanto él como su manager me dan todo su apoyo para crear entonces otro concurso, que lo llamamos Concurso de Danza del Atlántico Norte porque, para mí, siempre ha sido un sueño convertir esta ciudad de Holguín en la Ciudad de la

Danza. Que cuando todo el que entre por la Avenida Principal lea un gran cartel que diga: "Bienvenido a la ciudad de la danza". Como mismo hay letreros alegóricos a la revolución, pues también que se anuncie que han llegado a la ciudad de la danza. La idea del concurso enamora a Vladimir y me dice: "Vamos a hacerla".

¿Cómo se llamó el concurso finalmente?

Yo hice muchas actividades para llevar esta idea a la práctica y en el 2014 hicimos la primera edición del concurso que asumió el nombre de Atlántico del Norte. Y es que desde los años 80 hay un plan de desarrollo turístico en esta provincia que lleva ese nombre. Y yo quería que el turismo mirara hacia la danza, mirara desde esos espectáculos hacia las artes. Porque un día esos hoteles pueden llenarse de admiradores de la danza que vengan solamente a Holguín a participar como público, a disfrutar como espectadores. Ese es un gran sueño. Y pienso incluso que puedan surgir personas interesadas en incorporarse como alumnos en talleres especiales. Al principio, esto de Atlántico Norte trajo un poquito de rechazo, no gustaba mucho el nombre porque existe la OTAN y esta coincidencia no agradaba a las autoridades. Pero yo defendí la idea porque realmente la ciudad está situada geográficamente al norte del Atlántico, y ya hay un plan turístico que utiliza el nombre y de cierta manera el festival también está apoyando al turismo. Hasta que finalmente se aceptó el nombre para el concurso, en septiembre de 2014, con la presencia de Vladimir, y esto resultó ser una experiencia hermosísima. Todos los bailarines están encantados. Este año, en la segunda edición, se multiplicó la cantidad de bailarines. Vinieron de todo el país y ya es internacional. En la primera edición participaron bailarines de México y, ya en esta, además de México, vinieron de Suiza, de República Dominicana y de Panamá. O sea, en dos añitos, ha crecido, como puedes darte cuenta. Apenas estamos gateando pero hay que ver la cantidad de bailarines que participaron, solamente de Cuba fueron 104. Además de las presentaciones para el público en todas las jornadas, se imparten clases magistrales. Vladimir imparte clases de ballet diariamente.

¿Y él habla español?

No, las clases son en francés, porque el vocabulario del ballet es francés y todos los bailarines dominan el vocabulario técnico. Porque cuando nosotros damos clases en nuestras escuelas enseñamos ese vocabulario en francés. Todos los pasos y los movimientos son en ese idioma, así él no tiene que hablar español. Además de esas clases que él imparte durante todas las jornadas del Festival, él se entrena también con los bailarines. No pueden faltar las clases de técnicas contemporáneas de entrenamiento, cursos, excelentes conferencias sobre el desarrollo de la danza no solo en Cuba, sino de las tendencias en el mundo. Son conferencias súper interesantes impartidas por especialistas, incluso bailarines interesados en determinados temas los traen y los exponen aquí y dialogan con otros jóvenes.

¿Cuántos días dura este festival y qué premios se entregan?

Son diez intensas jornadas, como has podido ver, por todo lo que hacemos durante esos días. Se entregan varios premios. Está el Gran Prix de Interpretación llamado Vladimir Malakhov que él mismo lo otorga. Aunque hay un jurado, él personalmente otorga ese Gran Premio de Interpretación. Es que él admira y ama tanto a la danza cubana y a sus bailarines, que él, en estos dos años que hemos tenido de concurso, ha dado no un solo premio, ha dado tres Gran Prix cada año. Además ha dado reconocimientos especiales, ha dado menciones especiales de interpretación. Vladimir también entrega el Gran Prix de Compañía y Codanza otorga el Premio de coreografía porque el ganador debe trabajar con nuestra compañía. Es una experiencia muy hermosa, son días de un gran regocijo. Todos los bailarines que nos visitan dicen que no ha habido en nuestro país un evento como éste, que aglutine, por tantos días, a tantos bailarines y donde se comparta tanto la escena, las clases, los talleres, los cursos, las conferencias, que hacen de esos días de danza, una gran familia. Realmente, sigo pensando que lo de Vladimir ha sido un regalo de Dios, porque él está enamorado de esta ciudad. Quisiera que vieras en la calle, cómo las personas lo paran para saludarlo, le piden autógrafo, le piden una foto y cómo él reacciona. Él realmente es un príncipe, en su comportamiento, en sus ademanes, en su trato con todo, parece que lo estás viendo bailar, en la calle, con la gente.

¿Y durante esos diez días se llena el teatro, no merma la asistencia de público?

Pues es una cosa increíble, durante esos diez días el teatro está abarrotado y eso que la entrada cuesta diez pesos. En esos días yo creo que todo el mundo viene al teatro, ya te digo, pienso que esta ciudad está hecha para la danza, y para todas las artes, porque el público así lo demuestra. Sé que Codanza va por buen camino. Codanza, como compañía, ha tenido la oportunidad de viajar a varios países. Hemos estado en México en varias oportunidades, participando en una red de festivales del norte de ese país. Codanza ha estado en algunas ocasiones en España, allí ha viajado por diversas regiones: Islas Canarias, Barcelona, Madrid, Sevilla, Galicia. En dos ocasiones visitamos Venezuela. Y no dejamos de trabajar nunca. Seguimos siempre comprometidos con nuestro trabajo, tratando de superarnos cada vez más para que lo que hacemos resulte cada vez mejor, porque realmente nunca estoy satisfecha con los resultados, pues me parece que pudimos hacer mejor lo que hicimos. Y ahí andamos por este camino, tratando de tener cada día más contactos con todo el mundo. Porque, desde una provincia tan alejada de la capital, es difícil la comunicación. Por lo general, cuando vienen empresarios a Cuba, no nos llegan a nosotros, todos se quedan en la Habana. Lo mismo ocurre si hay eventos internacionales o de cualquier nivel: siempre las compañías que giran son las de La Habana. Prácticamente no se tienen en cuenta las compañías de provincia, en fin. No me conformo, pero tampoco voy a hacer una hecatombe con esta realidad. Yo creo que hay que seguir trabajando y uno mismo buscar sus propios caminos, que de hecho ya Codanza está, hace muchos años, labrándose el suyo propio.

Ya que hablamos de premios, cuéntame de los lauros recibidos por Codanza en su larga trayectoria.

Codanza es una compañía que se ha ganado los premios más importantes que se dan en el país. En dos ocasiones nos otorgaron el Premio de la Crítica Villanueva. En cinco ediciones consecutivas del Concurso Nacional Danzandos, que se celebra en Matanzas, nos llevamos premios de coreografía, de interpretación... Obtuvimos premios también en el Concurso Nacional de Danza Solamente Solos. En el Concurso Danza en video también obtuvimos premios y el año pasado, en el Gran Prix Malakhov, nuestros primeros bailarines obtuvieron también unos cuantos premios. Creo que hemos navegado bien en el país, no con todo el reconocimiento que se debería haber hecho; y te pongo un solo ejemplo: a nosotros no nos dan giras nacionales. Las compañías nacionales, que son las de La Habana (pero nosotros también somos nacionales porque pertenecemos a este país, no somos de otra isla del Caribe, somos de Cuba), como Danza Contemporánea de Cuba, Ballet Nacional de Cuba, que son compañías madres, yo no hablo de esas porque creo que por derecho propio se lo han ganado, por eso no hablo de esas, me refiero a otras de danza y agrupaciones musicales sobre todo, que hacen giras nacionales frecuentemente. Y a nosotros nadie nos propone. Yo he ido dos veces a La Habana. Fuimos cuando Codanza cumplió quince años y volvimos a ir cuando llegamos a los veinte años, pero eso no es gira nacional, porque solamente vamos desde aquí directo a La Habana. A eso no podemos llamar gira nacional. En una ocasión fuimos a la capital y a Ciego de Ávila.

Yo creo que Codanza, como compañía, podría gozar de mayor reconocimiento público por el trabajo que viene haciendo, pero no hemos tenido la suerte de que nos planifiquen para las giras nacionales hasta ahora y cada vez se hace más difícil por las condiciones económicas que vivimos. Pese a ello sé que tenemos un excelente público en aquellas provincias adonde hemos podido llegar. En Guantánamo tenemos un excelente público igual que en Cienfuegos, Camagüey y en La Habana me sorprendió, cuando estuvimos allí por los veinte años de la compañía, la cantidad de público que asistió al Teatro Mella, que estaba prácticamente llena toda la parte de abajo y arriba había una cuantas personas. Eso me da la medida de que la familia de la danza más todo el público busca a Codanza cuando estamos allá. Incluso hemos ido a esos eventos callejeros que hace Isabel Bustos en la Habana Vieja, "Paisaje urbano", y vemos la reacción de la gente diciendo: "Codanza está aquí". Aunque, por lo general, este evento de Isabel es muy popular y va mucha gente a ver todas las danzas participantes. Y aquí estamos, seguimos trabajando y buscando los mejores resultados.

Sé que ustedes hacen también un trabajo fuera del teatro. Háblame de eso.

Ah, sí. A nosotros nos gusta trabajar también para ese público que es, digamos, el más simple, el más sensible. Nosotros estamos ahora con las personas de la tercera edad. Vamos una vez al mes a las casas de abuelos y yo quisiera que tú vieras cómo nos agradecen lo que allí se hace para ellos. Les bailamos cuarenta o cuarenta y cinco minutos. Les llevamos un espectáculo de música contemporánea, basado más bien en la improvisación y trabajamos con ellos: los hacemos danzar un poco con nosotros. Combinamos esto con canciones de su época, de cuando eran jóvenes. Y eso les hace muy felices, tú ves como hasta se le sale alguna lagrimita, porque se emocionan y se acercan a los bailarines para agradecerles, como siendo tan jóvenes, van allí para llevarles ese ratico de alegría. También hemos trabajado en las comunidades y ahora estoy en los trámites porque quiero crear una academia para trabajar con niños, jóvenes, adolescentes, adultos. Pero trabajar también con niños y jóvenes con problemas de conducta y con niños cuyos padres están presos. Esto surge porque hace poco estaba en una reunión y el delegado del Ministerio del Interior nos hablaba de la atención que ellos brindaban a esos niños. Niños que hay que proteger y hay que encaminar porque el medio que los rodea no les es favorable para su crecimiento y formación emocional, espiritual y de todo tipo. Y yo le hablé de esta idea mía para trabajar con esos niños. Yo encantada de trabajar con esos niños Y si tenemos que buscarles también un maestro de música para que les enseñe a cantar o a tocar algún instrumento, pues también lo hacemos. Lo importante es ayudarlos a ellos. Yo creo que a través del arte podemos salvar al ser humano. Y si yo puedo aportar mi poquito de arena, estoy encantada de hacer ese trabajo para contribuir a rescatar a esos niños. Nosotros tenemos prueba de eso. Hemos tenido niños con problemas familiares; padres presos y otros conflictos domésticos y eso se refleja en su conducta, en la poca atención que prestan a las clases, con deficiencias en su aprendizaje y hemos trabajado con esos niños y hemos obtenido buenos resultados. Ese es un trabajo muy lindo y uno siente gran satisfacción cuando ve los buenos resultados.

Yo, cuando terminé la licenciatura en educación musical, junto con otras compañeras, nos dedicamos a estudiar muy bien la pedagogía y formé parte de un grupo de diez maestras que empezamos a trabajar con niños con problemas de conducta. Éramos maestras de escuela y éramos casi las madres de esos niños. Íbamos a las casas, a las cuadras, los llevábamos a pasear los fines de semana. Te estoy hablando de niños desde diez años hasta catorce y quince, niños de secundaria. Y todos esos niños fueron salvados. Y qué lindo verlos ahora, ya tienen 32, 33 años o un poquito menos y son músicos, o coreógrafos, o maestros. Y tú dices: "Ahí está mi granito de arena presente, ahí está el premio de mi trabajo con aquel niño que ayudé en un momento determinado". De modo que cuando ves ese resultado te regocijas, te sientes útil a la sociedad. Y esto es, justamente, lo que queremos hacer ahora con esos niños, eso fue lo que le dije al delegado del Ministerio del Interior y al Director Provincial de Cultura. Yo seré feliz si puedo, como maestra, ayudar a la formación de esos niños.

Muchas gracias, Maricel, te deseo éxitos en todos esos planes que te has propuesto, y que Codanza sea reconocida en todo nuestro país y mucho más allá de nuestras costas

POR LOS CAMINOS DE LA LIRICA. CONCHITA CASALS
(Santiago de Cuba, Cuba, 1960)

(Entrevista grabada en la sede del Teatro Eddy Suñol, en Holguín. Frente al emblemático parque Calixto García. Febrero de 2013)

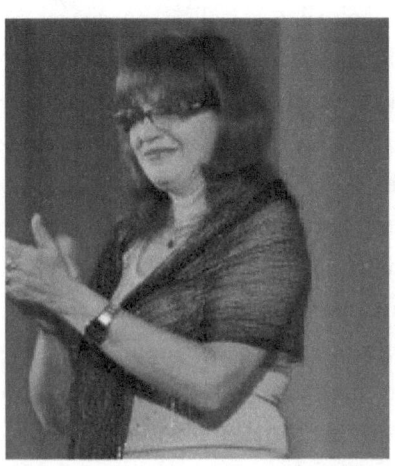

Concepción del Pilar Casals Arriaza, conocida como Conchita Casals, es una joven cantante, directora del Teatro Lírico Musical holguinero. Profesora del Instituto Superior Pedagógico de Holguín en la carrera de Educación Musical, donde imparte dirección coral, arreglo coral y técnica vocal. Ha sido Jurado de programas de televisión de las provincias orientales y en los Conciertos Nacionales "Rodrigo Prats". En 1997 ganó el Primer Premio de interpretación en el Festival Artístico de Pyong Yang, en Corea del Norte. Pese a su juventud, lleva más de veinte años dirigiendo el Teatro Lírico holguinero, que fuera fundado en los años 60 del pasado siglo por el destacado cantante lírico Raúl Camayd.

Conchita, cuéntame de tus inicios en este mundo de la música lírica.

No soy holguinera de nacimiento, pero sí por adopción, pues vine, o mejor me trajeron, porque solo tenía dos años, cuando mis padres se mudaron de Santiago de Cuba, donde yo nací, para Holguín. Pertenezco a una familia muy musical, mi abuelo tocaba el piano y se preocupó porque sus hijos amaran y aprendieran música; mi mamá, mi tío y mi tía siguieron ese camino y yo me crié en ese ambiente. Primero me incliné por el ballet, pero mis padres tuvieron otra visión y decidieron que debía estudiar también piano, pues decían que yo era muy chiquita para asimilar aquellos ejercicios tan fuertes que demandaba el estudio de ballet. De modo que pasé a estudiar piano, en la escuela elemental de aquí de Holguín y, casi en contra de la opinión de la familia, me fui a La Habana a estudiar dirección coral, en la Escuela Nacional de Arte, la ENA, como es conocida por todos. En Holguín, el ambiente musical estuvo muy ligado siempre a la familia Camayd. Mi mamá fue fundadora del Orfeón de Holguín y ellos unían ambas agrupaciones para hacer funciones de opereta y zarzuela; como ves, crecí en ese ambiente tan musical. De niña jugaba en la casa de Raúl Camayd con su hija. Como chiste, ellos decían que cuando yo fuera grande y ya profesional, iba a dirigir el Lírico, y discutían acerca de si yo iba ser del Orfeón o de la cantera del Teatro Lírico, fundado por Camayd.

Cuando me gradué de nivel medio en Dirección Coral, en La Habana, regresé a Holguín y además de ser profesora, aquí me vinculé al Orfeón, como subdirectora de esa agrupación, de la cual todavía mi mamá era su directora. Y a partir de ese momento todo el ámbito del canto llamó mi atención. Raúl Camayd[23] seguía insistiendo para que pasara a formar parte de sus filas y así pasó algún tiempo hasta que en el año 89 a él y a su esposa, Náyade Proenza, se les ocurre hacer la filial en esta provincia, del Instituto Superior de Arte y, por supuesto, yo fui de las primeras captaciones para estudiar. Ahí es donde empieza, como digo yo, el bichito del canto. Desde que empiezo a estudiar en

---

[23] Raúl Camayd Zogbe (Holguín, 1937- La Habana, 1991) Barítono. Fundó el Teatro Lírico Rodrigo Prats de Holguín, en 1962. Paseó su voz por importantes plazas de Europa, Asia y América latina.

el ISA, que estaba muy ligado al Teatro Lírico, Camayd me insistía para que cantara en el Lírico y, finalmente en 1991, yo decido pasar como solista a esa institución fundada por él. Infelizmente en ese año ya él estaba muy enfermo y como artista lo disfrutamos muy poco tiempo. En el año 1994 me propusieron la dirección del Lírico. Para mí resultó una tarea muy dura porque ésa era una institución de una gran trayectoria, como la tenían el Orfeón o la Orquesta Avilés, por tanto, era una responsabilidad muy grande asumir ese cargo, además, muchos no me veían como la cantera que había formado Camayd, me veían más como integrante de la familia coral, quizás porque pensaran que no estaba apta para dirigir el Lírico, pues no me había formado en ese género. Verdaderamente uno nunca está apto para dirigir, uno se va formando en la medida que va aprendiendo, con la práctica, con la ayuda de los que saben y, claro, yo era muy joven y al principio se pensó que sería por poco tiempo, pero seguí aquí, y como usted puede ver, son casi veinte años al frente de esta institución que significa una responsabilidad bien grande, con objetivos muy precisos, porque si hay algo que al Teatro Lírico de Holguín, lo identifica es que en toda su trayectoria solo ha tenido tres directores en los cincuenta y dos años de creado que ya tiene, y siempre la política de su fundador, Raúl Camayd, ha sido muy respetada. Creo que ése ha sido el éxito de su trayectoria en todos esos años. Pues a pesar de estar tan lejos de la capital, de no contar con todos los recursos, con las posibilidades que tiene La Habana, pues, esta institución ha podido cumplir sus metas y obtener sus logros.

Puede decirse que el estilo se ha mantenido invariable en cuanto a calidad se refiere. ¿Y a los géneros practicados?

En un principio hizo óperas, como *La Traviata*, por ejemplo, presentada en un Festival de Arte Lírico que ya no existe, y se presentaron otras en diversos conciertos, pero lo que más se hacía era operetas y zarzuelas, eso es lo que siempre la caracterizó. Es, además, una compañía que siempre ha tenido un cuerpo de baile propio. Yo no contrato un cuerpo de baile, sino que los bailarines se van formando también dentro de la compañía, por tanto las representaciones están concebidas con la visión de un gran espectáculo.

Y ¿han podido alcanzar los objetivos propuestos para esas representaciones?

Hemos pasado momentos muy difíciles, sobre todo en el Período Especial, cuando ni siquiera teníamos un teatro como sede principal. En ese momento tuvimos que sentarnos a pensar cómo lo hacemos, cómo logramos que el Lírico no muera, que no pierda un público que ya se había ido ganando. Y decidimos hacer teatro en las calles, en museos, en lugares que nunca pensamos que pudiéramos actuar, fue así como pudimos impedir que se perdiera todo lo que teníamos. Claro, también tuvimos que crear una escuela donde se diera otro tipo de formación, para preparar la cantera que necesitábamos. Y esto da como resultado la transformación de la compañía, pues el Lírico que existía cuando yo entré a trabajar en 1991, no es el mismo de ahora. Ha crecido hasta las ciento veinte plazas, de las cuales están ocupadas ochenta y seis, la mayoría son jóvenes, sin negar todo lo que hicieron los que ya no están ahí, pues fueron ellos los que hicieron todo lo que es el Lírico. Esa historia de ayer hoy todos la reconocen, la admiran y la mantienen viva, pese a que algunos ni siquiera han podido escucharla, porque no existe una memoria musical para este tipo de género, a nadie le interesa, increíblemente.

¿Quiere decir que nunca han podido grabar los conciertos?

No. Se grabó hace muchos años un disco que María Luisa Clark, una de las primeras figuras de la compañía, pudo imprimir en la EGREM, en Santiago de Cuba, y nada más. Porque no hay interés por dejar la memoria del género lírico, y eso influye incluso en la formación de esos jóvenes, pues no tienen conocimiento de la continuidad de la historia. Y gracias a la presencia de esos fundadores, de irles presentando a cada uno de ellos para que sepan quién es uno, quién es otro, pues gracias a eso podemos decir que se mantiene un lírico en Holguín, con 52 años de vida, integrado por muchachos muy jóvenes, talentosos, respetuosos de todo lo que hicieron sus fundadores, con las posibilidades que tuvieron a su alcance entonces, como asaltar este teatro a las diez de las noches para poder realizar sus funciones. Por suerte ya no hay que asaltarlo, ahora se trata de mantener el rigor de las actuaciones y seguir captando un público capaz de admirar y disfrutar de este género. Porque no es difícil mantener la atención del público durante diez años. Eso se va perdiendo, porque los abuelos y los padres que llevan al niño chiquito, al adolescente, se va perdiendo. Pero uno se da cuenta de que es un género que no está muerto, por lo menos en Holguín, aquí nosotros llevamos representaciones a las universidades, a los centros de trabajo, de salud, del deporte y cuando lo hacemos, ya sea con espectáculos conformados con lo más clásico del lírico hasta lo más popular del género, es bien recibido. Incluso algunos dicen que pensaban que era un género muy antiguo, que estaba integrado solo por viejos. Y les decimos que también los viejos pueden hacer cosas muy bellas, porque tienen la experiencia, pero también son ellos los que han formado a todos estos jóvenes que integran hoy la compañía. Con ese modo de darnos a conocer, hemos logrado que cada vez que hacemos un estreno en el Teatro Eddy Suñol, vengan muchos jóvenes con otra manera de pensar, y eso nos obliga a trazarnos nuevas metas. No teníamos una orquesta, ya conseguimos la autorización para contratarla. Ahora estamos viendo de dónde sacamos los instrumentos que nos permitan hacer posible ese sueño. Pero estas dificultades no pueden ser un freno, si no, no hubiera arte. Tiene que haber conflicto, y hay que sobreponerse a ellos y buscar soluciones y el Teatro Lírico de Holguín se plantea metas superiores para ser cada vez mejores y que perviva en el futuro. Raúl, en una entrevista de hace muchos años, decía: "hay Lírico para cincuenta años". Y yo le puedo decir, ahora que ya llegamos a cincuenta y dos, que sí, que con el empeño, la dedicación y la ocupación de todos, podemos seguir hacia el futuro. Sueños tenemos muchos todavía, porque no tenemos una sede que satisfaga nuestras necesidades, porque no le he dicho que dentro del Lírico tenemos tres escuelas: dos de nivel medio y una de niel superior, y eso también nos caracteriza. El Instituto Superior de Arte, la filial holguinera, da sus clases y hace sus prácticas dentro del Lírico, y eso también es una forma de enseñar con un sentido mayor de pertenencia, que el alumno se sienta más integrado y estén más empapados de lo que estudian. Tenemos también dos unidades artísticas docentes: una de canto y una de bailarines de teatro musical, pues la escasez de bailarines es muy grande, ellos buscan nuevos horizontes debido a que, lamentablemente, en compañías como la nuestra, su labor no es muy reconocida, sobre todo en los salarios y en todos los aspectos. Eso los hace buscar otros sitios donde se vean mejor recompensados. No obstante, tenemos estos muchachos de la unidad docente, que están ahora en segundo año y se mantienen ahí porque esto es lo que les gusta. Una de las características de nuestra compañía es que todos sus integrantes son muy completos, todos bailan, cantan y actúan, no hay diferencias entre unos y otros porque el propósito fundamental es que el resultado artístico sea el de una compañía, no el del solista, el bailarín o el corista, sino de todo los que integran el espectáculo, ese ha sido un empeño que se ha mantenido siempre. Yo pienso que eso forma parte de los éxitos alcanzados y, naturalmente, la armonía que debe reinar siempre para hacer las cosas con alegría.

Me surge una duda, Conchita. Si esta compañía fue fundada por Raúl Camayd, ¿por qué no lleva su nombre, si hace más de veinte años que él falleció?

Bueno, te explico. El nombre que lleva costó grandes discusiones. Camayd lo fundó con el nombre de Teatro Lírico de Oriente. Rodrigo Prats fue uno de los músicos que más apoyó a Camayd en este empeño, ellos eran muy amigos y Prats viajaba acá muy frecuentemente y Camayd decide ponerle ese nombre a la agrupación. Prats no quería, pero Raúl insistió y finalmente lo aceptó. Prats muere en 1980, y el Lírico mantuvo su nombre, incluso cuando muere Raúl, en los noventa, se respetó su decisión y el Lírico siguió con el nombre que él le había dado. Como sabes, Prats no era holguinero, sin embargo, su amistad con Camayd lo convirtió en un visitante muy asiduo a esta provincia, y la ayuda a su amigo, y a la labor que este desempeñaba fue muy grande y desinteresada. Como era director de orquesta, trabajó mucho con las puestas en escena de los espectáculos de la compañía y creo que su aporte ha contribuido al éxito que ha tenido esta agrupación, que se ha convertido en uno de los grandes de la lírica cubana; están también el Lecuona de Piar del Río y el Gonzalo Roig de La Habana. Todos ellos fueron grandes compositores de música lírica. Prats tiene una labor muy destacada, su zarzuela *Amalia Batista* no puede faltar en el repertorio de ninguna de estas agrupaciones. Y te digo más, él no solo era un gran compositor, sino un gran orquestador, en la zarzuela de Ernesto Lecuona, *María la O*, hay una romanza que está orquestada por Prats, hecha después que muere Lecuona, pero Rodrigo supo darle el mismo ritmo, el mismo tono, no hay diferencia con el resto de esa obra, la romanza parece hecha por el mismo Lecuona. Esas son curiosidades que muchos no conocen. En fin, los tres eran insignes compositores. Las grandes zarzuelas que se conocen en Cuba están orquestada por estos maestros. No obstante, Holguín tiene la deuda de poner en alto el nombre de Raúl Camayd que tanto hizo por la cultura de esta tierra. De hecho, se ha propuesto hacer el complejo cultural Raúl Camayd, que reuniría varias sedes junto al teatro Suñol. Este teatro se estuvo valorando para ponerle el nombre de Camayd, pero al final no prosperó. Sí lleva su nombre la filial de canto, y no podía ser de otra manera, pues él junto a su esposa, Náyade Proenza, fue el que más batalló para lograr que existiera esa filial aquí. Esa fue una idea genial. Todo el mundo dice que Camayd tenía una visión del futuro muy grande. Cuando nadie tenía cuerpo de baile en estas agrupaciones, él lo ideó y los buscó, los afilió con Alicia Alonso y esos bailarines llegaron a participar en festivales internacionales con el Ballet

Nacional. Y es que él tenía la visión del espectáculo, y eso le permitía buscar las personas adecuadas que le garantizaran el futuro, tanto es así que la primera unidad docente del Instituto Superior de Arte (ISA) fuera de la capital, se funda en 1989 y nosotros fuimos los fundadores de esa filial, y ya en segundo año comenzamos a impartir clases. Es decir, desde esa temprana fecha, él empieza a preparar su relevo, era un hombre adelantado a su tiempo. Camayd tenía tanta visión que él crea en el año 1989 un concurso para voces jóvenes del canto lírico, pues en aquel momento las únicas reconocidas eran las de los solistas y él se dio cuenta de que había que buscar artistas de otra generación, más jóvenes para garantizar el futuro de los teatros musicales. Así, Holguín realiza por primera vez un concurso de este género y corresponde a Raúl Camayd ese mérito, uno más en ese quehacer a favor de nuestra cultura. Estuvo auspiciado por el Ministerio de Cultura, el ISA y el Teatro Lírico holguinero. Para las evaluaciones se formaron comisiones conformadas con especialistas, se convocó a la emisora CMBF que grabó audiciones, que eran trasmitidas por esa emisora, que incluso otorgó un premio especial. El concurso se efectuó durante toda una semana, durante la cual hubo muchas actividades. A partir de ese año se comenzaron a realizar estos concursos de forma bianual y Pinar del Río lo asumió el año en que nosotros no lo hacíamos para no perder la continuidad. Pero fue en Holguín donde nació esta idea que nos ha permitido tener voces nuevas, muy importantes, como Lázara María Lladó, ganadora de la primera edición de estos concursos, que la lanzó a la palestra nacional e internacional, así también surgieron María Dolores Rodríguez, Bernardo Lichilín y otros muchos buenos cantantes que nadie conocía, graduados del ISA y que no eran incluidos en el mundo del lírico, fueron conocidos y llamados a completar las nóminas de los teatros, gracias a este concurso. Ya ve usted la importancia de haber creado este concurso. Y hay una idea que pienso debería de hacerse entre los únicos tres conjuntos líricos que existen en este país, y es que deberían integrarse y hacer una programación que pudiera interrelacionarse y hacerse lo mismo aquí que allá. Nosotros hemos tenido suerte, pues el Lírico nacional me ha pedido voces y hemos podido prestarlas, yo también las he pedido, es decir, hemos podido intercambiar talentos, pero esto no es lo cotidiano, solo ocurre esporádicamente. Por eso pienso que si es el mismo género el que practicamos, por qué no hacer la unificación de las tres agrupaciones para unidos poder defendernos, para hacer puestas con integrantes de cada una de ellas, y de esa manera también nos ayudamos económicamente en estos momentos difíciles que estamos viviendo.

Pero sí hay una tradición de este género, aunque, indudablemente no con la misma aceptación y difusión de otros, como aquellos que integran la llamada música popular, llámese son, guaracha, etc.

En ese sentido hay que decir que el género lírico tuvo etapas muy buenas, pues hubo años en que la UNEAC hacía el Concurso de Escenas Líricas dentro del Festival Internacional de Teatro al cual eran invitados los líricos; existió un Festival de Arte Lírico y, en la Huella de España, siempre participábamos, pero, lamentablemente, todo eso se ha desmembrado de tal manera que ya no hay espacios para nuestras presentaciones. Sobre todo para los que somos de provincias, porque el Lírico de la Habana sí participa en ese evento dedicado a la huella de España, pero a nosotros ya no nos invitan

Quiero terminar esta conversación en la que he aprendido mucho sobre el lírico holguinero con una pregunta referida a su fundador, Raúl Camayd ¿Qué edad tenía cuando muere?

El muere bastante joven, tenía cincuenta y cuatro años cuando se enfermó de cáncer y esto acabó demasiado pronto con su vida, una vida llena de energías y de planes que quedaron inconclusos.

Planes que ahora tú, estás haciendo realidad, Conchita.

Ese es mi empeño, por eso decía al principio que es una tarea bien difícil, aunque la realizo con mucha devoción y con mucho amor.

Muchas gracias, Conchita, y mucha suerte en este hermoso trabajo que vienes realizando con tanto éxito.

UNA CRIATURA DE FE. BELKIS MÉNDEZ
(Holguín, Cuba, 1962)

(Entrevista grabada en la sede holguinera de la UNEAC. Abril 11 de 2014)

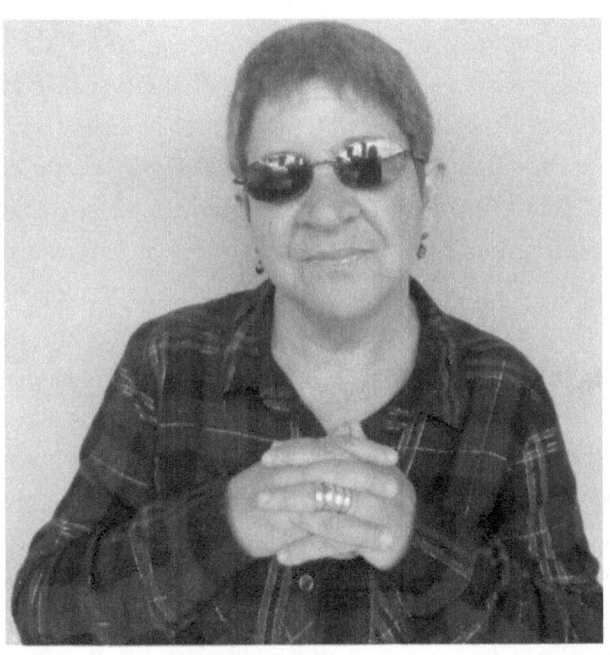

En abril de 2014 fui invitada al coloquio que sobre José Juan Arrom se realiza desde 2010 en Holguín, cuna de este prestigioso hispanista. Aproveché mi estancia para conversar con algunas destacadas personalidades de la cultura. Una de ellas, la poeta y promotora cultural Belkis Méndez, autora de un precioso libro, entre otros, contentivo de unas cartas cruzadas entre la holguinera y la habanera Dulce María Loynaz del cual se comentaba por todos en mi ciudad. Y enseguida me percaté de que tenía en las manos una buena entrevista gracias a la cual pude conocer, y conocerán ustedes, la historia de una amistad que pervive en la memoria de mi entrevistada.

Belkis, vamos a empezar por el principio. ¿Tú eres holguinera?

Nací aquí en Holguín, en 1962. Toda mi vida transcurrió aquí hasta que en septiembre de 1979 fui a La Habana donde estudié técnico en Bibliotecología. Esa fue una etapa muy buena para mí, tuve como profesor de literatura, en los tres años de la carrera, al escritor y ensayista cubano Salvador Bueno. El ambiente fue muy fructífero, eran los años 80, década de tanto esplendor, de tanta maravilla. Allí en la Escuela formamos un taller literario. Al terminar los estudios, regreso a Holguín, me incorporo al trabajo en 1982, en la Biblioteca Provincial Alex Urquiola. Al año siguiente comienzo estudios en el Instituto Pedagógico holguinero, donde matriculo la Licenciatura en Educación, en la especialidad de Literatura y Español. En la etapa en que trabajo en la biblioteca coincido con el periodista Alfredo Sainz, él es quien me introduce en el mundo de las letras: me lleva a tertulias y otros encuentros, en los cuales leo mis primeros versos y me incorporo a los talleres literarios. En esos momentos empezaba a gestarse esa promoción de escritores holguineros que crea, en 1986, el Premio de la Ciudad. Yo lo gano en poesía, en dos ocasiones: en 1990 y en 2000. Lo que he escrito hasta ahora es poesía. Estuve colaborando con artículos, durante más de un año, en el periódico provincial ¡Ahora!; también he realizado mucho trabajo comunitario. La mayor parte de los reconocimientos que he recibido son gracias a esa labor en diversas comunidades.

¿Qué labores has realizado para la comunidad?

Empecé con presos, intentando llevar un poco de amor y fe a esas personas; luego trabajé con alcohólicos, drogadictos. He trabajado en casas de abuelos, en hogares para niños sin amparo filial, así también en escuelas, en fábricas de tabaco... En cada uno de esos lugares hice un trabajo de promoción cultural, a través de la poesía, fundamentalmente.

¿Y tenías tiempo, en medio de tanto trabajo comunitario, para escribir?

Siempre se encuentra el tiempo. Mi primer libro *Por toda la luz*, fue el Premio de la Ciudad en 1990. Después vino *Confesiones de Andrea*, al que siguió *Pájaro de la tarde* publicado por Ediciones La Luz. Soy fundadora de la Asociación Hermanos Saíz, aquí en Holguín. Me correspondió una etapa bellísima, cuando estaba al frente de la Asociación el compañero Alexis Triana, quien nos puso en contacto con lugares sagrados de nuestra Historia Patria, como puede ser estar un 10 de octubre en el Ingenio La Demajagua. Allí pude tocar con mis manos los restos que están bajo la sombra de un jagüey, o estar en la Comandancia de La Plata, o en Playa Las Coloradas. También hicimos las Romerías de Mayo. Todos son recuerdos maravillosos, que fueron para mí muy fructíferos desde el punto de vista espiritual.

Después de este libro, vino *El amante de Lin Yutang* que recibió en 2000 el Premio de la Ciudad. Nueve años más tarde concluí una selección de la poesía de Fina García Marruz, con la cual tengo una amistad hermosísima de intercambio de cartas y llamadas. Sin embargo, solo nos hemos visto en una ocasión en que ella y Cintio, que en paz descanse, vinieron a Holguín, en 1993; pero no hemos necesitado volvernos a ver para mantener este diálogo espiritual que tanto me sostiene, porque ellos son criaturas que, desde el punto de vista espiritual, me transmiten una fe que me sostiene. De modo que no ha sido preciso reencontrarnos para mantener vivo este diálogo. La selección que hice de la poesía de Fina, fue el homenaje de Holguín, dentro de la Feria del Libro, que ese año le fuera dedicada a ella.El libro se titula *Sola, es la paz;* conformé el volumen seleccionando poemas de dos de sus libros: *Las miradas perdidas* y *Visitaciones*. Después vinieron *La niña que tu tronco hirió* y *Como el sorbo de agua,* el libro con las cartas de Dulce María.

Cuéntame de este libro del que todos me vienen hablando con admiración desde mi llegada a esta provincia.

Luis Yuseff, el editor de Ediciones La Luz, Casa Editorial de la Asociación Hermanos Saíz, me propone en 2012 publicar las cartas que Dulce María Loynaz me había escrito, guardadas celosamente por mí a lo largo de varios años. Y por tratarse de Luis Yuseff, del prestigio que tiene y de la destacada labor ganada por esta Editorial, es que yo accedo a que estas cartas las conozca todo el público. Y las titulé con una frease que ella me dice en una de sus cartas.*Como el sorbo del agua.* Yo creo que una de las cosas más bellas que me ha ocurrido en esta vida es haber tenido esa amistad con Dulce María Loynaz. Porque no fue esa cosa fría de las cartas, no, fue también el encuentro con ella.

¿Cómo se produce este acercamiento entre tú, desde Holguín, y Dulce María, encerrada en su casa del Vedado habanero?

Comienzo a conocer la poesía de Dulce María cuando se publica una edición, en 1984 o 1985, que es el primer libro publicado por ella después del triunfo de la Revolución, es una selección de Enrique Sainz titulada *Poesías escogidas*. Quedo impresionada por su poesía, era la primera vez que oía hablar de ella. ¿Y qué hago? En ese momento trabajaba en las prisiones de Holguín y cada viernes de todas las semanas del año que va de 1990 a 1991, tomaba un bolsito, metía el poemario y cuando llegaba a la prisión, ante una cantidad de presos, ya fueran hombres o mujeres, les hablaba de la poesía de Dulce María Loynaz. Esa fue la idea que se me ocurrió cuando leí aquellos versos suyos. Yo quería darle un sentido a la vida de aquella gente que estaba allí encerrada, llevarle un poco de esperanza, de belleza, a través de esos hermosos versos, fuera cual fuere la razón por la cual estuvieran en tal sitio. Trataba de ayudarle a rescatar los valores espirituales a través de la lectura de aquellos versos, porque la poesía es una hermosa manera de enriquecer el espíritu. Así pasé un año completo, como te decía.

¿Cómo logras acercarte a Dulce María?

Aún no tenía idea de dónde vivía. Me enteré que su casa estaba en 19 y E, pero no sabía el número ni el sitio donde se ubicaba aquella dirección. Ahora, el momento determinante que me impulsó a escribirle la primera carta se produce el 27 de enero de 1990 cuando sale publicado, en el periódico Granma, un trabajo sobre José Martí que ella escribiera, en el cual habla de lo importante que es mantener la fe. En su escrito ella refiere cómo, pese a las tantas adversidades sufridas, Martí siempre mantuvo la fe. Y cuando leo esto digo en alta voz: "Voy a escribirle una carta a Dulce María Loynaz". Mi madre, que ya no vive, me miró extrañada... Hice la carta y le pedí a una amiga que también la firmara, pues esta muchacha también había participado en la aventura de promover el libro de Dulce María por todos los lugares por donde íbamos. Antes de ponerla en correo le comento mi idea a Lalita Curbelo, escritora holguinera y gran amiga, ya fallecida, y me da un sobre y me dice: "te regalo este sobre hermoso para el comienzo de esa gran amistad" Y ahí pongo mi carta y se la envío a Dulce María. Ya conocía yo las características de esta mujer, criada sin jóvenes alrededor suyo, que nunca había tenido hijos y que a lo mejor era áspera, yo tenía mis miedos; al introducir el sobre en el buzón del correo central de aquí, como soy una criatura de fe, pedí: "Dios mío, permite que mi carta llegue, si ella la contesta o no, eso no importa, pero permite que la carta llegue". Y la carta llegó y ella nos contestó, nos escribió a las dos. Pero, fíjate si yo era tan inexperta e inmadura, que no se me ocurrió guardar copia de las cartas escritas por mí a ella, porque luego hubo otras... Eso hubiera sido muy lindo, porque cuando le envié la primera, andaba yo por los veintipico de años, estaba en un momento floreciente de mi vida, aunque bueno, ahora también estoy como florecida y con muchos más deseos de vivir. Por eso pienso qué le diría yo en esas cartas para que ella me respondiera. Así comenzó esa correspondencia.

En las cartas sucesivas le hablo de lo que hago. Por ejemplo, de un viaje que hicimos a Baracoa, esta amiga y yo. Allí nos bañamos en el río Duaba y recogimos arena de la playa. Al regreso, hicimos unos paqueticos con la arena de aquel sitio para regalársela a los amigos y le mandamos uno a Dulce María. Aún no sabía que Maceo era su héroe histórico preferido y, cuando nos responde, dice: "gracias por darme la arena que pisó Maceo cuando vino a pelear la guerra de Cuba". Por ella me entero de una historia desconocida para mí: que su padre, el General Enrique Loynaz del Castillo le salva la vida a Antonio Maceo en Costa Rica, en un encuentro entre cubanos y peninsulares, donde hieren al Titán de Bronce, y cuando el soldado que lo ha herido va a rematarlo, Loynaz le dispara e impide el crimen. Ella se sentía muy orgullosa del proceder de su padre. También me confesó que Antonio Maceo era el hombre ideal para dirigir este país y no Martí. Fíjate hasta dónde llegaba su admiración.

Cuando se publica mi primer poemario se lo envío y ella me da su opinión; así también me dice su apreciación cuando le cuento de mi trabajo en las prisiones con los reclusos. En una carta me cuenta que no tiene papel para escribir y nosotras le mandamos un paquete de hojas y nos responde con una carta de agradecimiento. También hablábamos por teléfono, todo esto hizo que la amistad se consolidara entre nosotras, así que le pedimos permiso para ir a La Habana a conocerla y nos respondió que sí.

Es como un milagro, ¿no?

Creo que sí. Y mira, casualmente el 4 de diciembre de 1991 se produce ese milagro: viajamos a La Habana para conocerla. Aquello fue tremendo, porque llegamos a la casa, no había timbre, no tenía aldaba, no sabíamos cómo hacer notar nuestra presencia y, como éramos tan jóvenes y el rasgo de la inmadurez nos perseguía, empezamos a darle voces: "¡Dulce María! ¡Dulce María!" Y cuando estamos dando estos gritos, vienen todos los perros de la casa ladrando.

Al mismo tiempo se acerca una señora por la acera y nos dice: "¿Ustedes son amigas de Dulce María?" "¡Sí!" "Y ¿ustedes le avisaron de la visita?" "¡Sí!" "¿Y ella las va a recibir?" y cuando estamos respondiéndole a esta señora, sale una persona desde la casa y viene caminando hacia la verja, preguntando "¿qué es lo que pasa?" Y es la señora que nos interrogaba quien le responde: "Ay, Dulce, es que estas muchachas dicen que tú las vas a recibir" Figúrate, como nosotros nunca la habíamos visto, no nos dábamos cuenta de que la persona detrás de la verja era la propia Dulce María. Nos percatamos cuando responde mirándonos a nosotras: " ¡Ay!, pero yo pensaba que ustedes venían mañana". Nosotras, conociendo por sus escritos esas reacciones de su carácter, pensamos que no nos iba a recibir. Pero no, por suerte no fue así. Abrió la verja, nos abrazó, nos invitó a pasar y nos contó que la señora que nos había hecho tantas preguntas era la madre de Eusebio Leal. Nos contó de cómo había criado a su hijo, de la educación que pudo darle y que vivía muy cerca de su casa, y también se encargaba de ayudarla, que todos los días le traía una taza de caldo caliente y le decía: "tómeselo, que usted tiene que alimentarse porque trabaja mucho". Y cuando Dulce María le respondía: "Pero si no trabajo, yo estoy jubilada", la otra insistía en que se alimentara porque ella sabía que estaba escribiendo, porque cada día le veía los dedos manchados de tinta. Es decir, que la madre de nuestro querido historiador era una persona observadora.

Seguimos hablando y nos preguntó: "¿Qué conocen ustedes de mi obra?" Pienso que esta pregunta fue clave para entendernos porque le demostró que nosotras no estábamos allí por simple curiosidad. Le contamos que ya habíamos leído su obra lírica publicada en España, que contenía los libros *Versos, Juegos de Agua, Poema sin nombre*. Luego llegó *Un verano en Tenerife, Jardín*... Teníamos, incluso poemas suyos que nos sabíamos de memoria y hasta se los llegamos a decir. Ella tuvo una reacción que me impresionó mucho: fue como si estuviera viendo una rosa que se abriera. Y con una dulce voz, sonriente, nos dijo: "les voy a mostrar mi casa". Echamos a andar junto a ella, mientras nos iba descubriendo su colección de abanicos, guardados en una vitrina de cristal, el traje con que la pintó Teodoro Ríos, su colección de tazas, entre la que estaba una rescatada de los restos del Maine,[24] un regalo hecho por un presidente cubano a su padre, y él se la regaló a Dulce María. Esa era su taza preferida. Ella, que viajó tanto por el mundo y que tenía una hermosa colección de tazas, prefería aquella porque se la había regalado su padre. Entonces nos dijo, emocionada: "¡tómenla!". Y claro, nosotras, también emocionadas, tocamos esa reliquia que ella conservaba con tanto amor. Nos enseñó también un precioso blackamoor, una talla en madera policromada del siglo XVIII. Entonces, nos hizo la anécdota de cuando Juan Ramón Jiménez estuvo en Cuba y escribió un artículo donde hablaba de ella y de sus hermanos y se burlaba del blackamoor, porque lo confundió con una figura de yeso grotescamente pintarrajeada, algo que nunca le perdonó a Juan Ramón. Luego nos habló de las grandes figuras de la literatura cubana, de José Lezama Lima, de Alejo Carpentier... También de cuando García Lorca estuvo en Cuba y visitó su casa. Me dijo que yo estaba sentada en el asiento donde se sentaba Gabriela Mistral, cuando venía a Cuba y la iba a visitar a su casa, en La Habana. Para resumir, te digo que aquella fue una conversación hermosísima. No sé si sabes que ella recibía a las cinco de la tarde. No recuerdo que día de la semana sería ése en que nos recibió, pero sí tiene que haber sido a esa hora porque de lo contrario, ella no nos hubiera recibido. El caso es que estuvimos hablando hasta las siete, a esa hora comenzamos a despedirnos, pero ella nos dijo: "No, no se vayan, que me ha hecho mucho bien la visita de ustedes". Entonces llamó a su medio hermano Enrique Loynaz, hijo de su padre con la segunda esposa, que en esos momentos estaba viviendo en la casa de ella, y le pide

---

[24] Maine, crucero de la armada norteamericana, fondeado en la bahía habanera donde estalla en febrero de 1898. Es el pretexto de Estados Unidos para intervenir militarmente en la Guerra de Independencia cubana contra España.

que busque una botella de coñac y unas copas para brindar con nosotras por ese encuentro. También nos obsequia, a cada una, un ejemplar de los quinientos publicados, de su libro *Últimos días de una casa*. Más tarde me aclaró algo que muchas personas ignoran: que el divorcio de sus padres, Enrique Loynaz del Castillo y María de las Mercedes Muñoz Sañudo, fue el tercer divorcio ocurrido en Cuba. Después el padre se casa con otra mujer y tiene otros hijos y este Enrique, su medio hermano, tuvo una crianza muy diferente a la que ellos, los cuatro hermanos del primer matrimonio, tuvieran. Tiempo después de esa visita, un día ella me llama por teléfono y me cuenta que ese hermano había muerto.

¿Volvieron a verse después de ese primer encuentro?

En 1992 yo regresé dos veces a su casa. Una de ellas me firmó *Poemas náufragos,* la edición que hizo Pedro Simón, conjuntamente con *Bestiario,* después me obsequió un ejemplar de *La novia de Lázaro,* que había sido publicado por la Editorial Betania, en España. En 1993 nos encontramos una vez y en 1995 yo pasé a verla en su casa antes de seguir hacia el Centro Hermanos Loynaz, de Pinar del Río, donde me enseñaron la biblioteca, que incluyó los muebles que guardan esos libros, diseñada por su madre, y que ella donara generosamente a esa provincia, la primera en Cuba en reconocer su labor y de ocuparse personalmente de ella cuando nadie más lo hacía. Allí conocí a Aldo Martínez Malo y a su sobrino, Julio Orlando, al cual Dulce María le escribió unas cartas tan bellas recogidas en ese libro publicado y titulado así: *Cartas a Julio Orlando.* Mi último encuentro con Dulce María fue el 2 de diciembre de1996, unos días antes de su cumpleaños.

¿Y durante esos últimos años no hubo más cartas?

Lamentablemente, no. La correspondencia se interrumpe porque ella pierde completamente la visión. Ya en las últimas cartas tú notas como pierde la línea y su letra se hace casi indescifrable. Fueron siete cartas que yo conservo y son las reunidas por Ediciones La Luz en 2012, en esta bella edición, ilustrada por la pintora catalana, que vive en nuestra ciudad, Cristina Fonollosa. Ella hizo, no solamente la portada, sino también todas las ilustraciones interiores. El libro fue titulado con una frase que me dice ella en una carta: *Como el sorbo de agua que se da al sediento*, se presentó en la Feria del libro de 2013 y recibió el Premio de Edición que otorga la provincia holguinera anualmente, al libro mejor editado. Claro que publicar un libro con siete cartas hubiera resultado muy pobre, pero con las ilustraciones de Cristina este libro se enriquece pues, como ves, son unas ilustraciones preciosas, que tienen mucho que ver con el mundo espiritual de Dulce María. También Yuseff incluyó una copia de la carta que yo le hice a Dulce María, a partir de aquel artículo suyo publicado en Granma, así como fotocopias de las dedicatorias de los libros que me regaló.

¿Qué ha significado para ti haber mantenido esa amistad con una poeta de la estatura de Dulce María Loynaz, hasta ahora la segunda mujer que ha alcanzado un Premio Cervantes?

Pienso que esa amistad todavía me ilumina, sobre todo cuando la lluvia cae, porque ella era una persona que amaba mucho el agua, ya fuera del mar o del río o de la propia lluvia; y su permanencia en Cuba, su amor por Cuba y su fe católica son cosas que me sostienen. Yo me miro muchas veces en ella para que las privaciones y asperezas que uno vive diariamente, limarlas a través del pensamiento de una de las personas más grandes que ha dado este país.

Hay un pensamiento, creo que es de Guimarães Rosa, que dice que las personas no mueren, quedan encantadas. Así, ella desde donde esté, me envía señales de resistencia, de vida, de fe, para seguir adelante.

Muchas gracias, Belkis, por esa fe mantenida en la amistad.

ARTISTA Y CURADORA DEL AUDIOVISUAL:
ÁNGELA LÓPEZ RUIZ (Montevideo, Uruguay, 1963)

(Entrevista realizada en Centro Habana. Diciembre 13 de 2015)

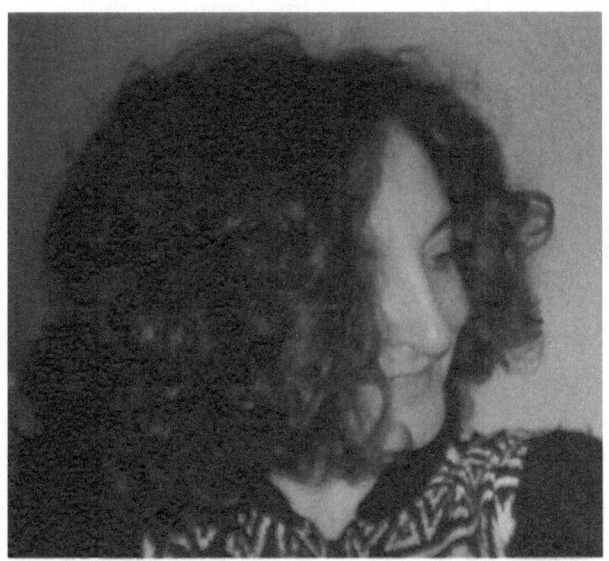

Ángela es una realizadora de audiovisuales y también curadora e investigadora. Licenciada en Arte por la Universidad de la República, en Montevideo, especializada en Cine y Video. Directora Adjunta de la Fundación de Arte Contemporáneo de su país donde desarrolla su proyecto de investigación sobre Arqueología de la Imagen, que comienza en 2006 con el ciclo que lleva ya 5 ediciones: Montevideo digital, Arqueología: los objetos y la imagen: "Sé lo que hicieron el año pasado", "Lost Highway" y "Oigo Voces".

Ángela, vamos a comenzar hablando de tu formación, tu trabajo y llegar al motivo de tu presencia en La Habana en estos momentos.

Soy maestranda en Estudios Latinoamericanos y mi especialidad es el cine. Pertenezco a un colectivo de Artistas llamado Fundación de Arte Contemporáneo, que existe desde el año 1999. Es un colectivo que tiene la particularidad de trabajar desde la autogestión, o sea, es un colectivo independiente, se sostiene a sí mismo. No depende del Estado ni de ninguna otra institución. Nos defendemos como podemos. Allí organizo todo lo que tiene que ver con educación. Tengo un proyecto llamado Programa de Formación Permanente, que trata temas que parece que bordearan al arte, que nosotros sabemos que están contenidos dentro del campo del arte: El cine, el teatro, la danza, pero también la teoría del arte, la filosofía, la sociología, la imagen, el estudio de la cultura visual, la cultura cinematográfica. Ese programa lo llevo desde 2006. Ese año me lo tomé sabático porque estoy trabajando en un proyecto titulado *Los procesos de cine independiente en el cono sur* y pertenece a *Los ángeles sin fórum*. Y todo el programa de *Los ángeles sin fórum* se llama *El arte medial y experimental en Latinoamérica en los años sesenta.* Somos doce curadores, entre los que están: María Barman, Antony Pined, Álvaro Vázquez Mantecón, Pablo Marín, Ana Lucía Vélez, estoy olvidando algunos... La idea es hacer un mapeo de todas las expresiones experimentales ligadas al audiovisual como, por ejemplo, el cine experimental, el video arte y algunas tendencias, tales como el cine expandido, las performans y alguna otra que existiera, de forma temprana pero no fueron acotadas en ninguna reseña histórica. Ya hice una investigación similar en Uruguay, sobre el cine experimental uruguayo de los cincuenta, a propósito de un festival de cine de este país, y la institución que guardaba toda esta documentación, llamada SODRE, se quemó en un incendio. Esta institución llamada así por las siglas de Servicio de Ondas Radioeléctricas del Estado, estaba ligada a la zarzuela, la ópera, el teatro, el cine, la palabra. Y, cuando se produjo ese incendio, todas las obras cinematográficas, guardadas en el departamento que las albergaba solamente a ellas, desapareció, por lo tanto toda la información referida a ese festival, también desapareció. Ese Festival se celebró entre 1954 y 1971. Por él pasaron, entre otras figuras, Norman McLaren, John Grierson, Fernando Birri, Nelson Pereira Dos Santos, Patricio Kaulen, Jorge Ruiz, en fin, fue la antesala de un gran movimiento que luego se constela en diferentes prácticas audiovisuales en Latinoamérica. En esa gran constelación influyen varios factores socioculturales; por ejemplo, los diferentes procesos dictatoriales que se dan en el cono sur. Al mismo tiempo hay cambios estéticos, como las poéticas conceptualistas, las estructuralistas, el movimiento experimental que se da en Argentina. Todo eso va a ir afectando al cine en diferentes permeabilidades. Obviamente, mi lectura como artista es a través de y desde el arte. Mirar el cine desde ese punto de vista te permite tener una visión crítica, porque no estás atenido a ninguna regulación que tenga que ver con las cosas del mundo del cine, y aunque vos creas que estás al margen de la industria, vos puedes estar creando otra micro industria, que genera también un nuevo posicionamiento y aleja ciertas prácticas audiovisuales.

¿Tú te consideras una investigadora o una artista? ¿Cómo te definirías?

Yo no veo contradicción entre ambas cosas, yo soy una artista investigadora. Justamente en este momento estoy trabajando en una investigación, lo cual no quiere decir que me considere una gran investigadora. Pero la beca que obtuve en 2008 me fue concedida por la Fundación Séneca como artista investigadora.

Como artista debo decir que estoy relacionada con el arte desde los ocho años de diferentes maneras. Estuve vinculada con un taller que había en el barrio París, en Montevideo. Ese es un barrio muy popular. Montevideo tiene una parte de resistencia ideológica, sindicalista, donde se ubican estos barrios que han generado esos movimientos que tienen una gran fuerza creativa por un lado pero, de otro, es innegable que hay un cierto aislamiento de ese sector, en el oeste de la capital, para con el resto de Montevideo, con el sector céntrico. Yo me crié y crecí en ese barrio, y ahora creamos un centro de educación alternativa que se llama Gira luna. La idea era que los niños pudieran relacionarse con todo eso que estaba del otro lado de la Gran Avenida, donde se les mostraban películas, obras de arte. Hacerles accesible toda la cultura a ese barrio popular. Y de alguna manera puedo decir que pasé por todos los estadíos de la educación, del arte, el proceso creativo, y también siempre apunté a lo multidisciplinar. Mi obra, como artista, es audiovisual. Yo trabajo, sí, en un borde documental, aunque en realidad no creo en los géneros. Yo me plegué al video arte porque me fascina todo lo que tiene que ver con el medio electrónico, me encanta esa corriente que se generara en los años sesenta, tan próxima al discurso de la televisión, pero no me encerré ahí, el cine también me fue muy cercano, pero no me quedé anclada en ninguna de esas variantes. Digamos que han sido diferentes momentos en el quehacer cotidiano y son el resultado de lo que la vida, las circunstancias, te permiten hacer y, por supuesto, lo que te da plata para vivir. Con respecto a la investigación, decidí hacer esta maestría de Estudios Latinoamericanos porque yo tenía ya una licenciatura en arte, pero es que la validación de esa licenciatura no es suficiente para llegar a determinado nivel o posicionamiento académico; es decir, ser artista solamente no te permite formar parte del mundo académico de la investigación. Sin embargo, muchas veces el artista llega adonde el investigador no lo hace, porque como el artista vive la realidad que como autor también vivió, sabe qué puntos tocar. Nosotros, por ejemplo, y cuando digo nosotros me refiero a la Fundación de Arte Contemporáneo (FAC) que es donde trabajo, tenemos allí un nodo de creación, de preservación y defensa del celuloide que trabajamos con muchos artistas que son preservacionistas. Ese perjuicio no existe en las grandes academias del mundo. O sea, en esas grandes academias se puede ser investigador, preservacionista y artista. Latinoamérica todavía está un paso atrás de entender que el artista pueda ser un buen investigador, aunque a mí no me preocupa eso, digamos que me preocupa cuando me siento impotente ante la historia de ciertas cosas que quedan escritas y que invisibilizan a autores, sobre todo autores que en su momento fueron parte de una vanguardia y esa vanguardia luego alimenta a otras vanguardias que deja invisibilizado a aquel de la anterior, por entrar dentro de una máquina legitimadora, como puede ser la industria cinematográfica, en el caso del audiovisual, o de la industria artística o de la propia academia. Y después, a los veinte años o quien sabe cuántos, se descubre por alguien que dice: "Mirá, pero este olvidado era un imprescindible". Esto es lo que sucede con el cine, en este caso es una historia perversa, porque estos archivos se pierden o se deterioran de tal manera, que por más que una quiera devolverlos a la vida ya no hay vuelta.

No terminaste de contarme qué pasó con la Maestría.

Ah, sí. Lo que pasó con esa maestría. Bueno, tengo que recapitular un poco. Por diversas razones personales, yo pasé mucho tiempo en España, allí me formé y trabajé en varios campos. Cuando decidí que lo que más me interesaba era trabajar con los procesos de Latinoamérica y no con los países europeos (Uruguay es un país muy europeizado culturalmente), empecé a recibir esta maestría y me sirvió muchísimo para centrarme, allí coincidimos varios investigadores de ciencias sociales, de otros campos no artísticos y vi que todos teníamos puntos en común; esta maestría dura dos años, ya estoy en el proceso de escritura de mi tesis.

¿Esta maestría la estás haciendo en España o en Uruguay?

No, en Uruguay; en España ya había hecho unos estudios gracias a una beca de investigación otorgada por el Centro de Documentación y Estudios Avanzados de Arte Contemporáneo (CENDEAC), en Murcia. Allí te enseñan la metodología de la investigación ligada al arte. El documento inédito, objeto de estudio, puede ser una carta, un boceto, una pintura no validada por una firma, pero también puede ser una charla con una galerista. Todo esto que hablamos tiene un mercado para lo que está ligado al arte y la cultura, eso es lo que va diciendo: esto sí, esto no. Entonces un galerista, un marchante, un mecenas, es el que impone ciertos posicionamientos. Esa beca me sirvió de mucho, me permitió cierta movilidad, gracias a ello pude entrevistar a varias gentes participantes en ese festival, es decir, cineastas y artistas que me dieron su versión del festival, algo de mucha importancia para mí. También esa beca me permitió hacer una base, en Europa, de nuestro propio trabajo que tuvo una valoración positiva, algo que no obtuvo en Uruguay en su momento, algo que alcanzó más tarde. Ya hoy sí tiene un reconocimiento, pero no cuando comenzamos. Allá en España hicimos un proyecto, junto a algunos artistas murcianos, que llamamos Memoria Celuloide, que toma el cine amateur español de Murcia, una región del sur de España, y ellos lo subieron a una web. Luego ellos extendieron el proyecto a todo el cine español, amparado bajo el título de Archivo Común del Cine Doméstico. Y te digo, eso fue algo impresionante, porque España estuvo cuatro décadas viviendo bajo una dictadura terrible, y el cine era rehén de esa dictadura. Y en ese proyecto se muestra cómo desde lo hegemónico, al pie arriba de la cultura, hasta otra cultura que iba circulando de manera prácticamente invisible. Eso de una parte. Está también un trabajo que hicimos con mi compañero, Guillermo Zabaleta, que titulamos Archivo Visual de Lavapiés, un barrio del centro de Madrid, un barrio de contracultura madrileña. Y una parte de esa obra es la que viene a hacer mi compañero acá a la Bienal de La Habana

Entonces, ¿tú formas parte de ese proyecto que tu marido viene a hacer aquí en La Habana?

Sí, en parte sí, porque vengo a darle una mano con lo que tiene que ver con la recopilación de los archivos fílmicos que están relacionados al barrio, y ver qué autores han trabajado con este barrio, que es el de Cayo Hueso, ése ha sido el que hemos escogido. Encontramos cuatro películas: *Herido de sombras, Zafiro locura azul, En un barrio viejo* y *PM*. Hay muy poca imagen, tanto fija como en movimiento, del barrio en general, como del parque Trillo en particular, por eso lo que tomamos fue algunas películas que, de algún modo, aluden al barrio, películas o imágenes donde aparezcan las calles y las figuras, los personajes del barrio.

PM nada tiene que ver con el barrio de Cayo Hueso. Ese fue un documental de comienzos de los sesenta centrado en la vida nocturna de los bares populares de la playa de Marianao.

Pues, mira qué bueno que nos aclares eso, aún no hemos podido verlas todas.

Vimos *Herido de sombras*, que es un documental que está dedicado al grupo musical los zafiros, lo cuenta uno de sus sobrevivientes, que vivió justamente en Cayo Hueso y en el documental se muestran calles de este barrio. Lo dirigió un hijo del poeta Roque Dalton, Jorge, si no recuerdo mal. Por la misma razón está. *Zafiro, locura azul*, un largometraje de ficción también dedicado a ese grupo. Bueno, no tengo que explicarte porque tú seguramente sabes más que yo de esa película. El otro documental es de comienzos de los años 60, dirigido por el documentalista Nicolás Guillén Landrián, con unas imágenes muy buenas, en blanco y negro, que te dan personajes típicos de esas calles, en esos años.

Ángela, además de ese trabajo como investigadora, eres curadora. ¿Has trabajado en muchas exposiciones?

Bueno, tengo unas cuantas curadurías, no solo en Uruguay, también he realizado exposiciones en España, Argentina, en Estados Unidos y en Chile.[25] Y como también soy creadora, he expuesto parte de mi obra en Montevideo, Buenos Aires, Caracas, Maracaibo,

---

[25] Entre sus curadurías se destacan Anthology, videoperformance de Clemente Padín, Museo de Barrio, Nueva York; Cine Expandido I y II, en el Museo Nacional de Artes Visuales, MVD, focos/fac realizada en el Encuentro Regional de Arte.

Santiago de Chile, San Pablo, París, Marsella, Barcelona, Sevilla, Dresden, Berlín y Londres.

Y para completar tu pregunta sobre mi estancia en La Habana, independientemente de este apoyo al proyecto de Guillermo, aprovecho este viaje para buscar información sobre una investigación que llevo sobre el cine latinoamericano, dado que en La Habana se encuentran muchos archivos referenciales del cine latinoamericano y, en especial, hay una figura femenina que me interesa bastante: Beatriz Palacio, boliviana de origen, que vivió mucho tiempo aquí en Cuba, donde murió. Ella tenía cáncer y vino a recibir un tratamiento que duró algunos años. Ella es una figura destacada del cine boliviano, fue la compañera de vida de ese destacado cineasta, Jorge Sanjinés, director de *Ukaamau*, una de sus más importantes producciones y la primera obra cinematográfica en aymara.

Beatriz fue también directora de cine, productora, guionista y activista en pro de los derechos de las mujeres campesinas e indígenas, es una figura bastante invisibilizada y me interesa rescatarla. Pues esas son las cosas que me han traído a este bello país.

Muchas gracias, Ángela, les deseo mucho éxito y que vuelvan pronto a mi querida ciudad.

ORGULLOSA DE SU QUEHACER: TATIANA ZÚÑIGA
(Holguín, Cuba, 1969)

(Entrevista grabada en la sede de Editorial Papiro en Holguín. Noviembre 13 de 2015)

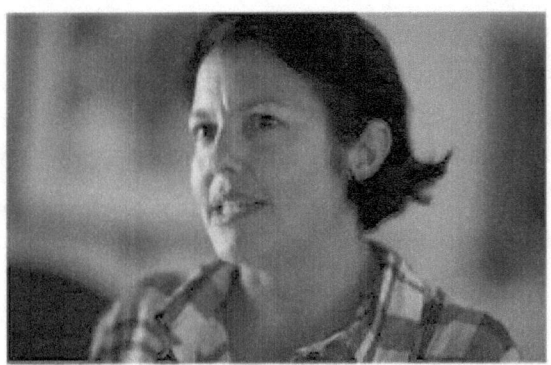

Conocí a Tatiana Zúñiga en los primeros años del siglo que vivimos, cuando asistí a una de las Ferias del Libro celebrada en mi tierra natal. Entonces ella dirigía la Casa de Iberoamérica, donde me recibió más tarde, en 2010, cuando ese centro fue sede del Coloquio dedicado al centenario del insigne investigador y profesor de la Universidad de Yale, el holguinero, José Juan Arrom. Por esos años ella me entrevistaba a mí para mostrar en Tele Cristal, mis libros o los discos que llevaba para presentar en Holguín. Hoy, algunos años después, ella está dirigiendo una peculiar editorial y luego de varios intentos, consigo grabarle esta entrevista.

Tatiana, cambiamos los papeles. Hoy eres tú quien me dará a conocer a mí y a los oyentes y futuros lectores de un libro en preparación, el quehacer de Tatiana Zúñiga Góngora. Comencemos por tus inicios.

Yo me gradué de la licenciatura en Historia del Arte, hace ya más de veinte años, en la Universidad de Santiago de Cuba, en su Facultad de Humanidades, donde tuve la gran suerte de tener profesores que amaban la especialidad, que creían mucho en ella, además de ser excelentes investigadores; de alguna manera, eso condujo mi vida desde esa etapa, hacia las artes visuales. Llegué a Holguín en pleno período especial, en años muy crudos, y durante toda esa década trabajé en el Centro Provincial de Artes Plásticas. Creo que fui una de las primeras graduadas que durante su servicio social ocupó un cargo de dirección: asumí el reto de tratar de convertir ese centro en la galería que necesitaba Holguín, olvidando que era pleno período especial.[26] Mi mayor suerte, durante toda mi vida laboral, ha sido contar, o reunir, o que la casualidad o la causalidad ayude a tener un grupo de colaboradores excepcionales en todas las etapas de mi vida. Y esta etapa en particular, de diez largos años, la recuerdo con mucha satisfacción. Era un grupo de jóvenes egresados de la Universidad, del Instituto Superior de Arte y de la ENA, todos con muchas ganas de trabajar, desdeñando las carencias que vivimos en esos años, y fundando, constantemente fundando. Fue una época de mucha creación en Holguín que recibió la visita de muchos críticos de arte, artistas de la vanguardia de esos momentos, jóvenes que hoy constituyen la vanguardia actual. Pienso que, más que todo, constituimos una disciplina hacia el arte, y no sólo hacia el arte, sino hacia algo importante y a veces subestimado: la gestión cultural. Durante esos mismos años tenemos la oportunidad de fundar el taller de papel manufacturado, que ha acompañado mi carrera de toda la vida, de lo cual hablaremos más adelante.

Después de ese trabajo en el Centro Provincial, comienzo a presidir la Asociación Hermanos Saíz (AHS), una organización

---

[26] Período especial. Más de una de las entrevistadas se ha referido a esta etapa de nuestro devenir. Se trata de la década de 1990, fundamentalmente, cuando la Unión Soviética desaparece y cesan todas las ayudas que de ese país venían a Cuba, incluyendo todos los convenios con el CAME, con lo cual la economía cubana entró en una tremenda crisis y la sobrevivencia de la gente fue casi milagrosa.

que tuvo varios retos en esos años. Tuvimos la suerte de pertenecer al grupo fundacional de las Romerías de Mayo, un festival mundial de juventudes artísticas. Primero no era tal, primero fue sencillamente la reunión de las artes más experimentales, de lo menos convencional de lo que estaba sucediendo en la Isla en todas las manifestaciones y la oportunidad de reunirlos en la primera semana de mayo aquí en Holguín. Fueron tiempos de un duro bregar: no nos amilanaban las carencias, la falta de hospedajes, las sequías intensas, pese a todo esto reunimos aquí más de mil delegados pertenecientes a todas las manifestaciones del arte. Holguín se convirtió en un hervidero cultural, para nosotros y para todo el país era una plataforma de promoción: la Capital del Arte Joven. Lo más hermoso de todo era cuando nos sentábamos a diseñar el evento, ésa era la parte más placentera, porque luego venía la organización, las guaguas, los trenes, los camiones, que tenían que entrar y salir de la ciudad para llevar y traer a las personas. Cómo alimentar a todas aquellas personas que venían desde los lugares más increíbles de nuestra geografía, todo esto era ya la vorágine. Por eso te decía que lo mejor era el momento de diseñar el evento porque pensábamos también en el concepto, soñábamos en el futuro, en el slogan que lo iba a presidir en cada una de sus ediciones, en esos momentos nos sentíamos verdaderamente realizados. Hoy las Romerías cuentan con más de veinte ediciones, es un evento muy conocido. Yo digo que se parece mucho a su tiempo, que los fundadores solo estamos ahí quizás para recordar, de una manera humilde, aquel camino que no debe perderse, pero son los jóvenes de hoy los que tienen que lograr que el Festival siga volando de la aldea al mundo, pues ya no solamente recibe delegados nacionales, también tiene la participación de más de doscientos o trescientos delegados de casi veinte países. Hemos recibido personas desde Australia, de África… De los cinco continentes han llegado personas a esta provincia, que está a setecientos kilómetros de La Habana, para asistir a un festival que tiene el *handicap* de autofinanciarse, como todos los eventos de este país, y además está convocado por la AHS. Con esta asociación estuve cinco años, en las Romerías muchos más. De las

Romerías uno no se jubila ni se separa, es un proyecto de vida como tantos que nos acompañan, que tú las ves nacer, las ves crecer, sufres con sus descalabros, lloras con ellas, te levantas y te sientes feliz cuando ves esa marea humana de pueblo que va subiendo, junto con los delegados, la Loma de la Cruz, cada tres de mayo. Las Romerías rebasan ya la convocatoria de su comité organizador, se ha convertido sencillamente en una fiesta de pueblo, una fiesta que Holguín espera cada mes de mayo. Para todos nosotros, la mayor responsabilidad es sostenerla, suceda lo que suceda, estemos donde estemos, pase lo que pase, las Romerías tienen que efectuarse.

Esa etapa al frente de la presidencia de la AHS fue para mí una gran escuela, la que me permitió ser más inclusiva, de alguna manera ahondar, profundizar en el estudio de las más diversas manifestaciones artísticas, abrir mi mente a las creaciones más experimentales. Yo venía con la formación universitaria de la Historia del Arte, pero, digamos, con la más académica, más convencional y con mayor énfasis en las artes visuales, aquí en cambio tuve que aprender a hacer de todo, a creer en todos, a adivinar, a descubrir lo que podía haber en cualquier área o zona de la creación, sobre todo en la de los más jóvenes, avizorar la posibilidad de que formaran parte de la vanguardia artística del momento y también de las fuerzas vivas de la nación. Estos fueron años de intensos trabajos durante los cuales empezamos a conocer el rock, el rap, que estaban naciendo; a fomentar festivales y contribuir a su desarrollo y promoción, y sobre todo ampliar las bases de la Asociación fuera del municipio Holguín. Creíamos y seguimos creyendo fervientemente, que Cuba es más que las ciudades capitales, hay también municipios, pueblos, pequeños lugares que mantienen su magia, su encanto en los cuales prolifera el talento de todo tipo. Hoy es Holguín una de las provincias que con mayor antigüedad, tiene y protege células municipales, ganadas gracias a una constante batalla en aquellos tiempos.

¿Cuándo asumes la dirección de la Casa de Iberoamérica?

Una vez culminado mi trabajo de cinco años en la AHS, paso a dirigir la Casa de Iberoamérica donde también estuve cinco años. Creo que uno tiene un tiempo vital para cada tarea, que no puede estar signado por el deseo de mantener el amor a los cargos o a cualquier beneficio personal que uno pueda alcanzar en ellos. Uno debe estar el tiempo en que esté aportando, que esté haciendo crecer ese proyecto y eso siempre tiene un límite. Cuando llegue ese momento es muy bueno tener la libertad y la conciencia para decir: "hasta aquí llego yo. Puede haber otra persona que lo haga mejor". En la casa de Iberoamérica tuve la responsabilidad de organizar la Fiesta de la Cultura Iberoamericana, un evento que había fundado el Dr. José Manuel Guasch junto con el entonces Ministro de Cultura, Armando Hart, un evento muy inclinado hacia la investigación socio cultural e histórica, además de acercar a una provincia que mantiene viva en todos los municipios las tradiciones de sus habitantes naturales y de todos sus descendientes, un festival que hablara en todas sus manifestaciones de Iberoamérica, de Hispanoamérica y de América Latina. Para nosotros más que Iberoamérica era Ameroiberia, y desde ese concepto, desde esa mirada, tratamos de mover las ediciones del Festival. Lo más interesante de esta etapa era, como pasara con las Romerías, el trabajo de mesa. Plantearnos y replantearnos lo que íbamos a hacer, porque uno no puede dejar que estos macro eventos se conviertan en espacios inamovibles, marmóreos, que se reproduzcan a sí mismos año tras año. Debe suceder todo lo contrario, porque si no somos capaces de renovarlos, sencillamente están condenados a desaparecer o a no proponer absolutamente nada. Uno de los espacios que más tratamos de afianzar durante esa etapa fue el Congreso Iberoamericano de Pensamiento y creo que lo convertimos en lugar esencial de encuentros para investigadores ya establecidos, reconocidos con Premios Nacionales en nuestro país, profesores universitarios muy destacados y también jóvenes investigadores que intentaban asentar su mirada sobre los temas más polémicos. El Congreso sigue siendo hoy el núcleo central de la Fiesta de la Cultura Iberoamericana. Y vuelvo a decirlo, y nunca será suficiente: el equipo de colaboradores que tuve en esa etapa fue sencillamente excepcional. Si uno, cuando termina una tarea, no se lleva ninguna medalla ni puede colgar ningún diploma que vean los que vengan después, lo bueno es la huella que hayas podido dejar en esas personas, en tu propia manera de ser, de pensar, de ver el mundo, es lo que tu hayas podido aportar. En este país la mayoría de las veces trabajamos con carencias de toda índole, pasamos, como decimos acertadamente, mucho trabajo para trabajar, algo no privativo de un sector específico, nos atañe a todos los cubanos que nos levantamos por la mañana y salimos a ganarnos el pan nuestro de cada día, a ganarnos la vida, y tenemos que ponerle alma, corazón y vida a todo lo que se hace. No hay otra manera, si pretendes hacerlo como si cualquier cosa, mejor quédate en tu casa, coge una bola de estambre, saca dos agujetas y olvídate de lo demás. Después que terminé mi "cuota" en la casa de Iberoamérica, ¡por fin! pude lograr hacer realidad un sueño largamente añorado, que había venido atrasando durante mucho tiempo, al que no había podido dedicarme, que fue regresar a la Editorial Cuadernos Papiro, una editorial que fundamos como taller de papel manufacturado, en la década del noventa, con el único fin de dotar de papel a los artistas, pues como no había otra cosa en el mercado, ellos no podían trabajar, pero en 2001 convertimos ese taller en editorial de libros arte, utilizando ese papel y máquinas antiguas, del siglo XIX y principios del XX, con tipografía del XVIII. Todas de tecnología americana, plano contra plano con tiradas son muy cortas, entre cincuenta y cien ejemplares, no más. Libros diseñados por artistas plásticos de mucha valía, están foliados y además tienen un certificado de autentificación. Cada libro es una obra única. No tenemos más que una o dos colecciones porque cada ejemplar está hecho a cuatro manos, ellos tienen que expresar la personalidad del escritor y también la del artista que lo diseña. Son libros ilustrados, por eso decimos que son híbridos, pues reúnen la artesanía, la plástica y la literatura. Son verdaderas obras de arte que han ido perfeccionándose a medida que han ido pasando los años.

Tengo una curiosidad: cuando se funda este taller que luego se convierte en editorial, ¿cómo se las arreglaron para hacer ese papel manufacturado primero e imprimir libros después?

He de confesarte que al principio éramos muy malos, es decir, empezamos siendo muy malos haciendo el papel. Por eso digo que ésta es una editorial única en el mundo, hemos investigado en la cámara del libro de Berlín y en otros sitios importantes y no hay nada parecido, lo que no es de extrañar porque hacer esto es una gran locura. Fíjate que para empezar a editar tienes que empezar por fabricar el papel donde vas a imprimir los libros. Cuando vas a hacer un libro que solamente tenga diez páginas y quieres imprimir cien ejemplares, pues necesitas mil pliegos de papel que tienes que fabricar hoja a hoja, reciclando todos los materiales, que pueden ser periódicos, revistas, cajas de cartón, recorterías de papeles de cualquier oficina, ahí te das cuenta de que estamos hablando de un proceso bastante complicado, proceso manual con tamiz, con tina, con prensa, no a la usanza de cómo hacían los antiguos el papel, porque este ya está cubanizado, pero sí es un proceso muy laborioso y depende fundamentalmente del hombre que esté al frente de todo ese proceso que es el núcleo central de la editorial. Después que el papel está fabricado, nosotros tenemos ya pensado y diseñado el libro, editando los textos, entonces pasa a nuestro linotipo del año 1900 y luego a nuestra prensa de 1816. Finalmente empezamos a imprimir hoja a hoja. Ya quedan muy pocos linotipistas e impresores en este país, es un oficio que, por las renovaciones tecnológicas, se ha ido perdiendo. Nosotros tenemos mucha suerte al tener esas máquinas bellísimas que forman parte de la ingeniería universal, de la sapiencia humana, máquinas que al estar aquí, nos permite tener un museo en nuestra editorial. Y si no las tuviéramos físicamente las conoceríamos únicamente por las fotos de los libros, pues estos modelos se han perdido, ya no existen y las que quedan, tal vez en alguna imprenta donde aún estén trabajando, pues son de años posteriores, tal vez sean alemanas o soviéticas, de los años 80. Puedo decirte que estamos muy orgullosos de nuestras máquinas y de poder realizar con ellas esta tarea tan hermosa. Tengo también un excelente equipo de trabajo, todos son hombres, yo soy la única mujer, pero me tienen que hacer caso. Claro, tenemos una dirección colectiva, eso es muy importante porque el libro que hagamos depende de todos. Depende de la fabricación del papel y de cada uno de los diferentes procesos para la terminación de una obra. Aquí nadie está subordinado a otra persona. Hay que organizar el proceso, pero cada uno es esencial, no puedo hacerlo si falta uno de ellos y todos tenemos conciencia de ese gesto. Por eso, trabajar aquí, más que un medio de vida, es un proyecto de vida, es una apuesta por algo que puede ser muy romántico, pero sabemos que es válido. Ante aquellos que piensan que el libro digital y la tecnología prevalecerán, yo pienso distinto. Nosotros no le tenemos miedo a la tecnología, todo lo contrario, soy de las que abogan por la coexistencia pacífica, creo que podemos enriquecernos mutuamente, somos un reto.

 A aquellos que piensan que el libro de papel está destinado a desaparecer les tengo que decir, sinceramente y con todo respeto, que no tienen la razón. Mientras más hermosos sean los libros, mayor capacidad de distribución y mayor avidez para leerlos vamos a proporcionar, porque el hombre es hijo de la belleza. Cada día, frente a tanta reproducción mecánica, estamos buscando lo diferente, lo alternativo, lo raro, lo único, desde este pedacito de ciudad, desde esta calle de Holguín que está en el centro, pero no en el medio del parque Calixto García, nosotros estamos tratando de hacerlo. Y tenemos la suerte de que hay muchos artistas en esta ciudad. Se dice que aquí levantas una piedra y salen muy buenos escritores, muy buenos artistas plásticos, muy buenos artesanos. Realmente estamos rodeados de un bosque frondoso del cual obtenemos nosotros los mejores frutos. Ellos nos colaboran y, ¡ojo! no cobran derecho de autor. En medio de nuestra pobreza, que más que pobreza es miseria, no tenemos cómo pagar el derecho de autor. Sin embargo, ellos hacen estos libros porque saben que es una obra diferente, y que los puede acompañar, no solo en Cuba sino a través de los coleccionistas de otros países, de libreros, de amantes de la literatura. En cualquier lugar puede haber un libro de la Editorial Papiro. También tengo que reconocer que nuestro camino se allanó, gracias a que, cuando nosotros surgimos, ya existía en Matanzas Ediciones Vigía, que es nuestra hermana mayor en el campo del libro manufacturado. Y este país tiene que estar muy orgulloso de que exista Vigía, y claro, también nosotros ¿no? Tengo que decir que Vigía nos allanó el camino, pues esa editorial creó una nueva estética, a la hora de editar y de armar un libro, un libro manufacturado, un libro de artistas. Sin embargo, no nos parecemos, tenemos diferencias estéticas y diferencias conceptuales, no obstante existe una comunión, a la cual le hemos sacado provecho en este compartir solidario que tenemos porque somos contemporáneas y porque vivimos y coexistimos en Cuba. Creo que no sería agradecida si no los mencionara, al igual que tantísimas personas e instituciones que nos han ayudado, porque este camino, aunque ha sido difícil, no lo hemos hecho solos. Al principio pertenecíamos al Consejo Nacional de las Artes Plásticas, después pasamos al Instituto Cubano del Libro donde nos apoyaron y conocimos las Ferias, pero hubo un momento en que se creó un límite estructural, un límite en el funcionamiento y decidimos pasar al Fondo Cubano de Bienes Culturales. Durante poco más de dos años estuvimos en el Fondo, donde aprendimos cómo funcionar desde el sector presupuestado al sector empresarial. Se piensa que es fácil y no es nada sencillo, hay que aprenderlo, hay determinados códigos que se deben dominar tanto como la contabilidad; estos no pueden ser procesos festinados ni llenos de entusiasmo superficial; tienes que estar bien preparado si quieres tener éxito. Nosotros apostamos por hacer un proyecto que tuviera validez cultural y que, al mismo tiempo, fuera sostenible. Estamos todavía contando los kilos y creo que vamos a tener que seguir contando los kilos por toda la eternidad, pero es suficiente con que haya kilos para contar. Desde hace dos meses pasamos a un nuevo sistema de gestión llamado Colectivo de Creación, al lado del Fondo Cubano de Bienes Culturales, pero de una manera más autónoma, así podemos comercializar y promocionar nuestras producciones.

¿Quiere decir que tendrán un futuro mucho más allanado?

El futuro y las perspectivas, aunque puedan parecer muy modestas, son ante todo, sostenernos. Por ahora, sostener este bello espacio construido de verdad, al que debemos dar muy buen uso en los años venideros. Lograr que nuestra editorial siga dándose a conocer en el país y en el extranjero. Sobre todo, hacer de este lugar un espacio amable para todos los creadores holguineros y para los visitantes, vengan de donde vengan.

He oído con suma atención todo cuánto me has contado, pero hay algo muy meritorio que han hecho aquí en esta pequeña Editorial de lo que no has hablado: el regalo que hizo Holguín al Papa, cuando visitara esta ciudad.

Es verdad. Voy a comenzar por los inicios. Hablábamos hace un rato de las casualidades y de cómo estas pueden desencadenar determinados sucesos. Hace dos años, aproximadamente, vinieron a vernos del Registro de Bienes Patrimoniales para decirnos que habían decomisado un cliché antiguo que pretendían sacar ilegalmente del país. Como nosotros nos dedicamos a la imprenta, decidieron entregárnoslo para tenerlo aquí junto a nuestros fondos patrimoniales. Cuando recibimos el cliché, vimos que trata la ruta de la Virgen de la Caridad. Hicimos las investigaciones, descubrimos que es de 1814, es decir, es una obra muy antigua, está deteriorada por alguna zona, pero la imagen de la Virgen está perfectamente conservada. Contiene desde el hallazgo de la aparición de la Virgen en la bahía de Nipe hasta su llegada al santuario de la Caridad en el Cobre. A partir de ahí tuvimos la idea de reunir textos dedicados a la Virgen de la Caridad para hacer un libro. En la selección de los autores y los textos demoramos más de un año. Ya cuando teníamos el diseño del libro prácticamente a punto, supimos de la visita del Papa Francisco a Cuba y que su Santidad vendría a Holguín, hecho inédito, maravilloso, que una de las personas más influyentes del mundo tuviera la oportunidad de estar en nuestra ciudad. Ya habíamos comentado con algunas personas la obra que teníamos en perspectiva, ese libro dedicado a la Virgen y la idea había sido muy bien recibida. Nosotros queríamos que el libro fuera muy sencillo, pero cargado de símbolos que hablaran no sólo de Holguín sino de todo el pueblo de Cuba. Una de las obras más lindas que tiene en su interior es como se titula: "Nuestra devoción a la devoción del pueblo cubano por la Virgen de la Caridad, Patrona de Cuba" Concebimos guardar el libro dentro de un cofre, fabricado con la madera de una palma real, no de cualquier palma, sino de una Palma Real que trajimos del pueblo de Barajagua, que fue el primer sitio que acogiera la imagen de la Virgen cuando fue rescatada de las aguas. Con esa palma se construyó el cofre, hermosísimo, que mantiene la forma de la palma real, en el cual no se utilizó ni un clavo, está encolado, con la cola orgánica que hacían nuestros campesinos, y está lustrado y protegido con cera de abejas. Tiene en la etapa superior una bandera cubana al relieve. Dentro está el libro, conformado por la obra de 16 artistas holguineros que hicieron su respectiva interpretación de la imagen de la Virgen de la Caridad. Es decir, cada artista hizo una interpretación original de esa conocida y querida imagen. Se hicieron solamente tres ejemplares y cada uno de ellos tiene una imagen única de esos 16 artistas. Las técnicas son muy diversas. Van desde el grabado hasta la pintura, el trabajo sobre metal, el relieve. Y, por supuesto, los 14 textos dedicados a la Virgen de la Caridad, firmados por sus respectivos autores cubanos entre los que se encuentran: José Martí, Gertrudis Gómez de Avellaneda, Adelaida del Mármol, Nicolás Guillén, José Lezama Lima, Cintio Vitier, y cerrando estos textos está la carta que los mambises escribieran en 1915 al Papa Benedicto XV, pidiendo que declare a la Virgen de la Caridad Patrona de Cuba. A los 16 artistas plásticos se unen los dos fabulosos artesanos que crearon este cofre: Luis Silva y Omel Ricardo. Estamos hablando entonces de una obra coral, una obra múltiple que, efectivamente, fue un orgullo para nosotros que fuera el regalo que le entregara el pueblo de Holguín a su Santidad el Papa Francisco, un Papa que, además de su preocupación por los pobres y por el equilibrio del mundo, ha hecho declaraciones muy significativas sobre la ecología, sobre el medio ambiente. Nosotros hemos sido fieles a esta línea, pues cada hoja de papel que se utiliza para el libro fue hecha a mano. Y, por supuesto, para hacer este papel, como reza nuestro certificado de autentificación, "no se daña la naturaleza, no se corta un árbol". Con esto quiero decirte que queríamos que estuviera a la altura de los preceptos que él ha fomentado desde que tomó el Ministerio y se convirtió en el primer Papa latinoamericano. El regalo se entregó durante ese día que estuvo aquí en esta bella ciudad.

Otra curiosidad, Tatiana. ¿A quién acudieron para lograr la autorización de la entrega del regalo al Papa?

Esa es una historia muy larga. Fue un largo proceso, pero te resumo. Tuvimos la suerte de que las autoridades políticas y las autoridades de la iglesia de esta ciudad estuvieran de acuerdo en que éste fuera el regalo que debía entregársele a Su Santidad. Por supuesto, estuvieron supervisando la ejecución, que todo quedara tal y cómo debía ser. He de decirte que incluso nuestras ideas iniciales fueron superadas por aportes que realizaban los propios artistas u otras personas. Por ejemplo, nosotros tuvimos la idea de hacer el cofre de palma real, pero cuando estuvo el Secretario Provincial del Partido aquí en la editorial para ver cómo iba el proceso, fue suya la idea de que la palma fuera de Barajagua y nos facilitó todos los medios para que se trasladara desde allá hasta el taller donde trabajan los artistas. Esto te da la idea de que, además de esos 16 o 18 o 25 personas vinculadas al libro, hay muchos más, pues hubo muchos amigos los que nos visitaron, nos dieron ideas, o sencillamente nos animaban, porque fueron varios meses sin dormir, pues nos parecía que las cosas no iban a ser terminadas en tiempo; si es difícil diseñar un libro con un solo artista, imagínate tú convocar 18, ponerlos de acuerdo, pedirles obras y tener la oportunidad de dialogar con ellos. Porque ellos también tienen sus ideas, sus conceptos sobre lo que queríamos. Y ellos, debo decir, que más que una imagen entregaron en cada obra su propio mundo espiritual, que no tiene que ver sólo con la fe, sino también con la identidad de este pueblo.

Pienso que eso es ya un premio, es decir, que el regalo que Holguín decide regalarle al Papa sea considerado como el regalo que le hace todo el pueblo de Cuba es ya un premio para esa labor tan hermosa que ustedes han realizado.

Creo que sí. Quiero pensar que es el más lindo y el más sencillo premio que hemos recibido. Además sabemos que él mostró interés[27] y lo trasladaron hacia el Museo del Vaticano. Y también el obispo de Holguín tuvo la deferencia de entregarnos una medalla conmemorativa del viaje de su Santidad, el Papa Francisco a Cuba, como agradecimiento por, como ellos expresan, al "don" entregado al Papa. Y te digo, sinceramente, para nosotros nuestro mayor orgullo es que hayan participado tantos artistas en esta obra para convertirla en una obra coral, que es como debe ser vista.

Nosotros hicimos una exposición en la sede de la UNEAC con todas las obras plásticas y todos los textos para que fuera conocido

---

[27] De las paredes de la Editorial Papiro cuelgan las fotos que dan fe del recibimiento del libro por parte del Papa Francisco en el Vaticano.

por el pueblo. Porque el libro lo habían visto los periodistas y las personas que estuvieron presentes en el momento de la entrega, pero el resto de la población no lo conocía. En la inauguración yo dije que ninguno de los artistas preguntó cuánto iba a cobrar y eso habla muy alto de esa entrega colectiva que nos caracteriza.

Yo he tenido el privilegio de ver la obra y sobre todo esas fotos donde el Papa mira extasiado lo que ustedes han hecho. Es algo realmente hermoso.

Muchas gracias Tatiana, por haber aceptado contarme estas cosas maravillosas de tu quehacer.

PRONTO ME DI CUENTA DE QUE YO ERA NARRADORA. KARLA SUÁREZ (La Habana, Cuba, 1969)

(Entrevista grabada en Lisboa, Portugal. Junio de 2013)

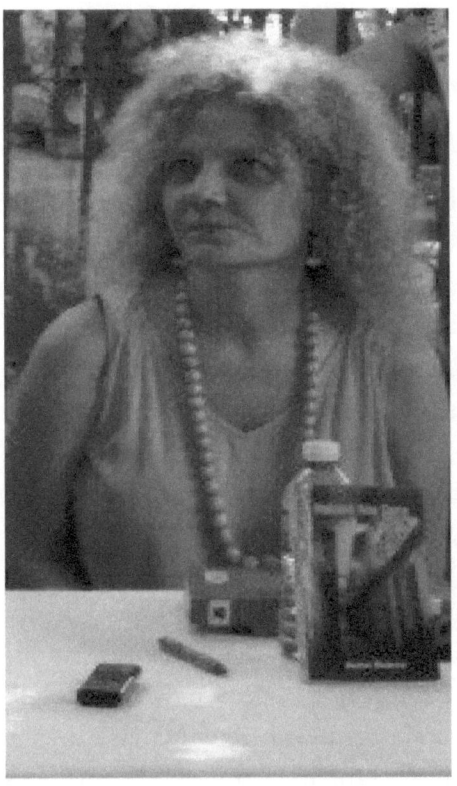

Cuando trabajaba como profesora en el Instituto Superior Politécnico José Antonio Echeverría, fundé y dirigí, en 1985, el Taller Literario Wichy Nogueras. A él asistían alumnos de diversas carreras de ingeniería con inclinación hacia las letras. Entre ellos estaba una estudiante de segundo año de la facultad de Ingeniería Eléctrica, Karla Suárez, quien pronto se destacó por su amor a la lectura y su interés por la escritura. En los encuentros nacionales de talleristas, que entonces solían hacerse en diferentes provincias, Karla era siempre una de las ganadoras de algún lauro. Terminada su carrera como ingeniera, comenzó a trabajar como tal, pero su vocación por la escritura se fue perfilando cada vez más. Hoy es una de las jóvenes narradoras cubanas con una carrera ya avalada con premios relevantes.

Karla, vamos a empezar por tus orígenes: ¿dónde y cuándo naciste? ¿Qué estudiaste?

Nací en La Habana, el 28 de octubre de 1969. Estudié música en el Conservatorio Alejandro García Caturla en la secundaria básica. Luego me gradué en la CUJAE en la especialidad de ingeniería de máquinas computadoras. Durante mis años de estudio, asistí al Taller Literario que allí se hacía y hoy, tengo que decirlo, me emociona mucho que tú me hagas esta entrevista.

Cuando te integras al Taller Literario de la CUJAE ya escribías. ¿A qué edad te percataste de ese gusto por la escritura?

Cuando era niña, porque me gustaba contar historias, primero hacía poemas malísimos y cuentos que siempre eran historias divertidas, mi madre era profesora de literatura y ha sido ella mi primera lectora y correctora. Escribir me entretenía más que ver una película o cualquier otra cosa. Sin embargo, no me imaginaba estudiando letras. A mí me gustaron siempre las matemáticas y las ciencias, por eso pensaba que mi futuro era ser científica. Cuando entré en el Pre, abandoné el conservatorio de música y, al terminar, pedí todas las carreras universitarias en la facultad de ingeniería eléctrica. Seguía escribiendo cuentos, pero por mi cabeza nunca pasó estudiar otra carrera que no fuera de ciencias. Durante los dos primeros años en la CUJAE las asignaturas comunes me parecían muy atractivas, ya al entrar en la especialidad, en tercero, hubo algunas menos atrayentes, y no me gustaban tanto; fue justo en ese momento cuando me incorporé al taller literario. Éramos pocos los estudiantes asistentes a aquellos encuentros, recuerdo algunos de la facultad de Mecánica, otros de Civil, alguno de Arquitectura... Era muy agradable aquel contacto porque pude intercambiar con otros jóvenes de mi edad que tenían las mismas inquietudes que yo. Hasta entonces solamente mi familia y algunos amigos cercanos conocían mi afición. En esos años, además, se hacían encuentros universitarios en otras provincias y los concursos de literatura estaban incluidos en los Festivales de Aficionados. Recuerdo haber participado en los encuentros de Cienfuegos, Camagüey... En ese tiempo tenía yo un poco de "músico, poeta y loco" porque también cantaba y participaba en los festivales universitarios, como solista o en dúo con otro cantante aficionado. Esto era muy divertido para mí, pues todo tenía que ver con mi manera de ser. Luego, cuando terminé la carrera, hice una tesis en el Laboratorio Nacional de Música Electroacústica donde desarrollé un software que me permitió aplicar mis conocimientos de matemática y de electrónica a la música que tanto me gustaba. Así que dos de mis aficiones estaban unidas en ese trabajo de graduación: matemática y música.

Y hablando de literatura ¿Cuándo te publican el primer libro?

Mi primer libro es de cuentos, se llama *Espuma* y lo publican en La Habana en el '99. Es un libro que terminé en el 96, pero se publicó cuando yo había salido del país, pues desde 1998 vivía en Italia, por eso no vi cuando salió el libro. Luego escribí *Silencios*, mi primera novela, ganadora del premio Lengua de Trapo, en España, en 1999. Ese mismo año, cuando fui a España a recibir el premio, tuve ante mí la novela y era mi primer libro que veía publicado, aunque realmente, como te dije, la primera publicación corresponde a *Espuma*. Antes de ese año yo solamente había publicado algún cuento en antología y en alguna revista; y había ganado alguna mención. Publiqué una vez unos poemas en Alma Máter, pero por suerte para la poesía me di cuenta de que yo no era poeta, soy narradora.

Sé que has seguido escribiendo y publicando. Y ahora, ya en la segunda década del siglo 21, ¿cuántos libros tienes?

Tengo tres libros de cuentos, tres novelas y un libro de viajes sobre Cuba. Y el año próximo saldrá un nuevo libro de viajes, esta vez sobre Roma. Estos dos libros de viajes los he hecho en colaboración con el fotógrafo italiano Francesco Gattoni. Yo viví en Roma y él es romano; él viajó por Cuba y yo soy cubana, así pues nuestro proyecto incluye los dos sitios, Francesco hizo las fotos y yo escribí los textos que son completamente autobiográficos.

Me hablabas hace un rato de un premio otorgado por Francia. Cuéntame sobre este premio.

Sí, la última novela que escribí, *Habana año cero*, recibió en 2012 dos premios en Francia. El Gran Premio del Libro Insular, que es para libros de autores nacidos en islas o que vivan en islas o cuyo tema esté relacionado con islas. Fue bonito. El premio se anuncia en un festival que se realiza en la Isla de Ouessant, yo estaba invitada ese año porque el libro acababa de salir en Francia y, aunque sabía que estaba concursando, no sabía que era finalista. De eso me enteré allí y, estando ahí, me otorgaron el premio personalmente. Esa fue mi sorpresa de agosto. En diciembre, a la misma novela le dieron el Premio Carbet del Caribe y de Tout-monde que fue creado por Édouard Glissant para autores del Caribe y que lo entrega el Instituto Tout-monde de París. Este premio se lo han dado a autores de mucho prestigio que yo admiro muchísimo. De Cuba lo ganó Leonardo Padura en 2011. Así que con la historia que tiene el premio y con la sorpresa, porque en este caso yo no sabía que mi novela estaba concursando, como comprenderás, me puse muy contenta con la noticia.

Entonces, ¿de qué va la novela que te ha dado estas alegrías?

La novela se llama *Habana año cero*, como te dije antes. Y ese año es el 1993, el peor del período especial que vivimos en Cuba; a ti no te lo tengo que explicar porque lo viviste junto con todos los que estábamos allí.

En la novela hay cinco personajes que están en La Habana. Julia, la narradora, es una licenciada en matemática, frustrada porque en lugar de dedicarse a la investigación científica, tiene que trabajar como profesora en un preuniversitario. Euclides es un ex profesor de matemáticas, jubilado anticipadamente por depresión tras la salida del país de sus hijos. Ángel es un desempleado que se dedica a la venta de cualquier cosa en el mercado negro y a alquilar, ilegalmente, su apartamento del Vedado. Leonardo es un escritor que trabaja como oficinista; hace tiempo que no publica a causa de la crisis, pero está haciendo una novela en la que tiene muchas esperanzas. Finalmente está Bárbara, una periodista italiana que va de turista a Cuba y que, supuestamente, está interesada en la nueva literatura cubana. Todos estos personajes están viviendo en un país en crisis y esta situación los ha llevado a crisis personales. Es por eso que poco a poco se van embarcando en la búsqueda de un documento histórico con la falsa idea de que tenerlo les cambiará la vida de algún modo. Se trata de un documento histórico original sobre la invención del teléfono.

Es parte de la realidad ignorada que el teléfono fue inventado en Cuba por un italiano llamado Antonio Meucci. En el año 1849, mientras Meucci trabajaba en el teatro Tacón de La Habana hizo; el primer experimento exitoso de transmisión de la voz a través de la electricidad pero, a pesar de haber perfeccionado su invento en los años sucesivos, no pudo adquirir la patente. En 1876, el estadounidense de origen escocés Graham Bell logró hacerse con ésta y así quedó convertido en el inventor oficial del teléfono, como es conocido por casi todo el mundo. Más de un siglo después, en 2002 y luego de la exhaustiva investigación del profesor italiano Basilio Catania, el Congreso de Estados Unidos reconoció oficialmente a Antonio Meucci como el auténtico inventor del teléfono.

Esta es la parte de historia real que hay en mi novela, pero no es una novela sobre Meucci. Su tragedia es simplemente la justificación para hablar de la Cuba del 1993. Porque hay, además, algo en común entre mis personajes y Meucci: la falta de dinero. Si Antonio Meucci no pudo comprar la patente del teléfono fue porque no tenía los 10 dólares que costaba en su momento. Y en La Habana del período especial, 10 dólares también significaban mucho. En la novela, por diversos caminos, los personajes se enteran de la existencia de un documento escrito por Meucci e imaginan que llegar a tenerlo puede cambiarles la vida. Visto desde afuera, es bastante absurdo que alguien piense que demostrar quién descubrió el teléfono pueda cambiarle la vida, el problema es que si ese alguien está en una situación desesperada, entonces cualquier cosa puede convertirse en su objetivo, en el "becerro de oro" al que agarrarse para sobrevivir. Lo que me interesaba era explorar cómo las personas que están al límite, por circunstancias determinadas, pueden agarrarse a cualquier cosa para no morirse de tristeza o desesperación.

¿La novela entonces se mueve alrededor de una búsqueda, es como una investigación policial?

Sí, es una investigación. Todos los personajes, en su búsqueda del documento, van aliándose y cambiando de bando. Los cinco personajes arman un lío tremendo de mentiras, de pactos rotos entre ellos... De hecho, el título inicial de la novela era *Ellos mienten*, porque todo es una gran mentira. Eso fue divertido porque durante la escritura yo no sabía quién tenía el documento, los personajes me tenían loca, y me decía a mí misma: "adónde me van a llevar estos cinco". Por fortuna, al final vi la solución y es como una novela policíaca porque se mantiene toda la investigación como un suspenso.

¿Y el personaje principal, la matemática, tiene algo que ver con tu formación?

Algo, seguramente. Julia es licenciada en matemática y razona como tal. Es la primera vez que tengo un personaje así y la verdad es que me divertí bastante. Hasta leí libros de matemática para meterme bien en su manera de pensar, aunque gracias a mi formación, esto no fue muy difícil, lo más complicado fue que tuve que llevar a palabras simples esa manera de razonar, porque se trata de una novela no de un tratado científico ni mucho menos. Así que me divertí uniendo mi lado científico y mi lado literario. El mundo de referencias de Julia es científico, por tanto suele citar a Newton, por ejemplo, o al matemático Poincaré. Pero, además, ella necesita siempre una teoría para explicar lo que sucede a su alrededor. Y, por ejemplo, para tratar de entender lo que estaba sucediendo en Cuba en aquel año 1993 usa la Teoría del caos. Esta teoría ya ha sido aplicada en sociología, psicología, incluso en el arte, así que para mí fue muy curioso descubrir, gracias a mi personaje, lo bien que viene la Teoría del caos para intentar explicar aquello que vivimos y sus consecuencias. En la novela, Julia lo explica mejor que yo y con palabras muy simples.

¿Esta novela solo ha sido publicada en Francia?

Está publicada en Francia y en Portugal

Y ¿en España?

No, todavía no.

¿Tú crees que en Cuba podamos leerla?

Espero que sí, que pueda publicarse allá. Te avisaré (1)

¿Puedes decirme por qué estás viviendo en Portugal?

Yo siempre quise viajar y conocer otros países. Viví los años más duros del período especial en La Habana y me fui en 1998. Primero viajé a Roma, me enamoré y allí me quedé viviendo cinco años. Roma va a ser siempre mi segunda ciudad, un sitio que amo, pero llegó el momento en que ya quise irme. Entonces me fui a París que había sido mi viejo sueño, casi todo el mundo quiere ir a París y yo también. Pues allí viví seis años, y también llegó un momento en que quería irme. Adoro París, pero tiene los pro y los contras de la gran ciudad, la vida allí puede ser bien complicada y ya necesitaba algo más pequeño, un poco más "a medida humana". Había estado varias veces en Lisboa, y me había encantado. Lisboa me recuerda a La Habana, no sé, es algo raro, pero se me parece. Tal vez porque el mar está ahí cerca. Tiene una luz maravillosa, y un río tan grande que da la sensación de que se respira mejor. Es una ciudad muy cálida, en invierno hay frío pero no tanto como en París. Llevo casi cuatro años aquí y sigo encantada.

¿Y ahora está escribiendo algo?

Ahora estoy metida en una novela sobre la guerra de Angola. Cuando terminé *Habana, año cero*, empecé a trabajar en este proyecto, pero en principio me ocupaba solamente de búsqueda de documentación y lectura. Yo necesito tiempo entre novela y novela para despedirme de los personajes que me han acompañado y empezar a conocer a los nuevos. Además, a pesar de ser algo que en Cuba todo el mundo conoce, no hay mucha información sobre las guerras de África en las que nosotros participamos. Por suerte, en los últimos años han salido algunos libros en Cuba y otros también aquí en Portugal. Estos últimos apenas hablan de la historia cubana, pero sí dan una visión de las otras partes del conflicto y eso para mí es muy interesante. Por eso he pasado un buen tiempo leyendo cosas de aquí y de allá. Mientras tanto, escribí el libro de viajes sobre Roma del que te hablé antes, algunos cuentos y un texto infantil. Pero ya estoy metida en la escritura de la nueva novela, ya tengo personajes que hablan, se mueven y hacen preguntas, sobre todo hacen muchísimas preguntas. Y dentro de esta historia paso ahora casi todo el día.

Muchas gracias, Karlita. Y que vengan muchos nuevos textos.

PRESERVAR NUESTRA CULTURA.
MAGDALENA TRILLO (Córdoba, España, 1970)

(Entrevista realizada en Centro Habana. Abril 16 de 2015)

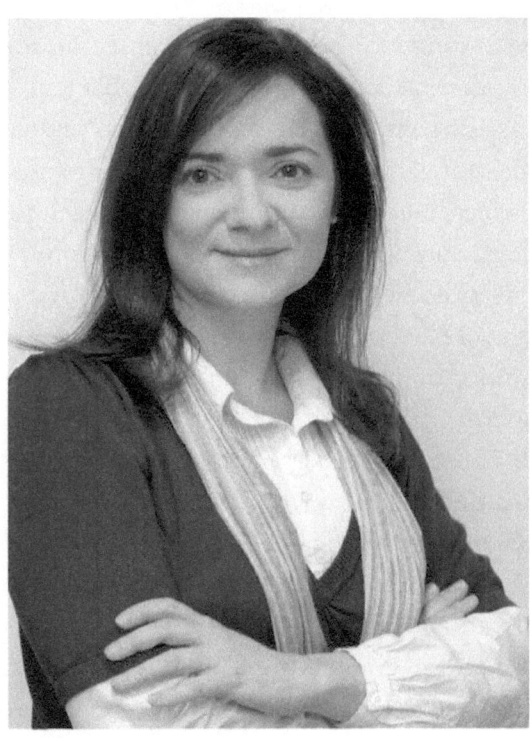

Me enteré por pura casualidad de que estaba en La Habana la directora del periódico Granada Hoy. Y rauda y veloz, como dicen los deportistas, la localicé para saber qué estaba haciendo Magda Trillo, esta joven mujer en Cuba y, por supuesto, grabar un programa para VOCES e incluirla en este libro cuya escritura ya estaba bien avanzada. De inmediato conocerán quien es ella y qué vino a hacer a Cuba.

Magda, vamos a presentarte primero a los oyentes y a los futuros lectores del libro que ando gestando. Dónde naciste, tus estudios y por qué estás en Cuba.

Yo soy cordobesa, toda mi vida he vivido en un pequeño pueblo llamado Rute, pero estudié en Málaga, una provincia cercana al sitio donde nací. Ambas en la región Andaluza, al sur de España. En Málaga me licencié en periodismo a finales de los años '90 y mis primeros trabajos fueron en Granada, de ahí mi relación con esa ciudad. Desde el principio estuve trabajando allí en el sector de prensa, en el único periódico que existía en esos momentos, llamado Ideal y a partir de ahí me trasladé para esa ciudad donde llevo ya veinte años. Por supuesto, transité por varios centros laborales, como nos pasa a todos los jóvenes recién egresados de la universidad: haciendo prácticas en donde te admitan, con un salario bien precario, como suele ocurrir en estos casos, y como becaria; también estuve trabajando en el Gabinete de Prensa del Patronato de Turismo, en la Agencia EFE, hasta que apareció la oportunidad de tener un trabajo un poco más estable que fue en el periódico que ahora dirijo, en el cual empecé como jefa de la sección de cultura. Este periódico se puso en marcha en el año 2003, yo soy una de las integrantes del equipo fundacional, pero no es hasta 2008, cuando se marcha el director, Ramón Ramos, que me llaman los dueños de la empresa, porque allá los periódicos pertenecen a grupos privados, y me proponen ser la directora del periódico. Así, desde ese año estoy dirigiendo esta publicación de la cual aún no te he dicho el nombre: Granada Hoy, donde tengo una relación muy femenina, porque somos un montón de mujeres trabajando allí.

¿Hay otras mujeres en Andalucía dirigiendo este tipo de publicación?

Pues no, en este momento soy la única mujer en Andalucía que está al frente de un periódico de información general; en el resto de España muy pocas mujeres están al frente de publicaciones de este tipo, pues éste es un sector que todavía hoy está muy masculinizado, sobre todo en los altos puestos de dirección. En la base hay muchas más mujeres, por ejemplo estudiando en las diferentes facultades, pero a medida que se va ascendiendo, es más complicado llegar a lo que nosotros llamamos "el techo de cristal" y, en el caso de la prensa sobre todo, no en otros medios de comunicación, sí que se puede ver esta situación de desventaja femenina, éste es un sector que todavía lo tienen controlado los hombres.

El Granada Hoy, ¿qué características tiene?

Es un periódico de provincia, de información general, es un periódico de izquierda. Aquí en Cuba podríamos compararlo con un periódico como Vanguardia de la zona central de Cuba, en la provincia de Villa Clara, por ejemplo. El Granada Hoy está muy vinculado al sector universitario y una de las apuestas fundamentales nuestras fue el sector de la cultura. Tenemos una sección cultural inédita en toda la prensa española, que es el suplemento actual al que dedicamos entre 12 y 16 páginas diariamente a la cultura. Los periódicos que tenemos allí son muy diferentes a los de Cuba. Aquí, por lo que he visto hasta ahora, ninguno tiene más de 8 páginas. En cambio, en España, la media para un periódico está entre 64 a 72 páginas. Un fin de semana puede llegar a 96 páginas, incluso con un suplemento extra. En Granada la innovación que hicimos fue por la cultura, pues como se sabe, Granada es una ciudad de tradición cultural muy fuerte, con una cantera de creadores, de poetas sobre todo, entre los que destaca la figura de Federico García Lorca. Y entendíamos que no solo era vivir de la renta, sino apostar por la cultura, nosotros consideramos que el periódico debía responder a los propios intereses de los ciudadanos y también generar una cohesión social, generar el debate cultural, participar de los intereses de la ciudad. Y esas propuestas nos permitieron poner en marcha este proyecto, que era una suerte de pequeña revista, como los suplementos culturales del siglo XIX, como en la época de Balzac, donde figuraban sus trabajos en aquellos folletones franceses. Esa era la idea: recuperar esa tradición, pero desde el punto de vista local, ésa era una de las innovaciones, pues en España la única apuesta es la de los grandes periódicos nacionales, pero no se prestaba atención a la creación local y nosotros entendemos que tenemos que responder a los intereses de Granada, contar las preocupaciones y conectar con los diversos círculos culturales de la ciudad.

Aquí antes de la etapa revolucionaria había periódicos con mayor cantidad de páginas, y eran privados. Con la Revolución pasaron a ser órganos oficiales. Cada provincia tuvo el suyo, hay 16 provincias y la escasez de papel pone límite a las páginas. Y tú, ¿además de dirigir el periódico, tienes otro trabajo?

También soy profesora. A mí la docencia siempre me ha gustado y en Granada, aparte del turismo, pues es una ciudad de mucho flujo turístico, el otro gran pilar ha sido la universidad. Hay mucho flujo de estudiantes de otras regiones españolas pero también de otros países, por ejemplo el intercambio europeo a través de becas funciona muy bien. Claro, estamos hablando de un centro universitario con cinco siglos de existencia y justo a partir del año 2000 se puso en marcha una licenciatura de Comunicación Audiovisual que lleva una parte periodística. Yo empecé a colaborar con la universidad con un contrato como profesora asociada, en 2010, para impartir lo relativo al periodismo en esa carrera. Le doy clases a los alumnos de primer año de Comunicación Periodística y luego a los de segundo, Medios Audiovisuales y a los de tercero, Sistema Mediático, esto es, un panorama de ese paisaje de los Medios, tanto a nivel mundial, pero vinculándolo con lo europeo y con lo nacional.

Entremos en el momento de ahora mismo: ¿Qué te trajo a Cuba, si se puede saber?

Pues precisamente mi trabajo docente. Surgió la posibilidad de dar un Seminario sobre periodismo gracias a un programa de intercambio existente entre la Universidad Marta Abreu de Villa Clara y la Universidad de Granada. Fueron a Granada unos compañeros de esa Universidad para concretar la posibilidad de un intercambio entre ambos centros. Yo no había hecho ninguna estancia en Cuba, tampoco en ningún otro país, y me entusiasmó y acepté la idea que ellos me propusieron de impartir acá un seminario sobre periodismo. Me comentaron que era un área que no solía ser parte de los programas de colaboración, pero acepté encantada la propuesta de venir acá por una semana y estoy muy contenta, pues tuve una gran colaboración por parte de los compañeros de Santa Clara, tanto de los alumnos como de los profesores y los profesionales de los medios de esa provincia. Hemos podido compartir esa experiencia de cómo se ven los Medios aquí y en España. Ha sido una semana de un trabajo muy intenso, pienso que ha sido muy positivo para las dos partes, porque todo ese intercambio entre nosotros generó una buena comunicación, una confrontación de ideas que, de verdad, creo que ha sido muy positivo. La concurrencia fue elevada. Convocaron un número de asistentes y en seguida se agotaron las plazas, creo que eran 48, supongo que fueron muchos atraídos por la novedad, de que estuviera alguien de un país de un sistema diferente al vuestro tratando un tema bien complejo, como lo es el tema de los Medios de Comunicación y saber cómo se estaba trabajando desde el modelo capitalista a ellos les interesaba, sobre todo en este momento en el que nosotros estamos sufriendo una profunda crisis, esa crisis económica que anda recorriendo el mundo. Tampoco nosotros hemos terminado de entender cómo es el modelo después del impacto de las nuevas tecnologías, de internet. Todo esto crea una incógnita sobre cuál será el futuro de la prensa. Hay una profecía que habla sobre la muerte del papel. Y también hemos tenido allá un problema de credibilidad, pues con la crisis a todos los medios de comunicación, se nos ha visto demasiado pegados al poder económico y también demasiado rehén de quienes nos pagan en el sistema en que nos movemos. Allá realmente estamos en un momento de encrucijada. Lo que nosotros llamamos una tormenta: la tormenta perfecta, es decir, todas las crisis en torno a un sector que ha sido histórico y que ahora mismo está viendo cómo nos inventamos para seguir siendo útiles, que no deja de ser el objetivo último de un medio de comunicación.

¿Entonces, cuál crees que es el futuro del periódico?

Pues, en cuanto al futuro del periódico, uno de los grandes desafíos que tenemos es cómo conjugar lo que son las redes sociales, todo el mundo digital y cómo incluso son los propios ciudadanos los que están participando también con los medios de comunicación. Hasta ahora los medios y la prensa hemos tenido la voz o hemos sido los únicos intermediarios: hemos sido los únicos que hemos contado las noticias, los únicos que contamos lo que ha estado ocurriendo, así hemos hecho como un enlace. Ahora mismo lo que estamos viendo es cómo los propios ciudadanos se están convirtiendo en un quinto poder. Siempre se ha hablado de la prensa como el cuarto poder y algo que ocurre constantemente cuando estamos escribiendo y ya al día siguiente hay gente participando de nuestras noticias, así también por un momento se convierten en periodistas o al menos son fuentes que contribuyen a la información. La verdad es que si hasta ahora el problema de la comunicación ha sido que estábamos gestionando muy poca información y era escasa, ahora el reto que tenemos es justo lo contrario, porque hay un ruido tremendo en el que no tenemos muy claro cómo gestionar y cómo hacer que se nos escuche en ese mar de voces y de medios que hay en las redes sociales. Y en lo que se refiere a Cuba, en cuanto se termine de expandir y de generalizar el uso de internet, eso va a caer de golpe.

Realmente no sé cómo será la situación en Cuba, pero aquí los medios no son privados, también son estatales o como se les dice justamente en los propios medios: oficiales.

Eso es algo muy interesante, a la hora de valorar el futuro de los medios en Cuba, pues como aquí desde el punto de vista político e ideológico, el modelo es totalmente diferente, pero los problemas serán muy similares. Yo estuve hablando con los alumnos que asistieron a este taller, en Villa Clara, y les decía acerca de esta situación que al final estamos hablando de los mismos problemas: es que en un medio de comunicación, realmente tenemos que cumplir una función social, contribuir al debate público, que ayudemos a la gente a que esté informada en esta era en que hay mucha información. Y hablábamos del tema, casi tabú, de la censura, de los nuevos modos de censurar, porque hay algunos modos que son muy explícitos, los tenemos ahí muy claramente; es cuando te dicen: se puede publicar o no se puede publicar determinada información. Por ejemplo, con ese amplio horizonte digital se está produciendo lo que podemos llamar "la mordaza digital" que se produce en los países que se consideran muy democráticos, los cuales emplean nuevos modos de censura al controlar la información a través de las grandes compañías que nos dicen lo que ellos quieran que sepamos o no sepamos.

Por supuesto tenemos que lograr que los ciudadanos sean muy críticos, interesarnos por darles a conocer toda la información, y sobre todo que no se conformen con lo que les llegue y ya está, sino que sean capaces de decir: a ver qué o quién está detrás de lo que me están contando. Esta es una idea muy interesante que nosotros la aplicamos a los dueños de las grandes empresas de información, a los que la distribuyen: Quién está detrás. Y la pluralidad de medios nos parece que da mayor democracia, pero si lo analizamos bien y nos damos cuenta que todos esos medios están en las mismas manos de tres o cuatro empresarios, ¿qué libertad de información estamos teniendo o de qué pluralidad estamos hablando? Nos creemos que somos muy libres pero, en realidad, nos estamos intoxicando, lo que se ha designado como la "intoxoinformación", esta es un término que ya se ha estado manejando bastante últimamente porque nos damos cuenta que son los mismos canales los que están condicionando nuestros pensamientos. Estas ideas conducen al debate cultural.

Yo leí artículos de algunos profesores cubanos en los que se plantean cuál será el futuro de la prensa cubana y preguntándose hasta qué punto el debate cultural puede estar también en los medios. Y me extrañó ese planteamiento porque siempre he pensado que los propios medios de comunicación somos también una industria cultural y que la difusión y comunicación de la cultura está en buena parte dentro de estos medios. Mira, yo no voy a entrar a discutir nada de política ni a cuestionar ideologías, pero cuando revisaba los periódicos de aquí me preguntaba, ¿por qué no puedo yo conocer cuáles son las iniciativas culturales que se están desarrollando en Cuba o cuál es la oferta cultural? Yo no vi nada de eso reflejado en esa prensa. Ahora que se están desarrollando tantos centros turísticos, ¿por qué los medios no pueden ser un agente al servicio de la cultura y generar debates, generar diversidad, algo que contribuye a la riqueza de los pueblos, de nuestra identidad? En paralelo también, y esto lo he visto aquí en Cuba, la idea de la globalidad y un concepto que también es muy periodístico: la información local, es decir al mismo tiempo global y local. Cuanto más universales nos creemos, más necesidad tenemos de preservar lo autóctono, de preservar nuestra propia identidad, nuestra cultura. A mí me llamó la atención la idea de algunas personas de tener aquí una Mac Donald. Mac Donald es un símbolo del imperialismo y yo no me podía explicar cómo en un modelo socialista la gente tenga esas ideas de una hamburguesa de Mac Donald, algo que no me parecería raro en otro sistema, pero en este modelo que lleva ya más de cincuenta años, me parece como una pérdida de identidad y lo veo como una forma de monopolización o de colonización, simbólica, menos visible, pero no deja de ser una forma de perder lo propio, algo que no debería ocurrir en la cultura cubana, que tiene una gran riqueza, una gran intensidad, con este mestizaje...

Pues justamente esa idea que tienen algunos cubanos sobre la Mac Donald es la que les han metido en la cabeza los propios medios, no los nuestros precisamente, sino los que pueden ver en internet.

Y sobre este mestizaje me comentaba una compañera allá en la Universidad de Villa Clara que aquí se habla de un ajiaco cultural, un término que no conocía yo . Qué palabra más bonita para identificar esto que se ve en las calles, esta mezcla de culturas que hacen de la cubana algo muy especial.

Pues sí, es una palabra del gran sabio cubano Don Fernando Ortiz, quien fue el primero en hablar de la presencia negra en nuestra cultura, que está conformada con los aportes europeos y africanos: España y África, todo mezclado, como diría Nicolás Guillén en su poesía.

Gracias, Virgen por invitarme a conocer tu casa y por esta plática tan agradable.

Muchas gracias a ti, Magda. Y muchos éxitos en tu trabajo.

ME CONSIDERO UNA PERSONA AFORTUNADA. MILENA RODRÍGUEZ GUTIÉRREZ. (La Habana, Cuba, 1971)

(Entrevista grabada en Granada. Junio 29, 2013)

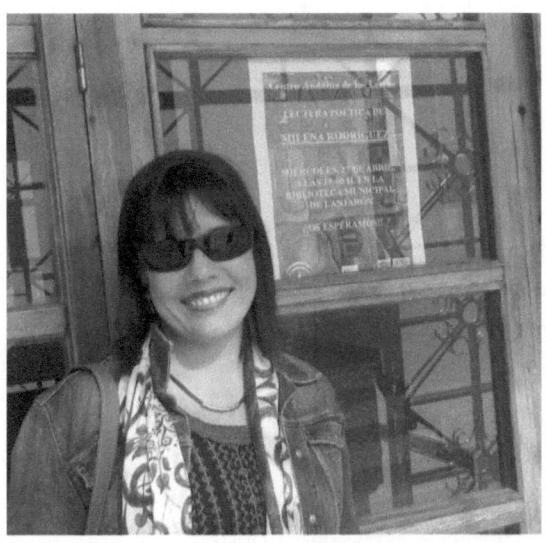

Dudé en incluir a Milena en este libro. Es mi hija. Luego pensé: ¿por qué no?. Este es un libro realizado para dar a conocer el trabajo cultural de un grupo de mujeres que han venido haciendo esa labor a lo largo de años, cuyo quehacer merece ser difundido. Algunas ya tienen al menos, un reconocimiento nacional, pero otras no son siquiera conocidas, como es el caso de una argentina o de una ecuatoriana, o de una uruguaya, mujeres que han estado en Cuba, han realizado determina actividad artística, divulgada en su momento pero sin otra trascendencia. Lo mismo ocurre con Milena, nacida en La Habana, pero con veinte años viviendo en Granada donde tiene una destacada obra literaria. En Cuba ha presentado, en tres ocasiones parte de su quehacer investigativo, razón suficiente para ser incluida aquí; por ser mi hija no tengo derecho a discriminarla. Tampoco está aquí por ser mi hija, sino por derecho propio.

Milena, la primera pregunta que se impone es desde cuándo vives en Granada.

Llegué a Granada en octubre de 1997, gracias a una beca de la Agencia Española de Cooperación Internacional para hacer un doctorado en la Universidad de Granada. Y al año siguiente de estar estudiando gané el premio Federico García Lorca con mi primer poemario: *El pan nuestro de cada día.* Este libro está conformado con algunos poemas que ya había escrito en La Habana, pero la mayoría están escritos en esta ciudad, es decir hay poemas que nacieron en Cuba y otros aquí en Granada. Incluso algunos de esos poemas habían sido escritos algunos años atrás. Por ejemplo, está uno que escribí a los 17 años, aunque yo diría que más de la mitad de los que integran este libro fueron escritos en esta ciudad de Granada. El libro ganó el premio en 1998 y se publicó ese mismo año, algo no usual pues generalmente los libros premiados suelen publicarse al año siguiente de haber obtenido premio. Claro, hay poemas que aunque están escritos en España su motivación es cubana. Por ejemplo, está el dedicado al poeta Luis Rogelio Nogueras, escrito en Granada pero remite a circunstancias familiares, literarias, poéticas, amistosas que tienen que ver con mi vida en Cuba. Hay otros poemas que tienen más que ver con ese primer año en que llegué a Granada. Ese fue mi primer libro, hasta ahora tengo tres poemarios publicados. Ese primero vio la luz por la misma Universidad de Granada; en 2001 salió por la Diputación de Granada *Alicia en el país de lo ya visto* y en el año 2006 la Editorial Renacimiento de Sevilla publicó *El otro lado,* que fuera Mención en un Premio de Poesía muy importante: El Premio Emilio Prado pero, lamentablemente, ese premio no publicaba la menciones, de modo que el libro no se pudo publicar allí, por la Editorial Pretextos que es la que publica los premios a menores de 35 años. Pero al menos tuve la suerte de que se publicara este cuadernito que se titula *Del otro lado de la cocina,* un poema que se incluye dentro de ese libro inédito hasta ese momento; es una pequeña antología porque incluye algunos otros integrantes de mis dos libros anteriores.

¿Puedes referirte a la temática que abordas en tu poesía?

Siempre es difícil para uno mismo referirse a los temas abordados en la escritura propia pero vamos a intentarlo. Hay temas que tienen que ver con la mujer. Yo me considero feminista, tengo unos cuantos poemas en los que está presente ese feminismo, las relaciones entre los sexos, sobre todo en los dos primeros libros. *Del otro lado* es un libro que yo quise que fuera un poco diferente. Otro tema es el de la propia literatura, el homenaje a los poetas que para mí han resultado más significativos, por supuesto, de una manera muy subjetiva, porque no quiere decir que esos poetas sean los mejores, pues seguramente hay otros, pero esos son para mí los más significativos, también porque puedo haber tenido una relación sentimental, lo mismo si es porque he leído su obra y me ha marcado o lo he conocido personalmente. Otro tema que está presente en mi obra es la muerte, o el paso del tiempo, este sobre todo está en *Del otro lado*. Y también está esa circunstancia particular que puede tener alguien cuando se va de un país y vive en otro, es decir, esa especie de identidad diferente, esos cambios que se producen o esa mirada un poco extrañada sobre lo que sigue ocurriendo en ese país en el que ya no vives, como lo que ocurre o pasa en ese otro país donde estás viviendo ahora. Esta temática está presente en algunos poemas, de manera más acentuada o más atenuada. Y claro, no puede faltar mi reflexión sobre Cuba, tanto sobre la política como sobre otras cuestiones que para mí son significativas, sobre todo en ese tercer libro, que es ya más maduro si se quiere.

Hablemos ahora de tus estudios.

Yo estudié Psicología en la Universidad de La Habana. También formé parte de un grupo de psicoanálisis, durante más de siete años, más tiempo que el que uno invierte en una carrera universitaria. Haber integrado ese grupo fue muy importante en mi formación académica aunque no haya sido un grupo vinculado directamente a la Universidad, era un grupo independiente, sin embargo teníamos una gran dedicación al psicoanálisis, a las lecturas de esa disciplina. Y aunque yo vine a España a hacer un doctorado en literatura, mi doctorado tenía que ver también con el psicoanálisis. Yo hice mi tesis sobre la poeta argentina Alfonsina Storni y mi punto de vista, mi perspectiva de análisis, tenía en cuenta cuestiones filológicas pero también psicoanalistas y tenía que ver con los estudios de género. Tenía un enfoque multidisciplinario. Ese peso psicoanalítico también está presente en mi mirada sobre la literatura en otros estudios que he realizado sobre distintos poetas, más bien las poetas porque yo básicamente me he dedicado al estudio de las poetas aunque tengo algunos trabajos sobre poetas hombres. Mis estudios se centran en las escritoras cubanas e hispanoamericanas.

Después que terminas tus estudios en la Universidad de Granada ¿qué ocurre?

Después que hago mi doctorado gracias a esa beca que ya te conté, leo mi tesis doctoral y estoy dos años sin ningún trabajo, al cabo de un tiempo tuve la oportunidad de conseguir un contrato en la Universidad de Granada como investigadora, pero también como docente. Ahora doy clases en esta misma universidad donde me doctoré. También he impartido docencia en la Universidad de Delaware, en Estados Unidos, en donde estuve a través de un convenio de colaboración entre ambas universidades, en el año 2012. Aunque mi contrato es de investigación, imparto docencia tanto en la Licenciatura en Filología Hispánica, como en el Instituto de Estudios de la Mujer de la Universidad de Granada, que tiene un Máster muy significativo pues es el único Máster en Estudios de Género financiado por la Unión Europea. Allí imparto una asignatura relacionada con el análisis de textos literarios desde una perspectiva de género.

En la Universidad he impartido varias asignaturas: Literatura Hispanoamericana I que corresponde al período de la colonia en Hispanoamérica; Hispanoamericana II que corresponde al período de la independencia hasta el Modernismo. Estas son asignaturas panorámicas, con una selección de textos relevantes, de autores significativos, pues es imposible abarcar una etapa tan amplia, por eso es panorámica. También he impartido otra asignatura, es una suerte de literatura comparada: es relacionar las vanguardias europeas con las vanguardias hispanoamericanas. Y en la Facultad de Traducción e Interpretación he impartido un Panorama de Literatura Española e Hispanoamericana, en ese caso de los siglos XIX y principios del XX. Esas son básicamente las asignaturas que he impartido aquí en Granada. En Estados Unidos pude impartir Literatura Cubana, algo muy interesante para mí porque fue la primera vez que pude impartir esa asignatura. Lamentablemente en España no existen asignaturas específicas de ninguno de los países hispanoamericanos, existe esa asignatura general de Hispanoamérica, que va recorriendo distintos períodos, diferentes etapas, pero no se centra en ningún país en concreto. Sí existe, como es lógico, la Literatura Española, y en este caso también está estructurada por períodos, así hay Literatura Española 1, 2, 3.

Hablabas hace un ratico de poemarios publicados, pero tienes otras publicaciones en prosa. Cuéntame sobre esos otros libros.

Antes de hablar de otros géneros debo decirte que he publicado varias antologías de poesía, no mías sino de otros autores significativos o relevantes, que he preparado. La primera salió en 2002: *Insuficiencia de la escala y el iris* del cubano Rubén Martínez Villena. En este caso tuve la suerte de presentarla en la Feria del Libro de La Habana de 2003. Tuvo una tirada muy corta, de 750 ejemplares. A La Habana llevé unos cincuenta ejemplares que se vendieron como pan caliente, porque realmente la edición quedó preciosa. Después preparé una del poeta hispano mexicano Andrés Segovia: *Sin nada en otro sitio* (2009). Este es un poeta que hoy designaríamos como trasatlántico porque nació en España pero vivió en México prácticamente toda su vida. Y dos antologías que yo creo, quizás sean las más significativas de mi trabajo como investigadora. Una de Fina García Marruz: *El instante raro* (2010), y una de poetas cubanas que abarca el siglo XIX, a partir de Gertrudis Gómez de Avellaneda hasta la actualidad, aunque realmente puede decirse que termina en Reina María Rodríguez: *Otra Cuba secreta. Antología de poetas cubanas del XIX y el XX.*. Y aclaro esto de la terminación porque luego lo que hice fue una breve panorámica de algunas autoras posteriores. La de Fina García Marruz apareció en la Editorial Pretextos de Valencia y tuvo gran significación porque fue la primera publicada en España de esta autora; increíblemente Fina no estaba publicada en este país, algo que tiene que ver, supongo, con el carácter de la propia Fina, pero también con otras circunstancias, entre la cuales puede estar el ser una mujer. Y digo que tuvo una gran significación por la buena acogida de la crítica, tuvo muchas reseñas. Es una antología bastante extensa, yo pude abarcar gran parte de la obra de esta poeta, por supuesto, en una antología no puedes publicar la obra completa de nadie, pero dentro de esa limitante que tiene ser una antología incluí todo lo que me pareció de mayor significación. Y ya en el plano más personal, tuve la suerte de poder presentarla en Cuba, en el Centro Dulce María Loynaz, con la presencia en la mesa, sentada a mi lado, de Fina García Marruz. Y casualmente al año siguiente a ella le otorgaron el Premio Reina Sofía de Poesía Iberoamericana, el mayor reconocimiento que le concede España a un poeta vivo de lengua española. Entonces numerosos medios de comunicación reconocieron la importancia que había tenido esa antología para darla a conocer aquí en España. La antología lleva un prólogo bastante extenso en el cual hago un estudio de su obra; me siento satisfecha con la edición de esta antología que además tuvo la presentación en Cuba y fue la única presentación que se hizo porque aquí no se hizo ninguna presentación, porque cuando salí para Cuba prácticamente acababa de salir el libro de la editorial, realmente yo había dicho que iba en julio a Cuba y ellos se apuraron para sacarlo antes de mi partida y poder llevarlo allá. Para mí realmente fue muy emocionante esa presentación en el Centro Dulce María Loynaz, con Fina a mi lado y Enrique Saíns hizo la presentación; tengo que agradecerle también a Edel Morales que propició que se efectuara ese acto en La Habana, que tuvo además una asistencia bien nutrida de intelectuales muy importantes de la cultura cubana, como Fernández Retamar, César López, Nancy Morejón, la directora del Instituto Cubano del Libro Zuleica Romay, la Dra. Graciella Pogolotti, y muchos otros que realmente harían demasiada extensa esta lista, en fin, una buena cantidad de figuras muy significativas de la literatura cubana que fueron allí para escuchar a Fina, aunque ella, con esa proverbial modestia que la caracteriza, declinó sentarse en la mesa desde el comienzo, por suerte, pudimos convencerla y ya casi al final accedió a sentarse y leer al menos un poema y esto realmente fue muy emotivo. Cuando Fina García Marruz obtuvo el Premio Reina Sofía me hicieron una entrevista en la Revista Revolución y Cultura, algo que le agradezco a Luisa Campuzano, aunque no fue ella directamente la que me entrevistó sino el periodista José León Díaz, subdirector de la esa revista, justamente sobre la antología de Fina *El instante raro*, pero como ya estaba al salir la otra antología, la de las poetas, también hablé un poquito de esa otra.

Y la segunda antología es de 2011 y está publicada por la Editorial Verbum. En esta antología de poetas del siglo XIX y XX hago un recorrido bastante amplio, bastante extenso por la poesía escrita por mujeres. Y naturalmente, el mayor espacio está dedicado al siglo XX porque hay muchísimas más autoras en esta etapa y, como es lógico, tienen mayor relevancia. Esta obra también ha tenido una buena recepción crítica aquí en España. Se han escrito unas cuantas reseñas muy favorables en revistas literarias. Por ejemplo en Cuadernos Hispanoamericanos, también en una revista, quizás la más importante del mundo académico, dedicada a la literatura hispanoamericana: Anales de la Literatura Hispanoamericana. También en Cuba el crítico cubano Domingo Cuadriello publicó una reseña en Espacio Laical. En la Revista Habana Elegante, el director publicó una nota editorial sobre esta antología. En Barcelona, la revista Guaraguao, especializada en estudios de América Latina, publicó una reseña. La mayoría de estas reseñas son bastante elogiosas, reconocen mi trabajo y eso me llena de satisfacción, porque no se trata simplemente de antologías como las actuales, que, lamentablemente recogen un grupo de poemas de autores y si acaso llevan una ficha biográfica, incluso muchas veces el antologador ni siquiera selecciona los poemas sino que se lo pide a los autores y estos envían una cantidad y de ella él elige, por ejemplo si le enviaron 15, él elige seis. Yo no hice eso, quise hacer un trabajo más serio, también más arriesgado y más atrevido porque hacer tú como antologador, la selección de los poemas te puede traer un problema con las autoras, en este caso. Porque a ellas les puede no parecer apropiado lo que tú elijas, pero yo pienso que parte del trabajo del antologador va exactamente de eso: leerse todos los poemas de los autores y seleccionar él mismo los que considere más relevantes, más significativos, en fin hacer una selección seria, no subjetiva, estudiar todos los textos, las críticas sobre ese autor. Yo hago, al menos, unas mínimas notas que en algunos casos pueden ser más extensas, con interpretaciones, con pequeños análisis, con propuestas sobre las autoras incluidas y, por supuesto, con la selección que he hecho yo misma, como ya dije. Naturalmente, cuando hago las del siglo XIX no me quedaba más remedio que hacerlo así, pero en las del XX sí podía haber recurrido a las propias autoras, pero no me pareció bien. En sentido general *Otra Cuba secreta* me ha dado satisfacciones, el título remite al ensayo de María Zambrano *La Cuba secreta*, es un pequeño homenaje a esta autora española que tanto vínculo tuvo con Cuba.

Esta antología tiene una particularidad: la presencia de las cubanas que viven fuera del país.

Sí, tienes razón. Esta antología tiene otro rasgo que para mí es importante. En ella quise incluir tanto a las poetas que viven en Cuba como aquellas que viven en el exilio o en el extranjero, porque no todas son exiliadas, viven fuera de Cuba pero viajan a la isla, en fin, no quise hacer distinciones entre las poetas por el lugar de residencia ni por razones políticas, mis criterios fueron fundamentalmente estéticos. Bueno, estéticos con toda la subjetividad que implica este tipo de criterio, porque ahí están también mis gustos personales, algo que digo en mi prólogo. Sí quería que estuvieran tanto las poetas que viven dentro como las que viven fuera, eso es algo que tiene la antología, pero no es nuevo, ya se había hecho en la antología *Las palabras son islas*, de Jorge Luis Arcos, aunque no se repitió en ninguna de las otras tantas antologías que existen, ya son unas cuantas las anteriores publicadas donde se excluyen a las que viven fuera del país. Y en ese sentido me siento contenta de haber sido continuadora de esa puerta que abriera Arcos. Y también me siento recompensada porque, por supuesto, antes de incluir a una autora tengo que pedirle permiso para hacerlo, y en todos los casos hubo una respuesta afirmativa: todas aceptaron ser incluidas en mi libro.

Y para terminar con las publicaciones, lo más reciente es un libro titulado *Entre el cacharro doméstico y la vía láctea*, (2012) que en cierto modo es una prolongación de *La otra Cuba secreta*, pues aunque es un libro de ensayo, está dedicado no solamente a poetas cubanas, incluye a algunas hispanoamericanas. Muchos de los trabajos que aquí aparecen son los materiales que me sirvieron para la elaboración de las fichas que aparecen en *La otra Cuba secreta*. Los ensayos que se incluyen en *El cacharro doméstico...* fueron escritos en los últimos seis o siete años con una conexión entre sí, no solamente por el tema poetas cubanas o hispanoamericanas, sino también por cierta perspectiva, por cierta mirada. Hay afinidades entre esos diversos ensayos, escritos en momentos bien diferentes, que me hicieron pensar que podían constituir una misma obra, dada las interconexiones existentes entre ellos. De hecho el propio título de ese libro remite a una frase de Fina en la que ella habla de su poética y dice que un poeta no debería tener una poética, sino que debería tener una poética donde debería caber todo y entonces menciona esos dos términos: el cacharro doméstico y la vía láctea. Yo lo digo en la introducción, que hago una lectura algo sesgada de esa frase de García Marruz, porque tomo como referencia el cacharro doméstico como símbolo de lo que sería el mundo de la femenidad y la vía láctea como un símbolo más universal o de lo masculino, en cierto modo esa perspectiva está presente en buena parte de los ensayos reunidos en ese libro.

Creo que te falta un libro de ensayos, ¿no?

Ah, sí, *Lo que en verso he sentido, la poesía feminista de Alfonsina Storni,* es una reelaboración de mi tesis doctoral, es en realidad mi segundo libro publicado en el género de ensayo, salió en 2007 por la Editorial Universidad de Granada. En este libro tomo partido por el análisis de género, feminista, pues la poesía de esta mujer, suicida, maltratada por la crítica de su época o ignorada muchas veces y otras maltratada literariamente por sus mismos compatriotas. Todo ello, está analizado en mi tesis que por supuesto, sufre una reelaboración para la publicación.

¿Te consideras una mujer afortunada?

Sí, me considero una mujer afortunada, quizás sería mejor decir, una persona afortunada, aunque la fortuna es algo muy relativo, si se refiere a la fortuna económica, la verdad es que no soy demasiado afortunada. Pero puedo decir, en otro sentido, que soy una persona afortunada porque he tenido la posibilidad de dedicarme a lo que me gusta, la posibilidad de vivir en varios países y de conocer otros, de tener una familia estupenda. En fin, tengo muchas cosas que hacen de mí una persona afortunada.

Para terminar esta conversación, ¿te gustaría leer algún poema?

Me gustaría leer este poema que mencioné en la conversación, este que está dedicado a Luis Rogelio Nogueras que titulé "Homenaje en negro" Tiene una cita de José Martí que dice: *Pues puede ser que mueras de su mordida.*

Te odié a los siete años
cuando llegabas a casa de mi padre
y se iban en tu alfombra
a inventarse la vida a mis espaldas.

Te odié otra vez a los catorce
cuando mi madre susurró
que una noche de otoño
deshojaste su nombre entre tus manos.

Te odié al cumplir los dieciséis
cuando con toda cobardía
te escapaste con la muerte
lejos de mi ira y mi venganza.

Mas como fue imprevista tu partida
y no querías irte
no te fuiste completo.

¡Se ha quedado en sus libros!
-comentaban.
Y me fui hasta ellos a buscarte.

Y cuando los tuve entre los dedos
sentí que mi odio se escurría
como un grano de arena

Por eso, Wichy,
ahora que ya paso de los veinte,
le digo a mi hija:
Cuida bien tu odio
inviértelo en ministros,
abogados y psiquiatras.
No lo malgastes con poetas.

UNA NORTEAMERICANA EN LA HABANA: MICHELLE CHASE (Pittsburgh, Estados Unidos, 1974)

(Entrevista grabada en Centro Habana. Octubre 12, 2015)

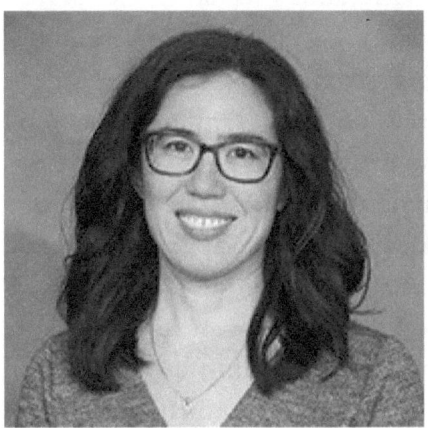

La historia de Cuba es fuente de interés no solo para los cubanos. Desde otros países llegan personas a La Habana para realizar estudios e investigaciones sobre el tema, sobre todo de la época contemporánea. Ese fue el caso de la investigadora y profesora Michelle Chase, a quien conocí hace algunos años, cuando ella pasaba una temporada en el Instituto de Historia de la capital, donde hizo un Master sobre la mujer en la etapa prerrevolucionaria. Sobre ese y otros tópicos dialogamos en este encuentro.

Michelle, cuéntame qué te trajo a Cuba en estos momentos.

Estoy aquí de visita para participar en la Conferencia Internacional titulada *La Revolución Cubana, Génesis y Desarrollo Histórico,* que se está celebrando en el Palacio de las Convenciones, auspiciado por el

Instituto de Historia de Cuba, y de otras instituciones cubanas y de otros países.[28]

Como tú conoces, yo vine a Cuba a estudiar en el Instituto de Historia hace ya cuatro años y justamente es el Instituto el que me da a conocer este evento. Es un evento muy grande, hay alrededor de 700 personas, según explicaron esta mañana cuando se inauguró y hay representaciones de todo el mundo, bueno, no de todo pero sí de varios países de Europa, de América Latina, de Asia, África y Estados Unidos. Anunciaron que esos investigadores pertenecen a unas 30 universidades de esos países, y, por supuesto, de Cuba; además de las universidades hay personas de otros centros de investigación como Casa de las Américas, Fernando Ortiz y otros más que no recuerdo. Y por supuesto, junto a profesores e investigadores de Cuba, hay mexicanos, dominicanos y de otros países de Latinoamérica que no retuve en mi memoria. Ves que hablo más o menos bien el español, pero retener en la memoria nombres que acabo de escuchar en ese idioma, no es muy fácil...

Yo voy a presentar una ponencia está basada en un libro que acabo de terminar. Ese libro es el resultado de la investigación que estuve haciendo justamente aquí en La Habana, tiene que ver con el papel de la mujer en un período específico de la historia del siglo veinte: desde 1952 hasta 1962, esa década específicamente que va desde la lucha contra Batista hasta los primeros dos años del triunfo de la revolución. La ponencia que presento tiene un interés muy específico, tiene que ver con el discurso o con el lenguaje maternalista que empleaban muchas mujeres, sobre todo en las protestas públicas,

---

[28] El coauspiciador del evento fue el Centro de Estudios Filosóficos, Políticos y Sociales "Vicente Lombardo Toledano". Coauspiciaron también la Universidad Autónoma de Chapingo, México, y otras entidades cubanas: la Universidad de La Habana; la Academia de Historia de Cuba; la Unión Nacional de Historiadores de Cuba; la Oficina de Asuntos Históricos del Consejo del Estado; la Asociación de Historiadores de América Latina y el Caribe; la Biblioteca Nacional José Martí; la Casa de Altos Estudios Fernando Ortiz, y el Archivo Nacional de Cuba.

en aquellas manifestaciones que se hacían, sobre todo en Santiago de Cuba, en los años 57 y 58; bueno, los ejemplos que yo trabajo son precisamente las manifestaciones que se hicieron en aquella ciudad, aunque hubo en otras regiones, para denunciar los males y oponerse a los desmanes de Batista. Y eso me llamó mucho la atención, por varias razones. Aquí en Cuba seguramente todo el mundo conoce esas marchas que hicieran las madres. Hay unas fotos de esas marchas que se volvieron famosas por unas fotos que salieron en la revista Bohemia en 1957 y han sido reproducidas en otras publicaciones con diversos comentarios. Y esto motivó en mí el deseo de no dejar esas fotos allí, como un detalle que no se explica, no se investiga y tuve la idea de investigar quiénes eran esas mujeres que habían tenido la valentía de salir a la calle a desafiar a la policía. Y, así en las investigaciones que he hecho, descubrí que eran mujeres comunes y corrientes, y no mujeres conocidas como Celia Sánchez o Haydée Santamaría. Por eso quise ir más allá para ver cómo estas mujeres menos conocidas se unían para marchar y protestar, qué las motivaba a usar ese lenguaje maternalista que es lo que contribuye a que en mi investigación aparezca una perspectiva de género. Y ése es justamente el tema de mi ponencia que expondré mañana.

¿Y luego de la lectura se hacen debates?

Mira, la verdad es que no sé si habrá tiempo, porque hay muchas mesas donde son varias las personas a exponer, no sé si podrá discutir cada una de las ponencias. Lo que sí tuve esta mañana fue la entrevista de un periodista que estaba buscando a las personas extranjeras y me vio a mí hablando en inglés con una colega y se me acercó para preguntarme mi opinión sobre el evento, sobre mi trabajo y esas cosas, y me dijo que saldría mañana en el noticiero del mediodía, pero claro, yo no lo veré porque estaré justamente exponiendo mi trabajo, así que ya tú me dirás si salió

Michelle, vamos a hablar un poquito del motivo que te impulsó a emprender esta investigación, y cómo logras venir a Cuba para llevarla a cabo.

Cuando yo estaba haciendo mis estudios de doctorado en la Universidad de New York tenía la idea de hacer mi tesis sobre la historia de México, porque yo viví en la capital mexicana casi tres años y me encantó la historia de ese país y me sigue gustando. La idea que tenía era empezar estudiando el impacto de la revolución cubana en México y ver, desde ese punto, la historia de la izquierda mexicana en las décadas del '60 y '70 y sobre ese tema comencé a hacer mi investigación. Estaba en eso cuando vine a Cuba a visitar a una amiga que estaba haciendo un doctorado acá sobre la etapa colonial cubana. Y esa visita mía a este país me cambió totalmente la visión que tenía, porque Cuba es un país tan especial, tan único, tan interesante. Y en esos años que yo comenzaba con mi investigación, hace ya más de diez años, empezaba a ser un poquito más fácil que los investigadores de los Estados Unidos obtuvieran un permiso para viajar a Cuba siempre que estuvieran afiliados a una institución académica cubana. Y como ya te dije, yo siempre vine amparada por el Instituto de Historia de Cuba, otros investigadores venían con el amparo del Centro Juan Marinello, por esta vía de las instituciones cubanas como respaldo se hizo un poco más fácil, antes de que existiera esa posibilidad eran muy exiguos los investigadores de Estados Unidos que vinieran a Cuba, sobre todo para ver los archivos históricos de acá. Creo que en los años en que estuvo como presidente Jimmy Carter [1977-1981] mejoraron un poco las relaciones entre nuestros países, vino la primera generación de investigadores, pero como fue por tan poco tiempo después de esa fecha, era muy difícil viajar acá, bueno, sigue siendo no tan fácil, pero como ya te dije, cuando yo vine, a inicios de este siglo, era un poco menos difícil. Y, cuando vine esa primera vez y leí un poco sobre la historia más actual, me interesó sobremanera y decidí cambiar mi tema de investigación sobre la revolución cubana propiamente y no con el impacto que ella tuviera afuera. Y caminando por la ciudad, hablando con la gente pude ver cómo ha cambiado el comportamiento y el papel que juega la mujer en la actualidad, es decir, los importantes cambios que la revolución ha hecho y los que no se ven o no están todavía, pues sigue siendo una sociedad patriarcal aunque se aprecian muchos cambios, y eso me pareció muy interesante y decidí hacer un estudio que fuera más allá de algunos estudios que sobre la federación de mujeres han hecho algunas sociólogas que han venido aquí para ver cómo cambió o no cambió la participación de la mujer desde los años cincuenta a la década de los sesenta, y como te digo, en mi caso, para ver cómo cambió el papel de la mujer a partir de la llegada de la revolución, un tema que me parece muy atractivo. Yo vine por primera vez a La Habana en el 2005, ese año comencé mi investigación, a partir de esa fecha regresé varias veces para seguir ese estudio que dio como resultado un libro que acabo de terminar.

¿Cuál es el título del libro?

Revolution Within the Revolution: Women and Gender Politics in Cuba, 1952-1962

¿Puedes decirlo en español, por favor?

En español sería *Revolución dentro de la revolución, mujer y política de género, entre los años 1952 a 1962.*

Cuando viniste a hacer la investigación a Cuba, ¿ya habías terminado tus estudios universitarios en Estados Unidos?

Sí, yo estudié en la Universidad la licenciatura de Historia, pero en 2010 hice un máster en Estudios de América Latina y el Caribe.

¿En qué estás trabajando? ¿Eres profesora universitaria?

Sí, soy profesora, pero no de la Universidad, trabajo en un college, como le llamamos allá, el Bloomfield College, porque tiene estudios superiores pero no maestrías ni doctorados. Este college no está en Nueva York, sino en New Jersey, no muy lejos. En este sitio imparto clases de Historia y de Estudios Latinoamericanos

¿Tienes otras publicaciones?

No, el primer libro publicado que tengo es éste del que hablamos hace un momento.

Así que la investigación que hiciste en Cuba te sirvió también para darte a conocer como escritora. ¡Qué bien!

El libro aún no ha salido, por eso no pude traerlo, saldrá próximamente.

En tu caso ¿ha sido el Instituto de Historia de Cuba el que te ha apoyado durante todo este período de investigación?

Sí, desde el principio tuve ese apoyo académico y el respaldo institucional. En este viaje específicamente no tuve que pedir nada, porque estaré aquí solamente cuatro días, pero cuando vine en 2005 fue el Instituto el que me dio la carta que yo necesitaba para entrar en sus propios archivos, para utilizar los servicios de la biblioteca o donde fuera. También el Instituto tramitó mi visa académica con la cual tenía el respaldo que necesitaba para viajar hasta acá. Porque después del tiempo que estuve en 2005, que fue cuando más tiempo estuve, regresé dos o tres veces, pero hice estancias más cortas. Yo hice también investigaciones sobre este tema en bibliotecas de Estados Unidos. Allí hay muchos microfilmes, pude acceder a documentos del Departamento de Estado…

Disculpa, ¿del Departamento de Estado?

Sí, aunque te pueda parecer extraño, el Departamento de Estado tiene toda la correspondencia que mandaban desde la Embajada de Estados Unidos en La Habana al Departamento en Washington, y también la que enviaba el Consulado de Santiago de Cuba y otros consulados norteamericanos en la Isla. Y esos documentos son más interesantes de lo que uno se pueda imaginar. Ahí hay detalles de las protestas, de lo que pasaba en el país, todos esos documentos están en microfilmes y también tienen, además de esa correspondencia donde se cuentan diversas situaciones, están los periódicos cubanos donde aparecen las noticias y las fotografías de algunos acontecimientos. Y también hay muy buena colección de periódicos y revistas en el Instituto de Historia de La Habana, todo muy bien conservado y su biblioteca tiene una valiosa colección de libros, revistas y documentos que me ayudaron muchísimo en mi trabajo.

Vamos a hablar ahora un poquito de Michelle Chase más personalmente. ¿Tú naciste en Nueva York?

No, yo nací en Pittsburgh, una ciudad de Pennsylvania.

¿Tus padres son de ascendencia china?

Mi papá ya murió, él descendía de una familia irlandesa, sus padres eran granjeros, asentados en Colorado, en el centro del país. Y mi madre es una emigrante china, pero nacida en Tailandia. Llegó a Estados Unidos después de 1960, cuando hicieron en Estados Unidos una reforma migratoria que permitió entrar más asiáticos, más latinos, así que mi familia materna es beneficiaria de esa ley. Cuando se casaron, mis padres vivían en Pittsburg, donde yo nací, pero no hice allí mis estudios, sino en California, en la Universidad de Stanford, donde cursé la carrera de Antropología Cultural y de ahí pasé a la Universidad de Nueva York donde hice el doctorado, en Historia, pero primero que el doctorado hice la maestría en Estudios Latinoamericanos y Caribeños.

En estos momentos, una vez que ya terminaste esa investigación y te van a publicar el libro, ¿piensas seguir en el mundo de la investigación?

Sí, me gustaría hacer algo sobre los años sesenta, aunque no tengo definido todavía el tema. He pensado en varias cosas, por ejemplo, el impacto de la revolución en la política de los países del Caribe y de América Latina, toda esa reacción que hubo también en contra, como la guerra fría; todavía no sé bien qué es lo que voy a hacer, pero sí creo que voy a seguir en este mundo fascinante de la investigación-

Y si te decides a seguir investigando, ¿tendrías el respaldo de tu centro laboral?

No, no me respaldarían económicamente, yo tendría que hacerlo por mi cuenta. Así que vamos a ver cómo puedo compartir las clases, la investigación y mi casa, porque ya tengo un niño.[29]

Mucha suerte, Michel. Y muchas gracias por contarme tu bonita historia. Y felicidades por ese bello niño.

---

[29] Actualmente Michelle Chase es catedrática postdoctoral del Centro de Estudios de América Latina y el Caribe de la Universidad de Nueva York, Estados Unidos. Y tuvo otro niño.

LA POESÍA SIEMPRE ESTÁ LATENTE.
PATRICIA YÉPEZ. (Quito, Ecuador, 1978)

(Entrevista realizada en Centro Habana. Noviembre 15 de 2015)

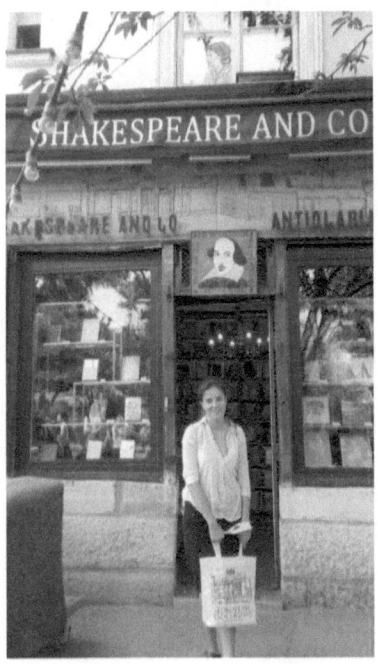

Mi encuentro con Patricia Yépez se debe a Luis Rogelio (Wichy) Nogueras. Ella, admiradora y obsesionada con el poeta autor de *Cabeza de zanahoria*, buscaba quién le hubiera conocido y alguien le habló de mí, su primera esposa, y a mi casa llegó, emocionada, preguntando por su voz, por su poesía, ansiosa por oír de su mundo, por conocer cómo escribía, cómo vivía, quería saberlo todo de este hombre que en vida descansó sobre tantos brazos femeninos, quizás buscando protección contra los brazos de esa otra que se lo llevó a la eternidad en el momento en que su obra poética, como su vida, estaba en pleno florecimiento. Patricia es ecuatoriana, poeta y traductora. Una amante de Cuba y de la literatura.

Lo primero, Patricia, es identificar tu nacionalidad, tus estudios, tu profesión.

Yo nací en Quito, Ecuador. Tengo 37 años. Mis estudios son fundamentalmente de idiomas. En pregrado hice inglés y francés. Y hace tres años pasé un posgrado de Literatura Hispanoamericana en la Universidad Andina Simón Bolívar, es decir, una Maestría. Yo soy traductora de inglés y francés en el Ministerio de Relaciones Exteriores de mi país. Trabajo directamente con el Ministro Ricardo Patiño.

Y esta Maestría que cursaste ¿qué características tenía?

Cuando comencé a cursar la maestría había un requisito indispensable, éste era escribir un ensayo sobre qué tema quería yo desarrollar y mi tema siempre fue hacer un ensayo, un análisis, algo que tuviera que ver con la obra del poeta cubano Luis Rogelio Nogueras. Al principio pensé que iba a tener poca aceptación, porque lamentablemente en mi país él es muy poco conocido, pero la Universidad me dio la oportunidad y pude hacer mi tesis sobre "La poesía conversacional en la obra de Luis Rogelio Nogueras"

Dices tú que en Ecuador es muy poco conocido. Y ¿cómo supiste de él y por qué te interesó tanto su obra?

Te cuento. Yo he estado viniendo a Cuba en los últimos siete años. Aparte de mis actividades profesionales, tengo una pasión: la literatura. He escrito sobre todo, poesía, también cuento. He publicado tres poemarios y uno de cuentos. En el año 2007 viajé por primera vez a Cuba con un grupo de escritores y artistas ecuatorianos, gracias a una suerte de intercambio con artistas cubanos, así nos constituimos en un colectivo de arte que estuvo primero en la ciudad de Cienfuegos y luego aquí en La Habana. Ese fue mi primer contacto con Cuba. A partir de ese momento me enamoré perdidamente de Cuba, me apasioné con La Habana. Esta ciudad es el amor de mi vida. Y luego de ese primer encuentro, he estado viniendo con cierta frecuencia, y en uno de esos viajes me invitaron a leer mis poemas en Casa de las Américas, en un encuentro que hicieron entre escritores cubanos y ecuatorianos. Y estando ahí, una amiga periodista, cubana, me regaló el libro de Nogueras *Hay muchos modos de jugar*. Así conocí la obra de Wichy. Y ocurrió una cosa muy curiosa que siempre cuento. Estaba escuchando a un hombre leyendo una cosa horrible acerca del viento, que duró cuarenta y cinco minutos y no dijo absolutamente nada y entonces me puse yo a leer el libro que acababa de recibir y lo abrí por la página donde está el poema "El bombardeo a la aldea", que en solo cuatro líneas habla de la guerra de Viet Nam, pero en ningún momento dice guerra, ni dice violencia, ni dice muerte. Sin embargo, es tan profundo y dice tanto en cuatro líneas que para mí hizo más contrastante lo que aquel hombre intentaba decir en 45 minutos, y hablaba y hablaba y no me decía nada. Y volví a leer este pequeño poema y me dije: "Esta es la poesía". Es una síntesis magnífica, casi desnuda de recursos poéticos, pues utilizando el lenguaje cotidiano, el de casi todos los días, ha expresado algo tan genial. Y desde ese momento me quedé "colgada" de su obra. A partir de ese momento seguí leyendo con fervor todo el libro y lo llevo como un amuleto, nunca me separo de él. Lo he leído y releído. Claro, tenía que preparar un tema específico para esa Maestría que yo quería hacer para desarrollar mis conocimientos sobre literatura, pero quería saber qué tema me apasionaba para escribir sobre él, y realmente cuando descubrí la obra de Wichy no pensé en otro tema que no fuera ése. Así empecé a investigar, quería saber todo sobre su vida y, en esa búsqueda, tuve la suerte de conocerte.

Una vez que has investigado y terminas la tesis sobre la obra de Wichy, ¿cómo fue vista en Ecuador?

Es interesante tu pregunta. Al principio yo tenía que leer el plan de tesis ante un tribunal para saber la aceptación que tendría. De todos los profesores que tenían que ver con la Maestría, únicamente uno, que casualmente había estado en Cuba, conocía sobre la obra de Nogueras, pero solamente sabía de su obra narrativa, es decir, había leído las novelas policiales. No obstante, a todos les pareció interesante mi trabajo porque es una Universidad que ampara los estudios sobre Latinoamérica y el Caribe, de modo que les pareció importante conocer un poco más de Wichy, que realmente era nuevo para ellos.

Yo planteé que era un escritor de gran talla, muy importante para toda la poesía de Latinoamérica, por lo tanto era necesario que se diera a conocer en Ecuador. Se aceptó mi plan, sobre todo por darle ese giro al plan original de poesía conversacional, que yo conocí a partir de las lecturas sobre la obra de Wichy. Puedo decirte que el hecho de haber dado a conocer al tribunal este escritor, fue una de las razones para que aceptaran mi proyecto, que no solo hablaba de este poeta sino también lo ubicaba dentro de la poesía cubana contemporánea. Yo la terminé en un punto específico, pero sé que puede llevar mucho más, que puedo ampliarla. En la defensa de la tesis eso fue lo que más admiraron los integrantes del tribunal, el haberles dado la posibilidad de conocer algo que ignoraban, y se quedaron con el deseo de seguir leyendo sobre él, justamente ésa era mi intención, pues yo creo que Wichy Nogueras es un poeta que puede abarcar a todo tipo de público, pues desmitifica esa concepción que tiene alguna gente sobre la poesía, de que ése es un género complejo, a la cual no puede accederse fácilmente. Wichy establece un puente de comunicación con el lector porque su obra es absolutamente asequible. Yo pienso que abre muchas ventanas, muchas puertas para dar a conocer la poesía y la literatura cubana y, en general, acerca al lector a que se haga amigo nuevamente de la poesía, estos elementos fueron muy bien recibidos por el tribunal. Yo creo realmente que sería muy importante dar mayor divulgación a su obra en toda Latinoamérica, porque más allá de mi apreciación subjetiva, de mi cariño, de mi pasión por su obra, pienso que él es un autor notable que necesita ser conocido.

Pero ya tú escribías poesía antes de conocer la de Wichy, ¿no?

Sí, he hecho mis intentos poéticos, pero después de leer a Wichy una se queda pensando: "¿y esto que escribo es realmente poesía?". He publicado un par de libros con la Casa de Cultura Ecuatoriana y, a partir de eso, me pude vincular con este mundo literario. Por eso pienso que la poesía ha sido para mí la plataforma para conocer Cuba, un lugar que para mí fue una sorpresa, pues descubrí que existe en este mundo un sitio donde la palabra escrita se valora tanto, donde realmente hay un público lector, donde la gente está ávida por conocer otras expresiones culturales. Puedo decirte con toda sinceridad que eso ha sido lo mejor que me ha pasado en la vida.

¿Cuándo se publican tus libros?

Publiqué un primer poemario en 2004, titulado *Íntimo*. Es un libro pequeño, y como su título indica, conformado por una poesía muy personal, escrito varios años atrás. El otro, *Quitarme la vida*, es un poemario un poco más extenso que traje a la Feria del Libro de 2008 junto con el primero, a la cual me habían invitado cuando estuve acá, en 2007, como ya te había comentado. También he incursionado en la narrativa. En 2010 escribí un libro de cuentos llamado *Zaruma, el último refugio*. Zaruma es una ciudad al sur de Ecuador, de donde soy yo y toda mi familia. Es una ciudad muy interesante porque tiene muchas migraciones, tiene minas de oro y otras peculiaridades desde el tiempo de la colonia que motivaran en mí un proyecto investigativo, con entrevistas a personas nativas de ese sitio, sobre todo las más longevas Y basándome en esas entrevistas, en lo que me contaron algunas personas, pues escribí veinte cuentos, no exactamente, por supuesto, como me lo dijeron, sino poniendo mi aporte creativo. Ese libro lo publicó también la Casa de la Cultura y tuve la suerte de presentarlo aquí en La Habana en la Casa del Alba. Y tengo algunos ensayos, sobre todo a partir de mi acercamiento a la literatura hispanoamericana, que espero se me publiquen también en algún momento. Hace poco terminé uno que es una suerte de comparación y contraste entre la "Carta de Jamaica" de Simón Bolívar y el prólogo de José Martí al poema "Al Niágara", pues me parece que tienen mucha relación, y pese a los años que llevan escritos, los considero muy contemporáneos. Y me atrae bastante la literatura cubana, me acerco a ella porque soy gran admiradora de esta literatura en la cual, como ya sabes, el punto culminante es Wichy Nogueras, ya que para mí él también ha sido un maestro, pues a través de él he podido conocer sobre otros autores cubanos y de otros países.

¿Hay en Ecuador, en sentido general, un conocimiento de la literatura cubana y en particular dentro de la universidad se imparte algo de nuestro quehacer literario?

Sí. En sentido general es muy valorada, se sabe que la literatura cubana ha hecho aportes significativos; además, hay un antes y un después dentro de la literatura latinoamericana que marca el triunfo de la revolución. En la universidad donde yo estudié existe este hito: "esto pasó a raíz del triunfo de la revolución", los escritores del Boom, etcétera, y esto te hace dar cuenta de que es algo que se valora. Ahora, sinceramente, allá el conocimiento sobre la literatura no es tan vasto como aquí. En Cuba tú haces la presentación de un libro y va mucha gente que está ávida por leer, ves en las librerías cómo se repiten las mismas personas, yendo a ver lo nuevo que se está vendiendo, allá no es tanto así, es menor el acercamiento de la gente a la literatura. En medio de todo este panorama, la Academia sí valora la literatura cubana. Creo que es algo que se tiene en un alto concepto.

Aquí en la última Feria del libro tuve la oportunidad de conocer un grupo ecuatoriano de mujeres poetas que se presentaron en la Casa Guayasamín de La Habana Vieja. ¿Tú formas parte de ese grupo?

No, la verdad es que yo no me he vinculado a colectivos. Sé que hay un movimiento de gente que siempre está dentro de una carrera de hacer presentaciones, de darse a conocer. Yo he participado en algún encuentro aislado en Ecuador, también he estado como tres veces aquí y he ido a México con mis libros, pero no a ese nivel, porque yo he estado de cierta manera equilibrando mi trabajo como traductora y mi amor por la escritura, y no me queda mucho tiempo para estar dentro de estos colectivos; no obstante, creo que es posible que pueda vincularme un poco más a ese trabajo colectivo.

A mí me llamó la atención que hay una mujer joven, poeta, que es Ministra, pero no de cultura

Ah, sí, María Fernanda Espinosa. Ella ha ocupado el cargo de Ministra de varios apartados. El último fue Ministra de Defensa. Ahora está de embajadora ante las Naciones Unidas, no sé de qué organismo, en Ginebra. Lo que pasa es que ella no siempre fue Ministra de Defensa, ella era una persona que escribía, pero siempre muy relacionada con el proceso vigente en Ecuador desde hace siete años, que es muy cercano a Cuba, muy progresista. Entonces, ella ha pasado por varios ministerios, entre ellos también en el de Patrimonio. Y hay una política del gobierno de ir rotando a los dirigentes de los ministerios como para que no sean muy estigmatizados, o sea, que no se vea a los militares de esta parte, los policías, en otra, los médicos en esta otra, sino que se tiene el interés de que sea algo más dinámico. De hecho, el ministro que estuvo en Defensa antes que ella también era poeta, no sé a qué nivel, si de pronto publicaba más o no, pero también escribía, no sé si siguen escribiendo ellos todavía.

Es muy interesante esa política, pues aquí hay un poeta, Guillermo Rodríguez Rivera, que ha escrito un poema titulado "El ministro, el poeta", en el que contrapone el lugar tan diametralmente opuesto que ocupa el tiempo de ambos personajes. Imagino que con esa política de Ecuador esta contradicción no será posible.

La verdad es que no conozco ese poema, pero creo que el hecho de que un poeta esté en el cargo de un Ministro o al contrario, permita que no haya demasiadas contradicciones entre uno y otro. Y en cuanto a las mujeres, puedo decirte que en Ecuador ha habido muchas escritoras muy buenas, aunque obviamente, como en todas las partes del mundo, el espacio para las mujeres ha sido más reducido, no obstante hay interesantes aportes femeninos a la literatura, como por ejemplo Nela Martínez, una intelectual muy cercana a Cuba, tanto que ella murió aquí. Ella fue una de las personas que cuando se rompieron las relaciones diplomáticas con Cuba, salía a las calles con su bandera a protestar. Ella, en la década del 30, estuvo ligada no con grupos femeninos; porque entonces no existían tales, pero sí con aquellos grupos de poetas y escritores muy renombrados como Joaquín Gallegos Lara, Enrique Gil Gilbert, Jorge Carrera Andrade, entre otros representativos de las letras ecuatorianas. Nela se casa con uno de ellos, Gallegos Lara, el autor del libro *Cruces sobre el agua*, que es uno de los íconos de nuestra literatura. Ellos nunca vivieron juntos, él vivía en la parte norte de la costa del Ecuador y ella, en la parte de la sierra. Cuando se casan fueron muy cuestionados porque él era discapacitado (tenía una distrofia en las piernas que le impedía caminar), pero al parecer tenía un gran magnetismo y ella se enamora de él. El caso es que por alguna causa no vivían juntos y lo que hacen es escribirse cartas. Hay alrededor de 800 de esas cartas, él muere muy joven y ella guarda esa correspondencia hasta su muerte y, tiempo después, su hija que es gran amiga mía, rescata esos papeles y se da cuenta de la importancia que guardaban y las da a publicar con un estudio sobre sus valores culturales y literarios. Hay otras mujeres que también han dado un aporte a la cultura de nuestro país, como Dolores Mentimilla que también es una poeta, aunque anterior a la época de Nela, que escribió también otros libros. Y por supuesto, hay jóvenes que también están escribiendo, pero aún no ha habido grandes nombres. Claro, antes no había un Ministerio de Cultura que apoyara este trabajo, porque teníamos un ministerio de educación y cultura, de modo que esta última quedaba en un segundo plano, el Ministerio de cultura como tal se viene a crear ahora con el gobierno de Correa, que ha empezado a abrir concursos, a apoyar proyectos. Claro, éste es un proceso que no puede mostrar de pronto buenos resultados, eso lleva tiempo, nada puede salir de la noche a la mañana, pero, dentro de lo que se ha podido lograr, podemos decir que se ha abierto una puerta que permitirá más oportunidades para que las mujeres escritoras y, en general, todas las personas dedicadas a la cultura, puedan encontrar un espacio para seguir adelante y mostrar su obra.

¿Ahora qué proyectos tienes?

Acabo de terminar la tesis sobre Luis Rogelio Nogueras. Y el proyecto inmediato es seguir trabajando en esta tesis, pulirla más, seguir profundizando también en la literatura cubana, y una vez que termine con ese proceso de mejoramiento, ver si puedo publicarla. Y como sigo pensando en la poesía, también hay un espacio para ella, pues ella siempre está latente.

LA PRIMERA JINETE GRANAÍNA: MARTA GONZÁLEZ PRIETO (Granada, España, 1981)

(Entrevista realizada en la casa de Marta González, en Granada. Junio 28 de 2013)

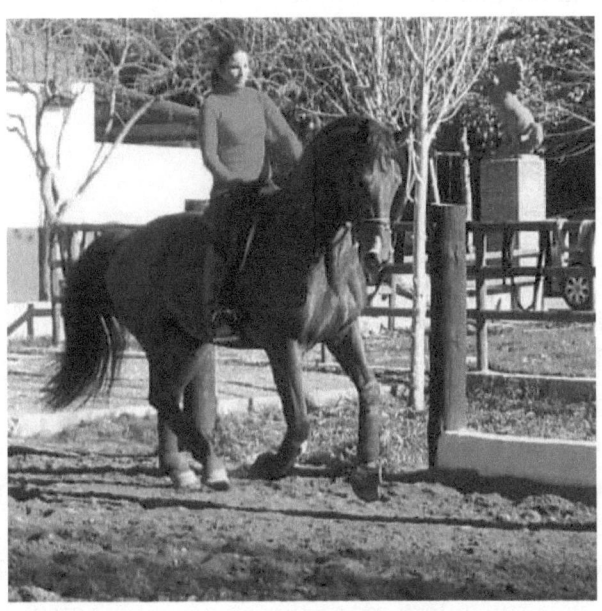

Cuando conocí a Rosa Prieto, una profesora gallega radicada ha muchos años en la tierra de García Lorca, y cuando me contó que su hija era maestra de equitación, enseguida quise conocerla y, por supuesto, entrevistarla, puesto que su oficio no existe en nuestro país. Al menos para el sexo femenino. En realidad, tampoco abunda en su región, al menos en Granada, Marta González es la primera mujer graduada de una famosa escuela formadora de jinetes en Jerez. Me sorprendió gratamente esta joven mujer que, desde niña, se enamoró de los caballos y ha hecho de ese amor su proyecto de vida. Y como buena granaína, tiene su peculiar manera de expresión que he respetado en todo lo posible.

Un gusto tremendo poder grabar esta conversación, Marta, y darte a conocer en mi país. Cuéntame cómo nació esa afición por los caballos.

Yo empecé con los caballos cuando era niña, porque mi padre era un apasionado de los caballos y un hermano suyo le regaló una yegua. A mí me gustaron siempre los animales, pero la verdad es que los caballos no me llamaban la atención; pero empecé a compartir con él la atención de aquel animal. Le ayudaba a limpiarla, a buscarle la yerba, pero lo llevó a un sitio…

¿Qué edad tenías exactamente?

Tenía siete años. Y en el sitio adonde llevó la yegua, me llamaba mucho la atención cómo montaban los caballos, no los caballos como tales, sino cómo los hombres montaban en ellos y ejercían su total control. Me quedaba fascinada viendo aquel espectáculo y un día el dueño del lugar me dijo: "Marta, por qué no traes las botas y te enseño a montar". Y efectivamente, llevé mis botas y me monté en un caballo y pa mí fue la sensación más maravillosa que yo hubiera vivido. Así estar montada encima de un caballo y llevar el control me encantó. A partir de ese momento empecé a montar. Mi padre me compró un caballo muy bueno, muy noble y encima de él empecé a practicar por mí misma, nadie me asistía, nadie me daba clases. Solamente me ayudaban a montarme en mi caballo. Claro, ése es un mundo muy machista. El mundo de la equitación en Granada. ¡En Granada eh!, en esta parte de Andalucía, aclaro, es muy machista, después que sales fuera, no lo es tanto, pero sí es un mundo de hombres.

En esos años era yo la única niña que montaba caballo, me llevaban a todos los sitios: de excursiones, a las ferias, a las romerías… Y en la medida que fui creciendo, más me fue interesando ese mundo. Así, cuando tenía ya catorce años, vino a Granada la Real Escuela Andaluza del Arte Ecuestre de Jerez para brindar un espectáculo que fue maravilloso. Cuando yo vi aquel espectáculo, con música para que los caballos bailaran, tan emocionante, me quedé fascinada y dije:

"¡Eso es lo que yo quiero hacer! A eso me voy a dedicar y quiero ingresar a estudiar en esa escuela". Para ingresar, por supuesto, debía tener una preparación. Enseguida me puse en contacto con un jinete de la propia escuela de Jerez y ese mismo verano comencé a montar con él y a formarme profesionalmente. Aunque aún era muy joven, ya tenía cierta destreza, pero sin la técnica requerida para entrar en la escuela. Por eso necesitaba ese entrenamiento previo, porque la entrada a ese centro era bastante complicada, había que hacer unas pruebas prácticas, eran más bien como unas oposiciones con exámenes prácticos y teóricos para poder realizar las eliminaciones, pues solo daban cuatro plazas por año y se presentaban muchos aspirantes...

¿Más o menos cuántos para las cuatro plazas?

Pues, bien podían llegar a doscientas personas. Además, solo entraban hombres, no había nada escrito en contra de la entrada de mujeres, pero de hecho casi nunca entraban, ellos decían siempre que había una plaza reservada para ellas, pero eso no era verdad. Yo lo sufrí en carne propia, pues hice tres intentos, tres años diferentes y no lo conseguí. Entonces mi madre me dijo que tenía que estudiar una carrera y hasta que no la terminara, me olvidara de los caballos, que tenía que tener otra formación profesional. Y empecé a estudiar Historia del Arte aquí en Granada, pero yo estaba estudiando y no me concentraba. Me ponía a leer mis libros y en lo que estaba pensando era en los caballos. Me di cuenta de que estar estudiando no me apetecía. Entonces me salió un trabajo en una escuela de equitación en Estepona, en Málaga, y me fui allí, en principio era solo para sacar un título de técnico deportivo, que es lo que te permite trabajar oficialmente en el mundo de la equitación. Estuve solo unos meses porque aquello estaba muy mal organizado y lo dejé. También dejé los estudios de arte y me dije: "Se acabó todo el estudio, me voy a dedicar por completo a la equitación". Es que ya estaba convencida; entonces hablé con mi padre, que por supuesto conocía esa inclinación mía, y me dijo: "Te voy a montar una escuela. A mí también me encantan, y tengo la oportunidad de ponerte un centro aquí en Granada". Entonces buscó un local con todas las instalaciones y los caballos y dábamos clases y tal.

A ver, Marta, si yo entiendo. Tu papá te pone la escuela ¿y quién impartía las clases?

Yo misma, porque estoy hablando a saltos, y no te he dicho que ya llevaba ocho años de prácticas empíricas, no era profesional, pero sí sabía lo que había que hacer, y eso contribuía a seguir formándome, dar clases ayuda a la formación, ésa era la idea. Pero yo seguía con la otra vieja idea de la Escuela de Jerez. Tenía fija la idea de entrar allí, porque esa escuela es muy importante y porque me encantó aquel espectáculo que vi. En España, esta de Jerez es la escuela de mayor nivel, es donde existen más opciones para aprender, además, el que estudia allí ya sale con un nombre, te contratan en cualquier sitio.. Y entonces me preparé en secreto

¿Por qué en secreto?

Porque después de todo lo que mi padre había hecho por mí, no sabía cómo iba a sentarle eso de que yo dejara todo para irme a Jerez, por eso en secreto me preparé, me presenté y aprobé. Entré a Jerez y allí estuve cuatro años maravillosos, formándome con los mejores jinetes. Jinetes olímpicos que habían estado en las olimpiadas, con caballos muy buenos; esos cuatro años equivalen a una carrera. Empiezas en el nivel básico, haciendo cosas elementales con los caballos y vas pasando sucesivamente por otras etapas más complejas hasta llegar al Gran Premio, que es lo máximo. Yo me especializo en la doma clásica, que es un tipo de disciplina que te permite que conviertas al caballo en un atleta: que haga ejercicios, que baile. En esa escuela se hace Doma clásica y Alta escuela. Para domar a los caballos para realizar los espectáculos se hacen ejercicios combinados con la música. Ya cuando sales de allí eres un profesional, o sea, un jinete profesional, puedes ser un jinete profesor también, y eso te permite trabajar en cualquier sitio, lo mismo en ganadería o en centros de enseñanza de alto nivel de competición y, por supuesto, crear tu propio centro de alto rendimiento. En fin, en mi caso, yo tenía unos compañeros que se habían ido a China, pues a la Escuela de Jerez habían ido unos chinos y habían visto lo que se hacía allí, entre ellos había un hombre que tenía mucho dinero y contrató a estos amigos para formar una escuela de equitación en China. Y gracias a ellos me fui yo también a China al terminar la escuela.

¿Cuánto tiempo hace que te graduaste en Jerez?

Hace ya cuatro años, es decir en 2009, y el mismo año me fui a China. Ese hombre que había venido a Jerez dijo que él quería tener una copia igual a la de nosotros y formar un espectáculo como el que allí se hacía y tener jinetes de Jerez y de Venecia, que es otra escuela de equitación muy relevante. Entonces compró caballos españoles y caballos fizones, que son esos negros, con muchos pelos incluso en las patas, son muy grandes. Esos son caballos holandeses. El objetivo de ese hombre era hacer un carrusel de 65 caballos, que se exhibieran en una pista. La mitad de esos caballos eran blancos, los españoles, y la otra mitad, negros: los fizones. Los que conformamos la escuela allá en China fuimos cinco españoles, y dábamos clases a las chinitas, eran todas niñas, las más guapas de la región. Era un pueblecito muy cerca de Chang Jay. Allí, además de enseñar a las chinitas, hicimos un espectáculo estupendo, maravilloso. Claro, la cultura china es bien distinta a la nuestra, pero hicimos cosas muy bonitas. Allí estuve dos años y aunque me sentía realizada porque la experiencia fue muy bonita, llega un momento en que las diferencias culturales te sobrepasan y regresé a Granada.

Y mientras estuviste en China enseñaste a aquellas niñas todo lo que tú sabías.

Claro. Esas niñas ni tenían idea de nada relacionado con los caballos. Las enseñamos desde cero, cero, cero hasta hacer el espectáculo con ejercicios de alto nivel, y lo tuvimos que hacer en muy poco tiempo. Y desde que regresé a Granada, me dedico a preparar caballos para la competición, a dar clases a niños que quieren competir. La doma de caballos tiene que hacerse desde que son potritos para enseñarles todo lo que deben saber para competir y ganar premios.

Entonces tienes una escuela. ¿Y eso te da para vivir?

Pues claro, yo trabajo para clientes particulares y me pagan. Tengo dos tipos de clientes: alumnos que no conocen nada y quieren que les de clases por afición, y alumnos que ya conocen pero quieren adiestrarse para la competición. Y aquellos que ya tienen su caballo, pero no pueden sacarlo durante toda la semana porque tienen que trabajar y el fin de semana quieren disfrutarlo y quieren tener un caballo domado. Entonces yo los trabajo durante toda la semana, enseñándoles una serie de ejercicios, los domo y se los pongo fáciles para que, cuando lo monten los fines de semana, lo disfruten. A veces cae otro tipo de cliente que lo que quiere es que le entrene un potro, o sea que lo prepare para que compita en la prueba básica y que pueda después llegar a la gran final. Yo tengo un sistema de trabajo con el caballo en el que poco a poco voy logrando que haga determinados ejercicios, gracias a un sistema de entrenamiento en el que tengo que lograr que adquiera más resistencia, más elasticidad, más flexibilidad, que esté sano mentalmente, que no se agobie. Hasta controlarle la alimentación, no proporcionársela sino decirle al dueño, acorde con las características del animal, si es mejor esta u otro tipo de alimento: puede ser alfalfa, que tiene proteína y contribuye a mejorar al animal si es que está un poco débil. Y un caballo que se está entrenando no puede estar encerrado todo el día, yo me ocupo de sacarlo, de llevarlo a la pista, de ir alternando los ejercicios, porque todos juntos no ayudan. Por ejemplo, tres días a la semana le hago los ejercicios de elasticidad. Cada dos o tres días lo llevo al campo, para que él se relaje

¿Tú has participado en competencias de este tipo?

Sí, he participado, pero no en competencias nacionales porque aún no he tenido tiempo. Cuando estaba en la escuela hacíamos competencias nacionales, pero con potros. Y aquí en Granada he competido con mis alumnos, ellos son los que van a las competiciones nacionales y también hemos participado en competencias territoriales de toda Andalucía. Yo aún no tengo el caballo idóneo para presentarme a una nacional, ése es el problema de la equitación, que no depende de uno sino depende de dos: tú y el caballo. Y si no tienes un caballo que tenga las cualidades requeridas, no puedes presentarte a una competencia. De tus resultados acumulados depende que puedas presentarte a una Olimpiada, porque la equitación es un deporte olímpico. Y ése es ahora mi objetivo. Antes era pasar la Escuela de Jerez y ahora es llegar a las olimpiadas. Ya tengo un caballo que lo estoy preparando para esa meta. La verdad es que estoy bastante contenta con él, hasta ahora, pero todavía le falta para llegar a esa meta.

¿Cómo te das cuenta cuándo el caballo está listo para acometer determinados ejercicios?

Eso es un poco difícil de explicar, pero tú te das cuenta por las sensaciones que tú tienes cuando estás encima de él practicando un ejercicio determinado. Tú sientes que está bien o que le falta, sobre todo porque has experimentado con otros caballos y puedes comparar esas sensaciones. Hay una compenetración entre el jinete y el caballo. Muchas veces necesitamos también a alguien capacitado para eso, por supuesto, que nos esté mirando y nos diga si el caballo está respondiendo adecuadamente a lo que se le está mandando. Claro, el jinete siempre está aprendiendo, no puede decir: "de los caballos ya lo sé todo". porque es un animal y cada animal reacciona de forma diferente ante una misma situación. Entonces tienes que conocer el carácter del caballo y cuál es su reacción frene a determinado ejercicio, de ahí que necesites de otra persona para que lo observe y te ayude a hacer las cosas correctamente.

Me quedé intrigada con la escuela que te había puesto tu papá en Granada y que abandonaste cuando te fuiste a Jerez. ¿Qué pasó entonces?

Nada, eso se acabó. No pude seguir realmente. Es que también era muy joven, solamente tenía 22 años y me dije: "Pero qué hago yo aquí, encerrada. Yo quiero seguir aprendiendo". Es que una vez que estás trabajando ya el tiempo no te rinde igual, no tienes la posibilidad de salir, de conocer gente que se dedica a lo mismo que tú, ni de aprender algo nuevo. Y hablé con mi padre y le dije que necesitaba saber más, conocer mundo. Y él me comprendió. Por supuesto, después que entré a la escuela de Jerez, él se alegró muchísimo porque él sabía que eso era lo que yo había soñado hacer. Ya él está jubilado, tiene sus caballitos y los disfruta.

¿Qué tiempo llevas ya en este mundo de los caballos?
Profesionalmente desde los catorce años, montando caballos diariamente desde los siete. Esta profesión es de constancia, es un trabajo muy sacrificado que conlleva también una cuota de amor. Hay gente que te ve y te juzga, porque el que no se dedica a esto, no comprende y dice que estás obsesionada con los caballos, que no haces otra cosa. Y es que si no te dedicas a esto no sabes lo que es, la gente no lo entiende. Cuando te montas en un caballo y logras que haga lo que tú querías, la sensación que te produce es indescriptible. Porque es un animal, no es una máquina que tú puedas apretar un botón, no es así, es un animal que tú estás enseñando y consigues que se convierta en un atleta, es realmente algo extraordinario.

Esa relación amistosa o de compenetración ¿te permite incluso atenderlo si se enferma?

Sí, yo lo puedo atender, pero realmente mi función es jinete. Me dedico a montarlo, a cuidarlo, a ponerlo en forma, pero no en el cuidado de cuadra diario. Yo lo limpio, lo reviso, veo si hay que errarlo, pero el cuidado de la cuadra, sacarlo a comer, eso no lo tengo que hacer yo. Lo hice cuando era jovencita, ahora que soy profesional me dedico solo a montarlo.

Y me decías al principio que en la escuela de Jerez apenas entraban mujeres. ¿Eso ha cambiado o se mantiene igual?

Cuando yo empecé de jovencita era un mundo muy machista, lo sigue siendo en esta parte, pero poco a poco las mujeres hemos demostrado que éste es un trabajo más de sensibilidad que de fuerza, no es la fuerza bruta, hace falta comprensión, que los caballos entiendan depende de la capacidad del jinete para trasmitirle una intención. Y poco a poco en Andalucía las mujeres han ido ganado territorio, pero en el resto de Europa son las mujeres las que mandan en esta profesión. De hecho, en mi disciplina hay cada vez más mujeres. En Europa las profesionales profesionales son mujeres. Y creo que en esto tiene que ver esa sensibilidad femenina que nos caracteriza. Ya algunas de ellas han participado en olimpiadas, me refiero a las del resto de Europa, pero de Granada no. De hecho aquí en Granada la única mujer que se dedica profesionalmente a este trabajo soy yo, al menos hasta ahora. En el resto de Andalucía sí hay mujeres que han llegado a las olimpiadas. Y en el resto de España hay varias mujeres punteras. Porque también la escuela les ha dado la oportunidad de entrar y formarse.

Marta, para mí realmente es novedoso este oficio porque en Cuba no existe como tal. Por eso no debe extrañarte lo que te pregunto ahora: ¿esta profesión llena tu vida?

Totalmente, porque tengo la gran suerte de dedicarme a algo que me apasiona. No vivo esa angustia de algunas personas que, al levantarse, no tienen ganas de trabajar. Al contrario, me levanto feliz de emprender algo que, como te dije, me apasiona. Mira, voy a contarte algo que había pasado por alto. Cuando llegué de China, un país, como te dije antes con otra cultura, vi cosas también desagradables. Niñas que se caían, alguna se partió una pierna, porque trabajar con animales lleva sus riesgos y allí vi cosas que me hicieron replantearme la profesión, así que al regresar hice un año sabático sin caballos. Me entró una depresión y sentía que me faltaba algo. Y es la necesidad de montar en caballo. Cuando no lo hago, siento que me falta algo. Y cuando tengo algún problema, cuando algo me deprime, monto en caballo y se me quita. No pienso cambiar esta profesión por nada del mundo.

Tengo una curiosidad, Marta. ¿Ser jinete te impide ser madre?

No me lo impide porque tengo la opción de las clases, o sea, si estoy embarazada no tengo que dejar de trabajar. Claro que es más complicado. Ya he pensado en esa posibilidad porque sí quiero tener hijos, a mí me encantan los niños y ya me lo he planteado porque tengo 31 años, una edad en que debo ver esa posibilidad como algo real y saber que durante esos meses no puedo montar, pero puedo dar las clases. Y luego hay otra cosa que tengo que pensar. Y es que éste es un trabajo de un esfuerzo terrible y, cuando se tiene cierta edad, pues ya es muy difícil realizarla. Y he pensado en eso, ¿qué voy a hacer cuando llegue ese momento? Esto es algo complicado, por suerte aún falta tiempo para resolver eso. Vamos a dejarlo para cuando llegue el momento.

También puedes dedicarte a escribir libros sobre todas esas experiencias, sería algo muy bonito.

Claro. Ahora que lo dices, pues tiene sentido. Porque he sido la primera mujer en Granada en ser jinete. Y no solo eso, he sido la primera en dedicarse profesionalmente a la enseñanza de la equitación y que esté tan metida en el tema, aquí en Granada, creo que no hay ni mujer ni hombre, yo soy la única.

Muchas gracias, Martica, estoy maravillada de que seas la primera granaína en demostrar que las mujeres podemos hacer de todo. Felicitaciones y mucho éxito en tu futuro.

Otras publicaciones de Argus-*a*:

Ileana Baeza Lope
Sara García: ícono cinematográfico nacional mexicano, abuela y lesbiana

Gustavo Geirola
Teatralidad y experiencia política en América Latina (1957-1977)

Domingo Adame
Más allá de la gesticulación. Ensayos sobre teatro y cultura en México

Alicia Montes y María Cristina Ares (compiladoras)
Cuerpos presentes. Figuraciones de la muerte, la enfermedad, la anomalía y el sacrificio.

Lola Proaño Gómez y Lorena Verzero / Compiladoras y editoras
Perspectivas políticas de la escena latinoamericana. Diálogos en tiempo presente

Gustavo Geirola
Praxis teatral. Saberes y enseñanza. Reflexiones a partir del teatro argentino reciente

Alicia Montes
De los cuerpos travestis a los cuerpos zombis. La carne como figura de la historia

Lola Proaño - Gustavo Geirola
¡Todo a Pulmón! Entrevistas a diez teatristas argentinos

Germán Pitta Bonilla
La nación y sus narrativas corporales. Fluctuaciones del cuerpo femenino en la novela sentimental uruguaya del siglo XIX (1880-1907)

Robert Simon
To A Nação, with Love: The Politics of Language through Angolan Poetry

Jorge Rosas Godoy
Poliexpresión o la des-integración de las formas en/desde La nueva novela *de Juan Luis Martínez*

María Elena Elmiger
DUELO: Íntimo. Privado. Público

María Fernández-Lamarque
Espacios posmodernos en la literature latinoamericana contemporánea: Distopías y heterotopíaa

Gabriela Abad
Escena y escenarios en la transferencia

Carlos María Alsina
De Stanislavski a Brecht: las acciones físicas. Teoría y práctica de procedimientos actorales de construcción teatral

Áqis Núcleo de Pesquisas Sobre Processos de Criação Artística
Florianópolis
Falas sobre o coletivo. Entrevistas sobre teatro de grupo

Áqis Núcleo de Pesquisas Sobre Processos de Criação Artística
Florianópolis
Teatro e experiências do real (Quatro Estudos)

Gustavo Geirola
El oriente deseado. Aproximación lacaniana a Rubén Darío.

Gustavo Geirola
Arte y oficio del director teatral en América Latina. Tomo I México - Perú

Gustavo Geirola
Arte y oficio del director teatral en América Latina. Tomo II. Argentina – Chile – Paragua – Uruguay

Gustavo Geirola
Arte y oficio del director teatral en América Latina. Tomo III Colombia y Venezuela

Gustavo Geirola
Arte y oficio del director teatral en América Latina. Tomo IV Bolivia - Brasil - Ecuador

Gustavo Geirola
Arte y oficio del director teatral en América Latina. Tomo V. Centroamérica – Estados Unidos

Gustavo Geirola
Arte y oficio del director teatral en América Latina. Tomo VI Cuba- Puerto Rico - República Dominicana

Gustavo Geirola
Ensayo teatral, actuación y puesta en escena. Notas introductorias sobre psicoanálisis y praxis teatral en Stanislavski

Argus-*a*
Artes y Humanidades / Arts and Humanities
Los Ángeles – Buenos Aires
2018

www.ingramcontent.com/pod-product-compliance
Lightning Source LLC
Chambersburg PA
CBHW020628220526
45464CB00001B/63